用课程点亮生命

——风信子班的教育叙事

王增霞 著

东南大学出版社
SOUTHEAST UNIVERSITY PRESS
·南京·

图书在版编目(CIP)数据

用课程点亮生命：风信子班的教育叙事 / 王增霞著.
南京：东南大学出版社，2025. 6. -- ISBN 978-7-5766-
2135-8

Ⅰ. G622.0

中国国家版本馆 CIP 数据核字第 2025QS5248 号

用课程点亮生命——风信子班的教育叙事
Yong Kecheng Dianliang Shengming——Fengxinziban De Jiaoyu Xushi

著　　者	王增霞	
出版发行	东南大学出版社	
社　　址	南京市四牌楼 2 号(邮编：210096)	
出 版 人	白云飞	
网　　址	http://www.seupress.com	
策划编辑	孙松茜	
责任编辑	孙松茜	
责任校对	张万莹	
封面设计	王　玥	
责任印制	周荣虎	
经　　销	全国各地新华书店	
印　　刷	广东虎彩云印刷有限公司	
开　　本	700mm×1000mm　1/16	
印　　张	13.5	
字　　数	272 千字	
版　　次	2025 年 6 月第 1 版	
印　　次	2025 年 6 月第 1 次印刷	
书　　号	ISBN 978 - 7 - 5766 - 2135 - 8	
定　　价	88.00 元	

(本社图书若有印装质量问题，请直接与营销部联系。电话：025 - 83791830)

自序一

以奔跑的姿态遇见更好的自己

让人在平庸的生活中觉醒、醒来,感觉到疼痛,感觉到存在……

——海子

随着年龄的增长,我愈发喜欢海子的这句话。

经常有人跟我说:"当个老师,何苦这么累?"好像是很累,但"风雨过后见彩虹的感觉"也唯有经历过的人才会拥有。很喜欢有人做过的比较:同样教龄35年的教师,有人退休后只留下一个渐行渐远的背影,苏霍姆林斯基却留下了四十多本书,六百多篇论文,一千两百多篇供儿童阅读的童话、故事和短篇小说,从一名乡村教师一步步成长为伟大的教育家。

人生就是一场载着梦想的旅途,前方的精彩,取决于自己。不想要机械的重复,更不想要一眼望穿的空洞,唯有突破自己。于是,借"山东省优秀班主任工作室主持人"和"齐鲁名班主任建设工程人选"的平台,我跳出舒适圈,又一次挑战自己!

一路走来,阅读着枯涩的理论学籍,带领团队成员进行艰难的课题研究,坚持书写自己的教育故事……有痛苦,有挣扎,有抱怨,但更多的还是收获后的喜悦与欢欣。

我想这就是成长吧,没有捷径,也不会一劳永逸,而是在一步一个脚印的行进中升级自己的系统,优化自己的思维,笃定自己的信念,向着更高处漫溯。

挑战自己,从阅读开始!感谢导师团队组织的一场场共读活动,从启动到交流、汇报以及每日体会上传,我逼迫着自己一遍遍读,一点点感悟,在同伴和导师的分享中,慢慢也有了自己的感悟。从《民主主义与教育》到《自卑与超越》,再到《学会关心:教育的另一种模式》……专业的阅读对我有着极大的促进和提升,让我开启了奔跑的节奏。

挑战自己,从坚持专业写作开始!聚焦班级管理的难点、痛点问题,分析案例,撰写叙事,探索解决问题的有效策略,并带领班主任工作室的成员进行了微课例研究,促使自己从研究的角度去看待问题、分析问题、认识问题,发现学生成长背后的需求、现象背后的教育规律。这样的过程,让我学会了反思和改变,促进了专业素养的提升。

带着这样的思考,孩子们那些鲜活的案例便变得有价值、有意义,也越来越能让我摒弃内心的焦躁,用专业的思维看待问题、解决问题。一次次突破,让我感受到写作的快乐,逐渐认识到以专业写作的方式加速奔跑,可以领略到不一样的风景。

挑战自己,当然离不开课题研究。从课题名称的探讨,到审批书、开题报告的撰写,再到中期、结题汇报。在一次次头脑风暴之后,在无数个不眠之夜之后,我真的发现了自己的改变,用研究者的目光看待问题,就会向外探寻、向内思考、向下扎根。

梁启超说:"凡职业都是有趣味的,只要你肯做下去,趣味自然会发生。"对此,我深有同感。一步步地坚持之后,破茧成蝶,不断精进,从职业中领略出的趣味,让我看到了更美好的风景。

"世上有两种最耀眼的光芒,一种是太阳,一种是我们努力的模样。"岁月会苍老我们的脸庞,梦想却会一直开出最美的花。向着自己的梦想,努力奔跑,去追求,去绽放,就会遇见最好的自己。

自序二

我和我的"风信子"

我有一间叫"风信子"的教室。

我的教室很小,小小的教室里只有 50 朵小小的"风信子"。我的教室又很大,大大的教室里盛放着 50 个大大的梦想。而我的梦想就是让每一朵"风信子"开出最美的花。

从教近 30 年,耕耘着属于自己的这片沃土,我始终坚持以"爱"文化立班,引领孩子们成长;用爱的课程丰盈他们的生命,将课程实施与班级管理有效结合,将"小课程"赋予"大意义",有效挖掘班本课程的育人功能,实现立德树人的目标。这间小小的教室,不仅是我们学习知识的场所,更是我们梦想的孵化器。在这里,知识被赋予温度,梦想被赋予翅膀。

"风信子班"的班名,源于多年前班级中两个随班就读的孩子,他们像晚开的风信子在孩子们的爱和帮助下长大,从此,爱便成为"风信子班"的主旋律。"爱自己、爱他人、爱国家、爱世界"成为"风信子班"的班训;"眼里一直有光,心中永远有爱"是"风信子"们共同的愿景。在"爱"文化的引领下,孩子们对这间教室充满留恋。心灵在这里一次次碰撞,所有的陪伴都变成了一种幸福,变成了共同成长的经历。

"风信子"教室里最吸引孩子的是丰富多彩的班本课程。我深知课程的丰富性决定着生命的丰富性,课程的卓越性决定着生命的卓越性。这些年,我着力打造以爱为主题的"班级仪式课程",让这些富有仪式感的活动,将学生生活中的普通事件变得不普通,让生命中的每一个重要日子刻骨铭心,让孩子逐渐在集体中体验到自我的价值,产生积极的心理,获得爱他人、爱国家、爱世界的动力,成为自我教育、自我约束的助推剂,无形中把行为习惯内化于心、外化于行,帮助孩子真正成长为全面发展的人。

在不断实践的过程中,我开发出了爱自己的成长仪式课程、爱他人的常规仪式课程、爱世界的共读仪式课程、爱国家的节日仪式课程。将成长仪式课程指向尊重与热爱，启迪孩子们自省，促使每一个独特的生命得到成长、发展和完善，唤醒生命自觉；将常规仪式课程指向细节与习惯，以他人为榜样，改变当下的自己，培育社会情感；将节日仪式课程指向责任与担当，引领他们走向社会，培养爱国情怀；将共读仪式课程指向创新与超越，通过阅读拓展全球视野。

在课程研发的过程中，鼓励所有的孩子参与到课程建设的全过程，将课程构建的过程变成孩子们自我认知、自我发展和自我完善的育人全过程。每一个孩子既是课程的参与者，也是课程的管理者，这样的育人模式不仅有利于学生的全面发展，也培育出"风信子"班级独有的品牌和特色。

作为一间教室的组织者，我真诚地朝向孩子、朝向家长，就会感染他们，使之愿意与我同行，愿意与我共同成长，而这间教室就会成为汇聚美好事物的中心。

因为带领孩子们开展晨诵课程，我也爱上了诗歌，并自己创作诗歌，"风信子"娃娃们的童诗也多次登上童诗报刊。为了将阅读更好地融入生活，我带领孩子一起编排童话剧，自编自导的班级叙事故事，不仅在 2016 年的新教育年会上做展示，还多次登上学校的演出舞台。这些年，为孩子们叙写的教育故事，已有 30 多篇文章见诸报端，我也带着"风信子班"的故事到河北、江苏、河南、陕西、新疆以及青岛、临沂等地讲述。丰富多彩的班级活动架起了连接家庭、学校的桥梁，为学生、家长、教师创造了共同生活、共同成长的机会，实现了"双向奔赴"的良性发展态势。

心与心在这里交汇，慢慢地，教室变成了师生温暖的港湾。风信子娃娃在这里一起成长，自主发展，最终成为最好的自己。陪伴着孩子们成长，我也在成长，这才是真正的教育幸福。

目 录

第一篇 班级仪式课程,赋能生命成长

第一章 班级仪式课程的构建 ……………………………… 3
1. 班级仪式课程开发的背景 …………………………………… 3
2. 班级仪式课程的意义与价值 ………………………………… 4
3. 班级仪式课程的课程目标 …………………………………… 5
4. 班级仪式课程的内容 ………………………………………… 6
5. 班级仪式课程的框架 ………………………………………… 7
6. 班级仪式课程的分段培养目标 ……………………………… 7
7. 班级仪式课程的设计要素 …………………………………… 8
8. 班级仪式课程的实施原则 …………………………………… 9
9. 班级仪式课程的系统性原则 ………………………………… 9

第二章 班级仪式课程实施策略 ………………………… 10
1. 成长仪式课程 ………………………………………………… 11
2. 常规仪式课程 ………………………………………………… 13
3. 节日仪式课程 ………………………………………………… 14
4. 共读仪式课程 ………………………………………………… 16
5. 四位一体,构建班级仪式课程评价体系 …………………… 17

第三章 风信子班仪式课程故事 ………………………… 19
1. 班级仪式课程点亮孩子生命 ………………………………… 19
2. 晨诵仪式课程,润泽学生生命 ……………………………… 33
3. 用晨诵叩开说写的大门 ……………………………………… 39
4. 心若向阳,繁花自开 ………………………………………… 45

第二篇　育人故事，感受教育温度

1. 超越自我，做一名专业的班主任 …… 57
2. 青青子衿，悠悠我心 …… 59
3. 合适的才是最好的 …… 67
4. 教室里的那些故事 …… 71
5. "老师，我爱您！" …… 77
6. 每个孩子都需要被看见 …… 78
7. 那只小小的千纸鹤 …… 80
8. 三块粉笔头的故事 …… 82
9. 我期待你的花儿永远开放 …… 84
10. 谢谢你们，曾经允许我愤怒 …… 86
11. 只要前行，你就是最美的风景！ …… 87
12. 驯服小马驹的快乐 …… 93
13. 一封信，一片情 …… 97
14. 因为有诗，所以更美 …… 102
15. 用爱唤醒爱 …… 106
16. 幼吾幼以及人之幼 …… 108
17. 长成最好的自己！ …… 109
18. 真心交流　唤醒彼此 …… 112
19. 责任 …… 117

第三篇　教育随笔，记录生活点滴

1. 把爱献给孩子 …… 121
2. 所有的梦想都会开花 …… 122
3. 教育孩子从爱开始 …… 124
4. 生命的价值在于奉献 …… 126

5. 幸福源自良好的关系 ……………………………………… 127

6. 好习惯＝好成绩 …………………………………………… 128

7. 见自己　见天地　见众生 ………………………………… 129

8. 居家学习有妙招 …………………………………………… 130

9. 明月清风是我家 …………………………………………… 132

10. 去点亮每一盏灯 …………………………………………… 133

11. 善待老师 …………………………………………………… 134

12. 痛并快乐着 ………………………………………………… 135

13. 汲取孔子教育智慧,提高自身育人水平 ………………… 136

14. 我们是朋友 ………………………………………………… 137

15. 学习,是对自己负责任的修行 …………………………… 138

16. 雪中随想 …………………………………………………… 139

17. 忆童年 ……………………………………………………… 140

18. 有梦想谁都了不起 ………………………………………… 141

19. 清晨遐想 …………………………………………………… 142

20. 在写与反思中成长 ………………………………………… 143

第四篇　教学心得,照亮教育之路

1. "四爱"育人,唤醒生命的主动性 ………………………… 147

2. 影响小学生学习动机的原因及解决策略 ………………… 151

3. 学习任务群视域下小学语文"一核两联三环"教学模式探究 …… 161

4. 关注教学目标,打造高效课堂 …………………………… 166

5. 放手,我们最好的选择 …………………………………… 168

6. 激发"说"的兴趣,提升"写"的能力 …………………… 170

7. 让课堂充满活力 …………………………………………… 174

8. 小学写字课"三三"教学法的实践与研究 ……………… 178

9. 相向而行,无痕衔接 …………………………………………… 180

10. 幸福像花儿一样绽放 ………………………………………… 183

11. 一个议题,一份收获 …………………………………………… 185

12. 与你赴一场浪漫的约会 ……………………………………… 186

13. 在快乐的天空下成长 ………………………………………… 190

14. 我看还是像花瓣谷 …………………………………………… 194

15. 从"流程执行"到"生命对话"的觉醒 ……………………… 196

16. 管理的最终目的是实现自我教育 …………………………… 197

17. 周末作文需要布置吗? ……………………………………… 198

参考文献

后 记

第一篇
班级仪式课程,赋能生命成长

小王子问:
"仪式是什么?"
狐狸说:
"它就是使某一天与其他日子不同,使某一时刻与其他时刻不同。"

——《小王子》

第一章 班级仪式课程的构建

1. 班级仪式课程开发的背景

党的十八大首次提出"立德树人",二十大报告指出:"育人的根本在于立德。"如何将立德树人落到实处?《中国教育现代化 2035》指出:"全面落实立德树人根本任务,强化实践动手能力、合作能力、创新能力的培养,明确学生发展核心素养的要求;创新人才培养模式,培养学生的创新精神和实践能力。"《义务教育语文课程标准》(2022 年版)也强调"素养为纲、综合育人、实践育人、合作育人",提出要培养"全面发展的人"。蕴藏着宝贵的道德教育资源的仪式活动因其与学生生活密切相关,让学生在亲身参与的过程中,获得最真实的感受,重塑自己的行为,将深刻的教育内容融入生动有趣的活动中,在积极深刻的体验中强化人生信仰,达到增强集体凝聚力、激发责任感和使命感等目标,成为班级育人活动的重要形式。将仪式活动课程化,挖掘仪式背后丰富的教育资源,让课程成为发展学生核心素养的载体,将立德树人落到实处。

对学生的调查结果也显示,59%的学生不喜欢以教师为主导、将规范和约束学生行为作为工作重点的传统班级管理模式。他们愿意参与到班级管理中,希望为班级建设献计献策,成为班级活动的主角,做班级真正的主人。以往,我们更多关注了班级的管理功能,而忽视了促进学生发展的教育功能。怎样做才能满足学生的需求,涵养他们的精神生命质量,培育出高品质的生命?

作为师生交往互动的主要场域,教室应该是一个多彩的育人场所,发生在教室里的生命叙事,是构成丰富多彩的立德树人活动的核心内容。学生核心素养的形成主要是通过班级中师生的互动得以实现,这就要求班主任从忙于琐事走向系统建构,引导学生自主发展,把学生的全面发展作为班级建设的首要任务。

要促进学生的全面发展,班级管理也应该遵从新课改的理念,注重学生各项能力的培养。这就需要改变过去以班主任为主导的班级管理模式,从班级建设的管理者、组织者、监督者,转变为引导者、参与者、协调者。班级仪式课程强调课程的开发者和管理者是教师与全体学生,课程开发的过程尊重每一个学生的需求和想法,让每一个学生都成为活动的主角,满足学生成长的个性化需求,充分发挥自己的主动性和创造性。让学生参与到课程开发、班级管理中来,形成自主管理新模式,有利于培养学生的自我管理的能力,在实践中提高他们解决问题的能力、小组合作的能力,也有利于学生综合素质的提升,助力学生自主成长。

教育的本质是什么?是关注学生的生存状态,是呵护学生的生命成长,是提升学生的生命质量。当教师忽视仪式教育对于学生成长的作用,学生的学习生活就会变得简单、乏味。精心设计的班级仪式课程,使学生生命成长的历程与有意义的活动或具有象征意义的事物交汇在一起,不仅能感受到仪式的力量,美好的心灵也会被唤醒、被激发,从而享受生命成长的幸福感与成就感。

朱永新教授在《文化,为学校立魂》中指出:"仪式、节日和庆典往往是这样一种时刻,它通过包容性强、极富意味的、有象征意义的程序和形式,使有意义的事情或者伟大的事物能够拥有一种伟大的时刻,获得神圣、庄严与尊重。"班级仪式能够记录师生成长的历程,唤醒师生的美好情感,创生一个个精彩的生命故事。仪式开展的过程,就是形成由全体师生共同拥有的、具有独特的价值取向的班级文化的过程。

2. 班级仪式课程的意义与价值

"仪式",通俗意义上指的是"举行典礼的秩序、形式等"。美国学者约翰·菲斯克认为:"仪式是组织化的象征活动与典礼活动,用以界定和表现特殊时刻、事件或变化所包含的社会与文化的意味。"

从这一概念出发,我们认为立足于班级的"仪式"就是:根据学生当下的生命特质、生活实际和心理特点,结合班级文化特点,通过仪式的形式传播一定的思想理念、情感态度的教育手段。由学生、教师、家长共同参与,以此来塑造师生共同价值、信仰与文化意义而开展的象征活动与典礼活动。

"班级仪式课程",就是以课程为载体,其核心是"成长",立足学生特点和成长需求进行设计,旨在提升学生的核心素养,把师生团结在一个共同体中,探索有效的班级管理策略,从内容、方式、评价等方面进行系统的课程设计和实施,促进班级仪式走向课程形态,实现特定的教育目标的教育过程。

课程的研发对如何选择、设计适合学生身心发展特点的仪式活动,在活动开展的过程中如何有效地发挥仪式活动的德育资源,在仪式活动结束后如何保障和深化仪式活动的德育影响等以及课程实施的有效路径、策略、方法等方面进行了深入探索。

班级仪式课程的实施,能够有效"育才"。通过组织具有共同目标和意义的仪式课程,让学生主动参与课程的设计,充分发挥他们的创造性;通过改变仪式育人的新模式,全面提升学生的综合素养;通过构建积极的多元评价机制,丰富学生成长体验;促使学生从被动接受向主动学习转变,在实践中得到充分的锻炼,有助于提升学生的自信心、表达能力和团队协作能力,促进学生的全面发展。

班级仪式课程的实施,能够有效"育德"。将现有德育课程结合班级文化系统和具体学情进行统整,形成系统完善的课程体系,贴合学生的成长需求,从而实现用系统的课程培养全面发展的人的目标。同时,班级仪式的庄重感可以唤起学生的道德神圣感,引导学生弘扬民族精神,增进爱国情感,提高道德素养。

班级仪式课程的实施,能够加强"合育"。以班级仪式课程为桥梁,形成连接家庭、学校的纽带,为学生和家长创造更多共同生活、共同成长的机会,让学生的成长可见、可感,从而更好地支持班级和教师工作,形成教育合力。

班级仪式课程的实施,能够照见"成长"。形式多样、内涵丰厚的班级仪式课程能够以其文化感、参与感、庄重感让参与仪式的学生、教师和家长产生幸福感和成长感,推动学生素养成长、家长陪伴成长、教师专业成长,实现教育的幸福成长。

3. 班级仪式课程的课程目标

中国学生发展核心素养以"培养全面发展的人"为核心,分为文化基础、自主发展、社会参与三个方面。六大素养,具体为人文底蕴、科学精神、学会学习、健康生活、责任担当、实践创新。这些素养构成了学生发展的核心框架。整合以上内容,针对小学生的成长需求,提炼出二十四个关键词,"感恩、尊重、热爱、友善、快乐、自信、诚实、谦卑、专注、有序、坚持、守时、团结、互助、勤奋、创新、智慧、规则、责任、担当、勇敢、忠诚、宽容、公正",形成班级仪式课程的价值追求。这既是课程选材的基本内容,又是培养全面发展的人的达成目标。立足班级文化,整合班级需求,以学生喜爱的仪式活动为切入点,师生共同开发具有鲜明班级特色的仪式课程,作为班级育人活动的主要实施方式,培养能够适应终身发展和社会发展需要的必备品格和关键能力。

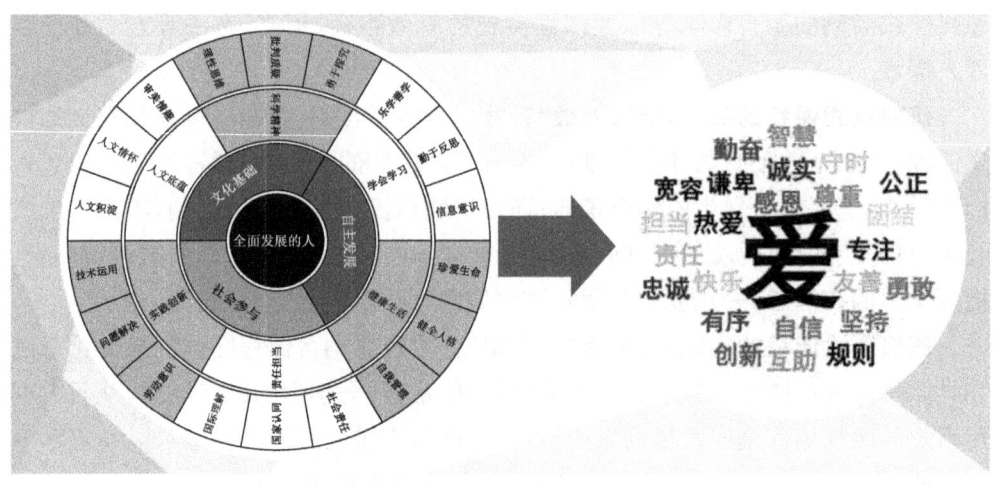

图 1-1 班级仪式课程的课程目标

4．班级仪式课程的内容

本着"教育即生活，生活即教育"的教育哲学，班级仪式课程内容与学生的日常生活紧密结合，确保每个仪式课程都有具体的生活场景应用。

表 1-1 班级仪式课程的课程内容

课程类别	课程内容	核心目标关键词	生活化实践场景
成长仪式课程	生日仪式课程	感恩、快乐、自信	生日诗歌会
	故事妈妈课程	热爱、友善、智慧	生命叙事分享
常规仪式课程	晨诵仪式课程	专注、有序、守时	师生诵读开启一天学习生活
	课前仪式课程	尊重、规则、勤奋	课堂问候仪式化
	收纳课程	有序、坚持、责任	课桌、书桌美丽改造
	……	……	依据习惯养成需要开设课程
节日仪式课程	国家节日课程	忠诚、担当、公正	唱主题歌曲 诵读节日诗歌 举行庆祝活动 实践活动
	传统节日课程	尊重、宽容、谦卑	
	班级节日课程	团结、互助、创新	
共读仪式课程	选书仪式	智慧、批判、公正	我最喜爱的图书评选
	开启仪式	快乐、坚持、智慧、创新、勇敢、自信	阅读地图绘制
	章节探秘仪式		阅读树种植
	童话剧课程		童话剧排演

5. 班级仪式课程的框架

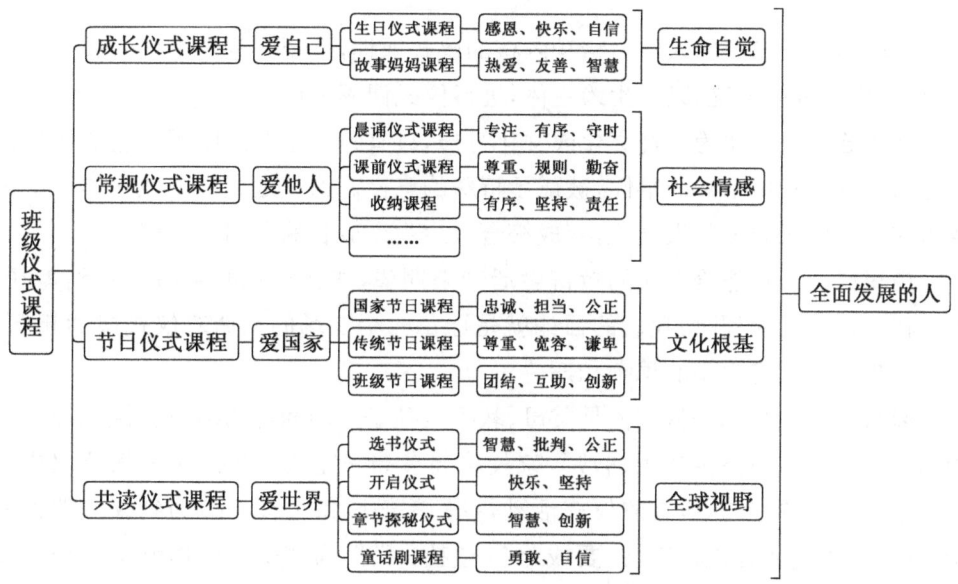

图1-2　班级仪式课程框架图

6. 班级仪式课程的分段培养目标

班级仪式课程，作为班级育人活动的主要实施方式，就要凸显班级特色，围绕班级文化进行目标设计。"爱"是班级的核心育人目标，围绕这一目标，构建以"爱"为主题的班级仪式课程体系，在不同的年段，培养的目标也有所侧重，和谐发展，螺旋上升，让仪式课程成为优质的滋养，帮助学生真正成长为全面发展的人。

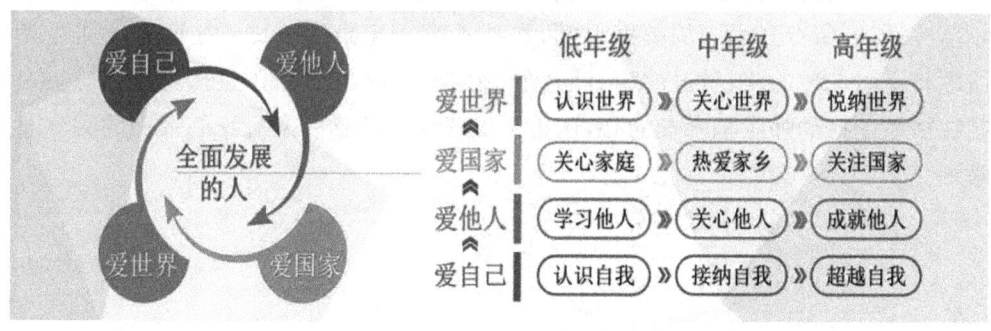

图1-3　班级仪式课程的培养目标

7. 班级仪式课程的设计要素

以培养全面发展的人作为精神内核的仪式课程，就要尊重学生生命成长的需求，结合班级价值系统，以学生为主体，进行仪式课程设计。

文化感。仪式作为一种文化或文化符号，具有特别重要的作用。它能使我们所经历的一些看似平凡的事件，被赋予特殊的意义。这也是仪式个性化的一个重要所在——仪式应该融入文化，变成符合学生生命成长的"定制"课程。

庄重感。仪式能给平淡的教育生活带来期望，能让平凡的生命感受到美好。所以在设计仪式课程时，我们的目的就是让每一个在场的生命对仪式肃然起敬，对接下来的仪式有更多的思考和期待。

参与感。成长本来就应该是父母、教师与孩子共同面对的事情。仪式课程中的每一项仪式也应该由学生、教师、家长共同参与来完成。我们尤其强调仪式过程中全体孩子的参与，所有的仪式活动，我们都鼓励每个孩子参与到仪式课程的设计中来，既要成为设计者，也要成为参与者。我们强调仪式课程就是一个大舞台，所有人都要成为这个舞台的演员。

成长感。在学生的小学阶段，有许多平凡而特殊的日子。这些日子需要用简单而温馨的仪式来擦亮，我们为这些日子赋予生命的意义，更重要的是在学生的心中播下——善良、正直、自信、勇敢、乐观、尊重等这些美好的种子，进一步引领孩子们积极的人生观、世界观、价值观的形成。

幸福感。在教育极度内卷的情况下，无论是教师，还是学生、家长，都处于身心疲惫的状态，幸福感在持续下降。班级仪式课程是一个很好的探索，在一个个美好的仪式中，师生都能感受到集体的温暖和幸福。如每一个开学仪式，老师都会带领孩子用诗歌开启新的一年，然后制订计划，并在学习生活的过程中按照计划落实活动，留存过程中的美好瞬间，和孩子们一起快乐成长。在期末仪式中用诗歌将平时走过的路、做过的事、读过的书细数一遍，在朗诵中回忆美好的过去。这往往最能打动师生和家长的心，这也是仪式中的情感因素给我们带来的另一种幸福。

8. 班级仪式课程的实施原则

仪式课程实施的四个原则是知行合一、学生中心、内外兼修、与时俱进。

知行合一。班级仪式是育人实践课程，育人过程既要注重教育，更要注重实践，要通过正确的实践践行素养规范、情感体验，真正将育人目标落在实处。

学生中心。在仪式开展的过程中，学生是教育的客体，更是实践的主体，在仪式实施的过程中要注意不断提升、发展、丰富和完善每一个人，切实落实以学生为本、以学生为主的核心教育理念。

内外兼修。仪式内涵要涵盖丰富，注重人本性、人文性、规范性和目的性；外延要形式多样，注重丰富性、实效性、全员性和全程性。仪式开展的过程既要注重丰富内涵的传播，也要兼顾广泛外延的实践效应，让育人成效扎实持久。

与时俱进。班级仪式课程既要坚持对传统仪式教育的继承和发扬，也要结合学生当下的生命状态和时代发展需求进行有效的大胆创新，立足传承、勇于创新，用发展、创新的力量为学生的成长注入时代的鲜活血液，从而让仪式课程有着不竭的生命力。

9. 班级仪式课程的系统性原则

班级活动仪式化。仪式是学校教育的重要载体，有些仪式对于我们来说，也许只是常规，可是，对于学生来说，却是生命中一段最重要的经历。仪式感越强，孩子的心灵成长就越快。例如，学期末的颁奖仪式的程式越隆重，孩子的成就感越强；整本书共读的开启礼越隆重，孩子们阅读时就会格外用心，阅读的效果就越好。可见，在教育教学活动中，我们渲染氛围，让学生充分感受事物和行为的意义，就能增强庄重感和认真感。

班级仪式常态化。我们通过班级日常固定的小仪式，引导学生外化于行、内化于心，渐渐形成积极的影响。在不断重复中强化日常行为规范，增强对班级的认同感和归属感，也有助于培养学生的自律性和责任感。

以每天的"晨诵仪式"为例，孩子们踏着晨光走进教室，先一起唱一首主题歌曲，然后诵读每日一诗，并进行生命叩问，让知识与生命产生共鸣，内心充满对美好事物的向往，在愉快的体验中开始一天的学习生活，让孩子们的学校生活熠熠生辉。

第二章　班级仪式课程实施策略

一、确定育人目标，规划仪式课程体系

根据课程特点和学生成长的实际需求，以"爱"为核心辐射出四个育人维度：爱自己的成长仪式课程，爱他人的常规仪式课程，爱国家的节日仪式课程，爱世界的共读仪式课程。在"爱自己"中唤醒生命自觉，于"爱他人"中培育社会情感，从"爱国家"中厚植文化根基，向"爱世界"中拓展全球视野。这一课程体系并非简单的活动叠加，而是遵循学生的认知规律，螺旋上升，分段培养。低年级培养自我认同，中年级关注社会情感，高年级培育社会参与意识。

本着"教育即生活，生活即教育"的教育哲学，从学生的生活出发，研发出爱自己的成长仪式课程，包括生日仪式课程、故事妈妈课程；从解决班级真问题出发，研发出爱他人的常规仪式课程，包括课前仪式课程、课堂仪式课程、收纳课程等；从家校协作出发，研发出爱国家的节日仪式课程，包括国家节日课程、传统节日课程、自创节日课程；为了能看见更大的世界，将共读课程仪式化，除去传统的导读课、推进课、交流课，开发出选书仪式、开启仪式、结束仪式等，让共读课程真正走进孩子的内心。

二、固定流程，探索班级仪式课程实施策略

班级仪式课程作为班级常态化的育人活动，具有重复性和长期性的特点，要融入学生的日常生活，形成策略可借鉴、方法易推广的固定流程至关重要。

在课程构建过程中鼓励学生从自身发展需求出发，主动参与课程流程的设计，厘清课程实施步骤。在课程框架下师生共同研发不同仪式的实施流程，探索出涵盖全面、程序优化、科学合理的班级仪式课程实施策略和路径，达成培养全面发展的人的目标。

1．成长仪式课程

成长仪式课程包含生日仪式课程和故事妈妈课程,开设的目的就是要把孩子放在教室的中央,因为只有真正地了解每一个孩子,尊重每一个孩子,研究每一个孩子,关注每一个孩子,才能根据每个孩子的特点因材施教。生日仪式课程让孩子在生日这天成为最闪亮的一颗星,从别人的眼中看到最美的自己。故事妈妈课程成为我们了解孩子的最好方式,这既是孩子展现另一个自我的舞台,也让孩子看到妈妈眼中最美的自己。

生日仪式课程的流程如图 1-4 所示。

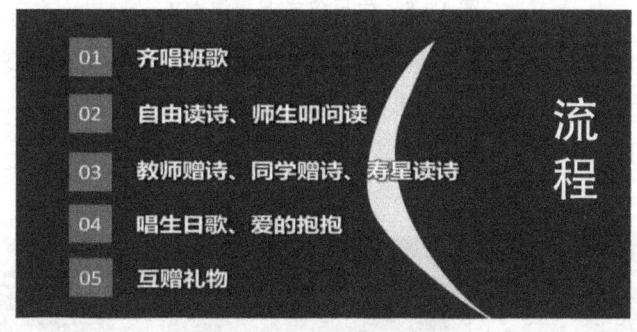

图 1-4　生日仪式课程流程

生日仪式课程以诵诗为主,为每个孩子量身定制一首独一无二的诗,这既符合这个孩子的生命特质,又暗含着对其未来的期许。送给孩子属于自己的诗,既是对孩子的尊重,更是对生命的尊重。

生日仪式课程中最能打动孩子的是第三个环节:教师赠诗、同学赠诗、寿星读诗。本环节要体现出对读的过程,对读时,要改变人称,看似简单的你和我的互换,却让孩子看到了别人眼中的自己,然后,下定决心要做这样的自己。这样的读,就是把别人的诗歌变成自己的诗歌的过程,更是把别人的肯定、赞扬和期许变成自己的愿望、决心与行动的过程。这也是一个学会赏识自己、发现自己、增强自信的过程。唱生日歌,也是孩子在接受别人祝福的过程中,找到集体归属感,感受到自己很重要;而爱的抱抱,则让孩子学会关心他人,加强同伴之间的沟通,让孩子从小要学会关心别人,有为别人之乐而乐的能力。

图1-5 生日仪式课程课例1

每一个孩子过生日,热心的妈妈们会为班级购买书、绿植或者文具,我们则会送给孩子集体创作的生日书或者卡片,这就是非常好的礼仪实践。经过长期的耳濡目染,孩子们会表现出优秀的礼仪习惯。

图1-6 生日仪式课程课例2

故事妈妈课程的流程:发现孩子的优点—制作ppt—讲述故事。

在开展生日仪式课程的过程中,我发现,与别人的肯定相比较,父母的肯定会让孩子发生更大的改变。心理学研究发现,孩子们更期待听到父母的鼓励和肯定。积极的肯定可以让孩子感受到父母发自内心的爱和快乐,给孩子带来快乐的心理感受,加强他的积极表现,促使他努力做得更完美。于是,我邀请妈妈们走进课堂,讲述孩子的成长故事。故事妈妈课程一开始,便受到了孩子们的欢迎,这既是孩子展现另一个自我的舞台,也让孩子看到了妈妈眼中最好的自己。

浩然是我们班最调皮的孩子,是我们整个级部的"名人",在每次午间广播,大家都会听到他的名字,每次都会让班级被扣分。浩然的妈妈不想讲述孩子的故事,孩子的表现让她着急又难堪。但我相信一个小小的孩子,一定是善良的,只是我们没有发现孩子的闪光点。在我的坚持下,浩然的妈妈足足观察了孩子一个月。静下心来,她才发现,这个时时让她生气的孩子原来那样可爱,又那样可怜,听到爸爸回家的脚步声,先是雀跃,然后又有些沮丧。想表达自己的感情,又害怕换来的是斥责。讲完故事,妈妈很动情,流着泪说:"王老师,孩子太不听话,总是惹事,我们和孩子交流最多的就是教训。观察孩子这些日子,改变最多的是我!不是孩子不好,而是我没有给让孩子变好的机会。"

图1-7 故事妈妈课程课例

故事妈妈课程开始后,孩子们很踊跃,妈妈也越来越珍惜这样的机会。我发现,每一位被讲述过的孩子、被肯定过的孩子,眼睛里的光是那样的明亮。他们更爱在家庭中承担责任,更爱为班级付出。无论是生日仪式课程还是故事妈妈课程,无一不在启示我们:教室与生命相关联。

2．常规仪式课程

常规仪式课程构建起全景式生命成长平台,包括上下课仪式、晨诵仪式、开学仪式、入队仪式、就职仪式、班级课程开启仪式、毕业典礼等与学生常规相关联的仪式活动。这样的课程,强调的是人人参与,形式丰富。从仪式活动的准备,场景的选择、布置,只有让学生全程参与,才能更好地激发他们对集体的认同感,才能让他们在参与中学会合作,乐于交际。

以每天重复的上课仪式为例,它的流程非常简单:上课—起立—同学们好—老师好—唱上课规则歌—请坐。在日复一日的师生相互致敬、唱规则歌的过程中,强化了师生间相互尊重的意识。同时,让师生为接下来的教学活动做好准备,并全神贯注地投入其中。

图1-8 常规仪式课程课例

这些重复化的仪式活动,带给学生强烈的心理暗示,形成不成规章的行为准则;并且在这样的环境中,大家会产生从众心理,会使自己的行为方式、学习态度以及班级风气都朝着正确的方向发展。

3. 节日仪式课程

开发班级仪式课程时,要特别关注节日与生活的特别关系,国家节日、传统节日、班级纪念日、主题教育日都是节日仪式课程的表现内容,让集体的记忆、民族的文化通过这些课程得以传承。

节日仪式课程的流程：唱主题歌曲—诵读节日诗歌—举行庆祝活动—课后实践。

每个节日，都要选择适合这个节日诵读的诗歌和传唱的歌曲，再加上适合这个节日的实践活动，就能为学生打开一个开放的学习途径，在亲历实践中，掌握新的学习方式，促进学生主动学习、探究学习、实践学习。

以元宵节仪式课程为例，在课前收集孩子们看花灯、放鞭炮的图片，节日的气氛便扑面而来；在开学之前，又布置了"小巧手做元宵"这样的实践活动，让每个孩子亲自参与制作元宵。

回到课堂，针对二年级孩子的特点，选择了《闹元宵》这首适合小孩子传唱的歌曲作为主题歌曲；诵读了苏味道的《正月十五夜》、唐寅的《元宵》二首古诗和儿童诗《魔法》；举行了元宵节看花灯、猜灯谜这样的庆祝活动，也真正把仪式课程的主题"天上明月，人间花灯"刻到了每个孩子心里。

传统节日、国家节日、班级节日……都是节日仪式课程的表现内容，让集体的记忆、民族的文化通过这些课程得以传承，从而让孩子们更加热爱生活。

节日仪式课程很好地构建了"学校—家庭"一体化的课程资源，也让孩子带动家长，积极参与课程建设，参与班级文化建设，用心感悟生活之美。一间完美的教室，必须形成教育合力，让每一位家长参与其中，让每一位教师参与其中，唯其如此，这间教室才会更有凝聚力。

班级节日课程　　　　传统节日课程　　　　国家节日课程

图 1-9　节日仪式课程

4．共读仪式课程

共读仪式课程让孩子们经历了从书籍选择到深度阅读，再到创意表达的全方位体验，包括：选择礼【也就是我最喜爱的童书评选活动】—见面礼【每每阅读一本新书，都要完成两步：做书签、订礼仪，培养孩子对书籍的尊重态度】—章节探秘仪式—最后是延续【所有阅读活动结束，孩子们可以自由表达自己的感受，画手抄报—续写—改编】。

"我最喜爱的童书"评选活动，分为四步：第一步，交书；第二步，选书；第三步，说书；第四步，全班评选，并确定阅读书目。

第一步，交书。让每个孩子提供一本参赛图书，仅一本！有了这样的要求，孩子才会千挑万选，选出自己最喜欢的一本书。

第二步，选书。要求所有孩子将书摆放在自己的桌子上，教师围着教室走一圈，就会发现有很多书是重复的，有很多是不适合孩子现在阅读的。这样，用很短的时间就能从中选出三到五本适合孩子阅读的书。

第三步，说书。把选出的书放到展台上，投放到大屏幕，邀请书的小主人到前面为大家说书，围绕书的内容、阅读收获两个方面介绍。对书目重复的，则由孩子们自己推荐说书人。

第四步，全班评选，并确定阅读书目。孩子们投票选择自己喜欢的好书，根据票数的多少每次评选出三本我最喜爱的童书，确定为班级未来阅读书目。

读书如同播种，读一本好书就如同在心灵里种下了一颗美好的种子。所以，每开启一本好书，就要有一系列隆重的仪式：诵一首好诗—种一粒种子—读一本好书—演一幕好剧。

播下一粒种子，让成长的小苗和阅读一起开始，这是希望，也是陪伴。在希望中，上一节导读课，对即将开始的共读产生浓厚的兴趣。或者找已经读过这本书的孩子，选择自己喜欢的片段，表演一幕短剧，激发孩子更强烈的阅读愿望。阅读交流结束后，演一幕好剧。

图 1-10 共读仪式课程课例

5．四位一体，构建班级仪式课程评价体系

班级仪式课程要想助力学生的生命成长，就必须改变过去以终结性评价为主，评价主体只有教师的评价模式，从终结性评价转变为形成性评价。评价本身不是目的，而是要成为促进学生全面发展的工具和手段。依据班级发展的实际情况，师生共同制定评价点和评价标准，从学生、同伴、教师、家长四个层面构建四位一体的多主体评价模式。让学生从被评价者变为评价的参与者，让家长、任课教

师参与到评价中来,对课程参与过程中学生的行为表现、情绪体验、参与程度、价值认同等多方面的成效进行考量,推动动态的课程评价体系,让仪式课程真正实现关注生命成长、促进学生全面发展的目的。

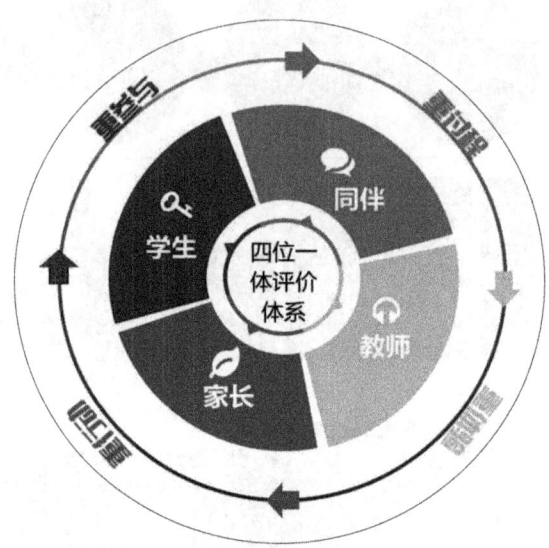

图 1-11 班级仪式课程评价体系

第三章　风信子班仪式课程故事

1. 班级仪式课程点亮孩子生命

这些年,我一直践行"四爱育人"的教学主张,打造走进学生心灵的班级仪式课程,实现从班级管理到课程育人的转变,用课程点亮学生的生命。

第一篇章　缘起

那么到底什么是仪式？什么是仪式课程？

说到仪式,相信大家一定会想到小王子和狐狸的那段对话,小王子问狐狸:"仪式是什么？"狐狸回答:"就是使某一天与其他日子不同,使某一时刻与其他时刻不同。"所以,今天的我们特别注重生活中的仪式感,它让平淡的生活变得有诗意。生活需要仪式,教育更需要仪式。如果我们班主任只是按部就班地管理着班级,我们可能永远触动不了孩子的内心。但如果我们创造性地赋予平平常常的班级生活一定的仪式感,试想一下,会收到怎样的效果？

风信子的教室里,每天都会用动听的歌曲和一首首美丽的儿童诗,陪着孩子们一起迎接每一个清晨。试想一下,孩子们会不会因此爱上学校,爱上班级,期待上学？这就是仪式课程的魅力,它可以营造出特殊的教育氛围,收到事半功倍的教育效果。

第二篇章　现状

为什么会想到去做仪式课程呢？还是缘于自己实践过程中的思考。这些年,无论课程怎样改革,人工智能带给教育怎样的颠覆性的变化,但我们、学校、老师,依然固守着传统的教育方法。

(1) 我们的学校在评价班主任和班级时,关注的依然是班级秩序的好坏、孩子的安全,导致班主任关注的重点也在班级的管理功能上,把教育降低为规范和训练人的行为,简单地认为管住人的行为就能促进人的发展。

(2) 在课堂外,高喊着以"学生为中心",却依然做着填鸭式的教育。

(3) 家长的焦虑压制着孩子的自由并窒息他们的发展。

约翰·I.古得莱得在《一个称作学校的地方》一书中说："每天早上到校时,学生都要默默接受某种约束,并按照这些约束的要求保持被动的状态。至少在小学,学生们大量的时间是在等待教师分发材料或告诉他们要做些什么。也许这就是为什么我们常常看到这样的描述:在下午放学的时候,孩子们抱着'终于松了口气'的愉快心情冲出教室。"① 当孩子们不再喜欢学校,不再愿意来到班级,教育从何发生?想想刚进一年级时孩子们那一双双明亮清澈的眼睛,用不了两年的时间,这目光就开始暗淡迷蒙,不再有闪亮的光。

最近大火的电影《抓娃娃》,是一部喜剧片,但同时也是教育的一部恐怖片,它揭示了当下中国教育的极端形式。故事的设定很有趣,马成刚在养废大儿子后,痛定思痛,看着被姥姥、姥爷溺爱的小儿子,制定了一套完备的精英教育方案,而这个教育的起点是穷养。但穷养的背后是一个团队在助力孩子的成长,假奶奶,无处不在的监控,英语口语不好时,随时出现的老外,让孩子就像生活在剧本里。"别为我好,请为我叫好!"这是影片中的一句台词,也是写给每一位家长和老师的话,打着"为你好"的旗号,我们控制孩子,让他成为我们想要的样子。课间不准跑跳,去个厕所都要排队,甚至每个班级还要安排学生在走廊执勤,连上学都要踩着线进入校园。我们想方设法控制孩子的发展,想要他成为我们想要的样子。就像顾明远先生在反思中国教育的八个悖论中所说,一边高喊素质教育,一边又把考试分数作为评价学校和老师的唯一标准;一边减负,一边又想方设法,让孩子回家主动学习。我教这一级时正好是减负的第一年,我们绞尽脑汁,让孩子回家学习,学完生字,回家教爷爷4遍,教奶奶4遍。

现在的孩子,称自己是"卷心菜",又卷又菜。当我们都从自己的主观愿望出发而不是孩子的成长需要出发时,孩子就失去了主动成长的机会。教育有一个核心的目标,就是帮助每个人发现并成为真正的自己。

作为班主任,我们要如何帮助孩子发现并成为真正的自己?

首先要把孩子放在教室的中央,让故事发生在每间教室里。带着这样的理念,"让每一个生命都在教室里开花,让每一个孩子能在清晨醒来时,对即将开始的一天充满期待和向往;让每一个孩子结束一天的学习回家时,能对教室充满留恋和不舍"(常丽华语)。这样的教室就称得上是一间完美的教室,就会有故事、快乐、收获和成长。

---

① 约翰·I.古得莱得.一个称作学校的地方[M].苏智欣,胡玲,陈建华,译.上海:华东师范大学出版社,2007.

怎样做才能缔造出这样一间完美的教室呢？

我们知道，班主任的首要任务是建设班集体，中心任务是促进学生全面发展。《教育学》第七版对班集体的培养有这样一段表述："一个真正的班集体，有明确的奋斗目标、健全的组织、严格的规章制度与纪律、强有力的领导核心、正确的舆论和优良的作风，能够有计划地开展各种教育活动，能自觉反思、总结经验，使集体不断自我教育、自我提高，不断向前发展。不是任何一个班都能称得上班集体的。那些纪律松弛、思想涣散、无所作为的班就算不上班集体。"①

所以，一个不断成长、不断发展的班集体一定离不开这三个要素：要有师生共同建设的班级文化，共同开发的特色课程，还要有师生间的共同成长。这样的一间教室就不只是物理意义上的上学的地方，而是变成了一个多彩的育人场所、一个师生共同成长的舞台。

经常有人问我为什么会用"风信子"作为班级的名字，那个关于爱的故事便一次次出现在我的讲述里。

2011年9月，我所在的文化路小学成立，我接手了一个新的四年级。与以往不同的是班里多了两个随班就读的孩子，一个唐氏儿，一个腿残疾，还有点听障。孩子们毫不掩饰对这俩特殊孩子的好奇，异样的目光在教室里蔓延，70多个孩子的教室里，居然找不到这两个孩子的位置。如何让大家尽快接受这两个孩子，并使之成为我们大家庭的一员，让我着急，更让我为难。那时，我正在读台湾作家刘继荣的《遇见世上最好的爱》，其中的一篇文章《请允许白色的风信子害羞》，给了我极大的启发。故事中那个发育比同龄人迟缓的小女孩在学校被同学说成白痴，可她依然坚信自己是一朵比雪还白的白色风信子。因为舞蹈老师告诉大家，她不是白痴，而是白色的风信子，很安静很怕羞，虽然比紫色和蓝色的风信子要开得慢一些，可等到开花了会最美。

让数学老师带着两个孩子去参观校园，我把文章读给孩子们听，最后一段妈妈的话触动了孩子的心灵："请允许白色的风信子害羞吧，因为，风雪再大，受伤再深，她都会拼尽全力为你开一朵最美的花。"

讲道理或许无法说服孩子们，但故事可以。我让孩子们小组讨论一下如何帮助这两株白色的小风信子开出最美的花，这群10岁的少年让我刮目相看。班里真的发生了好大变化，女孩子们自发组织起来，带着患唐氏综合征的女孩去厕所、护送路队，甚至轮流带她上体育课；男孩子们居然带着腿残疾的男孩打乒乓球、掰

---

① 王道俊,郭文安.教育学[M].7版.北京:人民教育出版社,2016.

手腕，努力不让他掉队。

  2012春天，我们又接触到新教育，以人为本的理念，一下子打开了我们建设班级的大门，在完美教室理念的指导下，开始建设自己的班级文化。在确定班名时，我首先想到了毛虫，因为我会见证孩子们从毛虫到蝴蝶蜕变的过程。当我说到这个班名时，子衿，我们班一个很细腻的孩子，突然问我："王老师，您不是经常提醒我们这些蓝色的、紫色的风信子要帮助白色的风信子开花吗？"孩子们也都附和着"风信子班"。但那时候，我们从未见过风信子花，于是一起百度搜索，认识花，了解花，特别是看到风信子的花语"点燃生命之火，同享幸福人生"，便觉得它与我的初衷相同，"风信子班"就确定了下来。班名从确立起，便被我们赋予了一种爱的力量。正如海子所说，"给每一条河每一座山取一个温暖的名字"。名字叫什么不重要，重要的是传递灵魂碰撞而生的温度。

  新教育实验有一个主张，要"教给学生一生有用的东西"。到底哪些是学生一生最有用的东西？我们的答案是良好的习惯。于是，我制定了班规：学习自主、行为自觉、生活自理；确定了班训：做好每一件小事。那时候，我们努力的目标是争创每周的文明班级，这是我们全班的梦想，我们便朝向这个目标一起努力，文明班级的小旗还真是常驻我们教室！这让我们很得意！那段时间，家长的满意度很高，班级凝聚力很强，我甚至觉得我是我们学校最优秀的班主任，直到2013年2月26日。

  电话铃响起的时候，抬眼看了一下墙上的表，6：35，是政辉爸爸。

  "王老师，我是政辉爸爸。明天你把建和小辉的家长叫到学校，我有点儿事！"没容得我张嘴，孩子的爸爸便克制着自己的愤怒，向我讲述。

  连续两天，我们的班的建和小辉都在放学路上堵着政辉打，撕破他的书包，还用红领巾把他绑在站牌上，还吓唬他明天继续。政辉家人找不着孩子，全家出动，直到政辉自己回家，才知道原因。

  我知道，政辉的家离我们学校很远，孩子每天自己乘坐公交车上下学，奔着接受优质教育来到我们学校，却受到了这样的伤害。

  这样的一次欺凌事件，让我反思，教育的价值是什么？我到底要在我的教室里培养什么样的人？

  无论是班规还是班训，我注重的都是孩子做事的能力，而不是有道德。而恰恰温暖的心灵、拥有爱与被爱的能力是人区别于机器的本质所在，是在信息技术高速发展的今天尤其重要的一点。与健康的体魄、聪明的头脑、良好的习惯相比较，我们最最缺失的就是培养孩子爱的能力。

我们开始了班级第一次真正意义上的共读,一起共读了《夏洛的网》。我虽然还不太会指导,但我们重视了交流,每天读完后全班交流,彼此之间开始有了共同的话题。那时候还用班级主题帖,小叶在主题帖里写自己的阅读感受,一帮孩子悄悄跟上,交流的阵地由线下发展到线上,主题帖里热闹非凡。大家依然意犹未尽,我们又一起观看了电影《夏洛的网》。有了这样的深度阅读,孩子们对同伴间的友谊有了重新的认识,夏洛对威尔伯无私的爱与奉献震撼着他们的心灵。建、小辉、政辉不知什么时候变成了好朋友。天天共读,天天交流,热闹的场面将校长也吸引了进来,将自己的《读〈夏洛的网〉有感》发在我们的主题帖上。孩子们共读的劲头更足了。

借着这股热乎劲儿,我们进行了一轮轮的小组讨论、班级辩论,最终确定,"爱"依然是风信子教室里"培养什么样的人"的最重要的目标,学会去爱,从"爱自己"开始,然后再去"爱他人""爱生活""爱世界"。

我们期待,从这间教室走出去的每一个人不仅仅学业有成,能创造富足的生活条件,更能与别人友好相处,与自己和解,与世界拥抱,成为能够感受爱、给予爱、感受幸福的人。

如果说班级文化的核心是精神文化,那么精神文化的核心则是群体价值观。也就是说,群体价值观是班级文化核心的核心。正确的群体价值观对班级整体发展和学生个体成长有极其重要的作用。

于是,围绕"爱"这一目标我们确定了"风信子班"的班级价值观——"爱自己、爱他人、爱世界、爱生活";"眼里一直有光,心中永远有爱"成为我们共同的愿景。不断前行的路上,我们发现只要努力做最好的自己,就能开出最美的花,并以此创作了班诗、班歌。我们的班规也不再是一条条的奖励与惩罚的规则,而是变成了让自己变得更好的提醒与反思。

孩子们每天都要问问自己:

(1)今天我微笑了吗?

(2)今天我读书了吗?

(3)今天我锻炼了吗?

(4)今天我和别人分享过什么吗?

(5)今天我快乐吗?

(6)我带给别人快乐了吗?

(7)今天,我交到知心朋友了吗?

(8)今天的我比昨天进步了吗?

(9) 帮助别人是一种美德，我做到了吗？

每一个班级都应该拥有属于自己的价值体系，这是一个班集体奋斗的目标，它让孩子成为班级的主人，同时它也决定着班级的精神面貌和发展方向，深刻影响着孩子的方方面面。每一个教过我们班的老师都会感叹孩子们的精神面貌和别的班级不一样，我以为就是因为这方面的原因。

正如朱永新老师所说："文化是活出来的，教室文化应该在一以贯之的师生生活点滴之中，在不断的濡染、编织与生成中活出来。无论多么构思巧妙、令人眼前一亮的班名、班徽、班歌、班诗，如果师生最终没有把那种精神活出来，那么这间教室就与完美教室相距甚远。"

在建设班级文化的过程中，我体会到，一个班名、班歌、班徽、班级口号等齐全的班级不一定有文化，一个经常开展活动的班级不一定有文化，一个成绩优秀、各项指标领先的班级也不一定有文化。

真正高品质的文化应该反映在对学生思想的引领和精神的启迪上，并因此影响学生的外在行为，即内生而外化。教育的最高境界是文化熏陶，文化建设的高端实践就是班本课程的开发。

教室，就要一头挑着生命，一头挑着课程。没有生命绽放的教室，就不可能是一间能够生长的教室，没有课程滋养的教室就称不上一间完美的教室。曾经有老师质疑，我经常带着孩子们做活动，这是不是课程。

活动和课程一定是有区别的，十几年前，没有课程意识，也没有开发课程的能力，教室多的是一个个的活动，虽然也被我冠上"旅行课程""阅读课程""种植课程"等名字，却只是丰富了孩子们的学校生活。但课程不同，它一定要经历岁月与时间，要经历一个过程，形成固定的流程，让参与者有所收获。

那一年刚好接过一群一年级的小娃娃，家长们更喜欢带着孩子参与这样的活动，我们也就热热闹闹地做着。

那时候，班里有个叫小辰的孩子，很内向，从小生活在大山里的老家，跟着爷爷奶奶长大，与外界接触很少，宁肯跟着爷爷、奶奶去干活，也不愿意和小朋友一起玩。我鼓励小辰妈妈多带孩子参加班里的活动，多和同学交流，这样他才会融入集体中。

2015年春天，当班级群里的开始商讨着一起摘樱桃时，小辰妈妈主动请缨。因为年龄偏大，她很少在班级群中说话，看到她主动提出为大家服务，我们赶紧鼓掌。正考虑着和家委会成员商量，一定把机会给她，电话响了，小辰妈妈很羞涩地说："王老师，也不知道我能不能组织好，但我们老家就在那片山上，我会联系一家只接待我们，所以安全问题您大可放心。"

我没有参与这次活动，但周一，孩子们向我炫耀认识了多少种野菜时，小辰站在一边笑得很骄傲。一诺拉着我的手，羡慕地说："老师，小辰真厉害！那么多野菜他怎么能分得清？"而那个内向的孩子，那一刻正被男孩子围在中间，不知嘻嘻哈哈地谈些什么。

看到小辰的变化，我突然意识到：组织一次活动，就能让孩子发生如此大的改变，可见，寻找到学生的情感共鸣点是育人有效性的前提，而班本课程恰恰能成为解决问题的载体。但如何将育人与班本课程结合起来呢？

爱是风信子教室的课程主线，爱自己、爱他人、爱世界、爱生活是风信子娃娃们的共同追求，我们的课程该如何围绕这四个方面来设计，并让课程成为班级育人的工具呢？

对学生的调查结果显示：我们过多关注了班级的管理功能，而忽视了促进学生发展的教育功能，导致无法培育出高品质的生命。但学生对仪式活动的喜爱也超出了我们的预期。

就这样，我开始了仪式课程的研究并将班级仪式课程作为班级德育活动的主要实施方式，以课程为载体，聚焦立德树人总目标，立足学生成长需求，从内容、方式、评价等方面进行系统的课程设计和实施，使班级仪式走向课程形态，发挥其育人功能和作用，促进学生心灵成长和生命绽放。

心恬是我们的小班长，有段时间，我一次次接到班里家长的电话，都是告状。告状的内容也基本一样，心恬欺负他们家孩子，还不准和老师说。连谁能和谁玩，都要由她决定，孩子们都有点儿怕她，说是因为心恬的妈妈是我们学校的老师。这让我很生气，决定先好好观察一下再说。轮到心恬班执勤，我站在教室外看着孩子们，大家井然有序地早读，心恬倒背小手，管得有模有样。课间，我站在洗手间外，看着她带着女同学排着队去厕所，比我组织得还好。正要回办公室，诗诺哭着从厕所出来，喊着："王老师，于心恬不准我上厕所，不准我和锦仪玩……"我把心恬带到办公室，我还未开口，她就急着解释："我让张诗诺和锦仪到一个厕所坑，这样快点，她偏不，我才说不让她上了……"

同一天，下午的武术课，外聘老师上课，老师又把管好纪律的任务交给了心恬和体育课代表诗诺。时间不长，浩然就哭着上来了，说诗诺打他；诗诺来了，又说心恬让打，管不好纪律不准她当体育委员。

怎样才能让孩子学会正确地管理班级，与同学相处，让我头疼！孩子太小了，单靠用语言来解释，靠老师去强压，我觉得都不行！和心恬妈妈寻找原因，发现在家里女孩太少,心恬得到大家更多的纵容。可如何解决呢?

我带着孩子读了很多绘本,可就是走不进心恬的内心,也解决不了班里的现实的问题。于是邀请我们诸城最好的心理咨询师龙源学校的齐老师给孩子们上了一课,内容就是学会如何交往。齐老师来了,先播放《哆啦A梦》中的一个片段,胖虎想尽各种办法欺负大家,结果所有人都不再是他的朋友。齐老师让孩子们说说,通过这样一个故事懂得了什么。孩子们争先恐后地回答。然后,齐老师又问,假如你的身边有这样的小朋友,你会如何处理。孩子们懂了:不用害怕什么,解决不了的问题一定要及时告诉老师和家长。话题一转,齐老师问:"假如你的身边有这样的小朋友,你喜欢他吗?不喜欢的理由是什么?"

齐老师接着说:你们不喜欢他,其实他自己也不够爱自己。因为爱自己的人不但欣赏自己,更会欣赏别人,所以,我们要好好帮助他先学会爱自己,然后他才会爱别人。

最后,齐老师让孩子拳头对拳头,互相撞击。大家一个个龇牙咧嘴,明白了,伤害是相互的,欣赏是相互的,爱也是相互。

怎样才能让孩子互相欣赏,从而更好地爱自己呢?时下流行的生日仪式课程给了我启发,让孩子在生日这天成为最闪亮的一颗星,从别人的眼中看到最美的自己。从最简单地为孩子改诗、送诗、唱生日歌曲,到现在生日仪式课程已经有了固定的流程,这些已变成我们生活的日常。

生日仪式课程的第一个环节便是唱生日歌。我们二年级时的主题歌是《宝贝》,三四年级时是《飞翔的花》。从唱《宝贝》歌开始,"小寿星"的日常学习生活的照片便跟PPT一起展示给大家,在歌声中,感受成长的快乐。

第二个环节就是自由读诗,这首由全班师生为他量身定制的诗,是独一无二的,既符合这个孩子的生命特质,又暗含着对他未来的期许。嘉恬是个很内秀的孩子,很优秀,但不敢表现自己,我希望他能在班级里发挥更大的作用,便将这首诗送给他。

对孩子、对生命的尊重就自然而然地体现其中。

第三个环节包括教师赠诗、同学赠诗、寿星读诗,这里体现出一个对读的过程,对读时,一定会改变人称,看似简单的你和我的互换,却让孩子看到了别人眼中的自己,然后,下定决心要做这样的自己。这样的读,就是把别人的诗歌变成自己的诗歌的过程,更是把别人的肯定、赞扬和期许变成自己的愿望、决心与行动的过程。

这也是一个学会赏识自己、发现自己、增强自信的过程。而再唱生日歌,就是在接受别人祝福的过程中,找到集体归属感,感受到自己很重要。

爱的抱抱,则让孩子学会关心他人,加强同伴之间的沟通,孩子从小要学会关心别人,有为别人之乐而乐的能力。

每一个孩子过生日,妈妈们都会为班级购买书、绿植和文具,我们则会送给孩子集体创作的生日书或者卡片,这就是非常好的礼仪实践。经过长期的耳濡目染,孩子们表现出了优秀的礼仪习惯。

小小的课程,不仅成为家校共同生活中心灵交流的一种重要方式,融洽了师生关系,促进了同学之间的情谊,还增强了孩子的自信心和班级凝聚力,成为班级育人的工具,也是我们班一道亮丽的风景线。

孩子们在参与的过程中,全面认识自己、尊重自己、接纳自己、肯定自己、鼓励自己、反省自己、发展自己、完善自己。这不就是爱自己的最好诠释吗?

这些在不经意间创造出的富有仪式感的活动,为孩子们平淡的生活增添了许多色彩,让他们的情感变得丰富起来,当他们不断地给身边人带去温暖的时候,便与他人、与世界有了更好的互动。这些课程就有了新的名字:成长仪式课程。这些富有仪式感的活动,将学生生活中的普通事件变得不普通,让生命中的每一个重要日子刻骨铭心。孩子们逐渐在集体中体验到自我的价值,产生积极的心理,获得爱他人、爱世界、爱生活的动力。

班本课程的设计和开发最能考验教师的教育智慧,教育情怀和综合素养。我觉得课程开发的关键一定是:朝向现实,指向成长,了解学生的现实问题,明晰其内在成长的需要。对于有课程开发意识的教师而言,问题就是财富,是方向,是灵感触发点,课程的设计一定是朝向学生的现实问题和成长需要。

学会如何就"爱他人"这一目标来设计班本课程,是我在实践中遇到一个最大的难题。爱他人,首先要爱家人、爱老师、爱同学,然后再去关爱周围的人,关爱陌生的人,关爱身边的环境、身边的小动物,可如何用课程达到这一目标呢?

对孩子来说,习惯了接受爱,如何爱别人,特别是陌生人,很难!作为一线教师,见得最多的就是友谊的小船说翻就翻,教室里有同学吐了,不是赶快去找工具打扫、帮助同学,而是先忙着堵住鼻子;经常听到身边的某个孩子因为妈妈阻止他玩手机,离家出走;可你问问他,爱父母吗?爱!爱老师吗?爱!可走进教室的老师为如何让孩子尽快安静下来而头疼,为如何上好下午的第一节课而烦恼,为孩子们凌乱的桌凳而发愁……这也就为课程的开发提供了思路。

把日常学习生活中遇到的小问题做成课程,在主动参与的过程中解决好遇到的问题,树立起"人人为我,我为人人"的意识,爱他人的目标就达到了。

因为老师们都不喜欢在下午的第一节课懒洋洋的孩子,我请体育老师为我们创作了课前仪式,成为下午上课前的固定仪式,受到孩子们的欢迎,谁能成为开场前的这个孩子,需要经过激烈的角逐。有了这个小小的仪式,孩子们就为接下来的教学活动做好准备,并全神贯注地投入其中。

教室里有很多同学不会整理桌凳,我们开发了收纳课程,不仅关注教室里的收纳,还对每个同学的家庭书桌进行最美书桌评比、奖励。

就连每节课重复的上下课问好,也被我冠上了上课仪式的名字,并进行了规范,特别是鞠躬的环节,我进行了严格的训练,务必让每一个孩子认真对待,目的就是在日复一日的师生相互致敬的过程中,向学生传递这样的信息,同时也是在与学生建立一种规则:安静的教室才是上课的保证,有序的课堂才是学习的条件。

2023年秋天,我们的经历了一次新的分班,重建班级的孩子凝聚力不强,就连认领班级岗位这样的事情,孩子们都不积极,师生间很难形成从一年级开始建立的那种信赖感。更痛苦的是,校长把一个极特殊的孩子小文直接放到了我的班级,这个孩子能量很大,一个人能导致一个班级不得安生。如何破这个局?是难题,也是挑战!

那时候,很流行养芦丁鸡,班里的易谦小朋友在家里养了一大群芦丁鸡,每天跟我炫耀鸡的可爱,又生了几只蛋,引得周围同学追在他的屁股后面问。看到孩子们如此感兴趣,在易谦提出要送我两只芦丁鸡的时候,我痛快地答应了,并提议养在我们的教室里。孩子们立刻欢呼起来,这是分班后,我第一次看到教室里每个生命都在跳跃的样子。两只宠宝来到教室,易谦告诉大家,芦丁鸡很胆小,声音大了,它会害怕。从那天起,教室里一下子安静下来,就连小文都蹑手蹑脚,生怕惊扰了它。我们有了共同的牵挂,每晚的作文说写群里小芦丁鸡占据了最大的流量。

小鸡是怎么生出来的呢?什么时候我们的小鸡也会下蛋?我每天不知道要回答多少遍这样的问题。索性,开始我们的芦丁鸡课程,我们用诵读开启,迎接新生命的到来。买上孵蛋器,做好准备工作,那段时间,孩子们、家长们都行动起来,到处搜罗芦丁鸡蛋,查找孵化的方法,聊起小鸡都说得头头是道。老公的朋友听到我到处打听芦丁鸡,一下子送给我两大箱芦丁鸡,办公室外面的两大箱又变成了孩子们努力的目标,每个人都努力做最好的自己,期待能够认领两只小鸡回家养育。

同时,我们全班决定,把教室里小鸡养育的任务交给小文和另一个不大愿意来学校的小妍照料,看俩孩子互相提醒换水、筛核桃砂,叮嘱其他同学不要用手动,我知道,这两个孩子变了。体育组的老师惊奇地发现操场上不见了小文的影子,保安老师诧异小文居然可以成为班级的领队,当他们感叹还是我厉害的时候,我说:"是我们的芦丁鸡厉害!"

这些基于问题研发的课程,要解决的就是班级普遍存在的问题而不是某些同学的个性化问题,与孩子的常规教育紧密相连,它涵盖着我们班级管理的方方面面,我叫它常规仪式课程。晨诵、开学、入队、班干部就职、班级课程开启、每学年的毕业典礼都在其中,它变成丰富多彩的立德树人的活动。它带给孩子的更多是心理和情感上的滋养,虽然看不见,摸不着,但是很重要。它的特点是:人人参与,形式丰富! 这样的课程强调的是人人参与,一起解决活动过程遇到的问题,丰富课程的形式,在积极地参与中更好地全面发展自我,树立起"人人为我,我为人人"的意识,让孩子们学会合作,乐于交际,将爱他人落到实处。

当我们用动态生成的观点去看待教室里的育人活动时,就能更好地去关注孩子心灵的成长和个性的舒展,课程便不只是老师的课程,而是班级中每个孩子生活、学习、成长的平台。我们能做是努力看到每个孩子的优势和天赋,给每个孩子符合尺码的教育,让他们得到更温暖的对待、更好的成长。心理学家认为:"每个人都需要一定的仪式感。在这些仪式当中,人们会进行强烈的自我暗示,让自己做事的时候更用心、更认真、更专注。"

在仪式课程的影响下,孩子们努力使自己的行为方式、学习态度、班级风气都朝着正确的方向发展。

我们知道:教室,是师生连接学校、家庭与社会的生命实践场域,通过教室内外衔接和家长协同参与,能够使学生拓宽眼界、增长知识、提升实践能力。节日仪式课程在我们的教室里,便承担了这个任务。

每个节日,都要选择适合这个节日诵读的诗歌和传唱的歌曲,再加上适合这个节日的实践活动,就能为孩子打开一个开放的学习的途径,在亲历的实践中,掌握新的学习方式,让他们主动学习、探究学习、实践学习。

以元宵节仪式课程为例,在课前收集孩子们看花灯、放鞭炮的图片,节日的气氛便扑面而来。在开学之前,我就布置了"小巧手做元宵"这样的实践活动,让每个孩子亲自参与制作元宵,有的同学甚至扎起了花灯,这样度过的节日才有价值、传承才有动力。

回到课堂,针对二年级孩子的特点,选择了《闹元宵》这首适合小孩子传唱的歌曲作为主题歌曲;诵读了苏味道的《正月十五夜》、唐寅的《元宵》二首古诗,一首儿童诗《魔法》;举行了元宵节看花灯、猜灯谜这样的庆祝活动,也真正把仪式课程的主题"天上明月,人间花灯"刻到了每个孩子心里。

2023 年风信子班开学仪式和元宵节仪式合二为一,站在美丽的舞台上,孩子们也在这样的思与行中开始了新的思考。过完元宵节,年就真的过完了。春天也款步而来,像是翻开新的一页。新的学期开始了,那个跳进你肚子里的元宵也开始施展魔法了。瞧,你已经在蹭蹭长高,你还期待它为你施展怎样的魔法?

传统节日、国家节日、班级节日……都是节日仪式课程的表现内容,让集体的记忆、民族的文化通过这些课程得以传承,从而更加热爱生活。

节日仪式课程很好地构建了"学校—家庭"一体化的课程资源,也让孩子带动家长,积极参与课程建设,参与班级文化建设,用心感悟生活之美。一间完美的教室,必须形成教育合力,让每一位家长参与其中,让每一位教师参与其中,这间教室才会更有凝聚力。

我们班的音乐老师在植树节仪式课程上带孩子们创作的手指舞,短短的时间便被全校复制,并登上了"学习强国"平台。

阅读课程一直是风信子教室里最美好的课程,我的教育信念的真理之一,便是无比相信书的教育力量。所以,风信子教室里所有能用阅读解决的问题,绝不靠说教。

一年级,娃娃们养不成刷牙的好习惯,就把《小熊不刷牙》请到教室,小熊的梦不仅惊醒了所有的孩子,还将那些单纯而美好的想象留在了心中。二年级,嘉宾和姐姐吵架,怎么也不能原谅姐姐对自己大吼大叫,《巧克力爷爷和糖奶奶》来到我们的教室,读完,嘉宾知道了,原来,跟自己爱的人生气,是这么正常。三年级,孩子在教室里丢失了图书漂流的书款 58 元钱,《最重要的事》让孩子们知道,说谎一定要付出代价,最重要的事一定是诚实守信,知错就改。四年级,遇到校园欺凌事件,一本《夏洛的网》让孩子们重新审视朋友间的美好情谊。五年级,我们将图书漂流的卖书款 400 多元钱全部捐给山区孩子。六年级,我们带领级部同学为贵州山区孩子捐献棉衣。

所以,风信子教室里最重要的任务,便是使读书成为每个孩子最强烈、最不可压抑的欲望。

共读的方式很多,导读课、推进课、交流课,是我们共读每本书时不可或缺的三课时,共读的过程,我们也注重了仪式感。

从选书到开启再到共读、共写、共演,一本书读完,我们便也成了故事里的角色。每一次共读前的开启仪式,我们都会用狄金森的这首诗开启。然后,就是我们的阅读课三部曲,导读、推进、交流。《小猪唏哩呼噜》是这群孩子的第一次整本书共读。共读仪式刚刚开启,就因疫情按下了暂停键。居家期间,大量的时间反倒丰富了我们的阅读形式。听、说、读、写、做、演,一系列的游戏活动,让孩子真正体验到了:我读书、我快乐、我成长!

孩子们通过精彩的诵读体会故事中不同的人物形象,和妈妈合作,把自己喜欢的故事情节演出来,在家长的帮助下,绘制出思维导图,制作成手抄报。最让人惊叹是两个孩子居然用橡皮泥把故事中一个个生动有趣的小动物形象捏出来,让它天天陪伴着自己,双胞胎兄弟俩一起阅读,却创作出了不同的续写故事。

在二年级,用半年的时间,我们共读了《木偶奇遇记》《没头脑和不高兴》《笨狼和爸爸妈妈》《稻草人》《奔狼去旅行》五本书,用导读单引领孩子们进行深度阅读,并将说写与阅读有效结合,教给孩子们说的方法,用五指套、五感花等工具,对故事进行复述。通过图文转换的方法,培养想象力与表达力。用问题风车,引领孩子们思考。

这个学期,我们选择《木偶奇遇记》作为童话剧表演的书目,从提炼剧本,到50个孩子认领角色,再到六一儿童节上的精彩呈现,我们记住的就不再只是匹诺曹的鼻子了,在演绎熊孩子成长蜕变的过程中,大家知道了成长的路上要克服自己的懒惰、自私,还有一个一个的欲望。

孩子们有了仪式感,阅读时就会更容易进入状态,更容易爱上阅读。这也就达到了课程开发的目的。

孩子们在学校,本就应该体验到生命成长的过程,本就要学会发现生活中的乐趣,感受生活的诗意,让自己的每一天都变得与众不同。

班本课程也在不断实践的过程中,规划出班级仪式课程体系,形成了风信子班仪式课程的框架,并通过课程达成了这些目标,这更说明,发生在教室里的生命叙事,是构成丰富多彩的立德树人活动的核心内容。

有收获,就一定会有成长,一间教室的成长,一定不仅仅是孩子在成长,还有老师的成长。

有人在评价雷夫老师的教室时说:"一间教室能给孩子们带来什么,取决于教室桌椅之外的空白处流动着什么。相同面积的教室,有的显得小,让人感到局促和狭隘;有的显得大,让人觉得有无限伸展的可能。"是什么东西在决定教室的尺度? 是老师,尤其是小学老师。他的面貌,决定了教室的内容,他的气度,决定了教室的容量。那么,他的成长,也就决定了教室的成长。

多彩的课程让孩子们在不断尝试中找到自己的热爱。因为每天的晨诵仪式课程,很多孩子喜欢上了诵读,纷纷进行诗歌朗诵的录制,班级中的很多同学,成了荔枝平台的小明星。易谦的诵读在荔枝平台上的播放量达到了201.7万次,假期中的每篇文章,都能达到2 000～7 000的播放量。正如易谦爸爸在班级群中所说,读诗是提高孩子阅读和朗诵的动力。因为生日仪式课程,孩子们更是深切感受到了"世界因我的存在而美丽"的感动。心与心在这里交汇,这间教室,变成了我们师生温暖的港湾。

2023年大学毕业的这群孩子在当年小学毕业时,这群孩子已收获颇丰,我们的班级小报《成长的足迹》一期期发行,持续了大约两年的时间。冉霖在主题帖上连载自己的小说《青春里的点点滴滴》,一直持续一年半的时间,到毕业时,已经接近五万字,带动了新宇写《渔夫和船的故事》以及好多孩子的文章发表,一大群孩子用笔书写自己的所见、所闻、所得。2024年初三毕业的另一群风信子娃娃在中考中表现优异,8名同学进入了全市前150名。风信子娃娃们温暖、坚定、上进,他们守规矩、懂得去爱、去担当,无论领导还是同事,评价我们,总是用"班风好、学风好、自律能力强"这样几个词。这让我幸福,也让我感叹教育的力量。

丰富的活动和课程让孩子对这间教室充满留恋。心灵在这里一次次碰撞,所有的陪伴便变成了一种幸福,变成了共同成长的经历。

这些年,为开展晨诵课程,从不读诗歌的我,爱上了诗歌,甚至自己创作诗歌;为推动班级共读,逼迫自己读了大量的与阅读有关的教育理论书籍,从理论的高度明确为什么要亲子共读、班级共读以及如何共读;为了将阅读更好地融入孩子们的生命,我学会了编排童话剧,甚至自编自导班级叙事故事,并在2016年的新教育年会上做了展示。为培养孩子们写的兴趣,我将班级中的孩子作为主角出现在自己的教育故事里,10多年来,有20多篇文章见诸报端。我也带着孩子们的故事到新疆、河北、河南、陕西、江苏以及青岛、临沂等地讲述。这些年,我也先后荣获"首届龙城名师""诸城市特级教师""潍坊市立德树人标兵""潍坊市优秀班主任"等近十项荣誉称号;获得省"一师一优课奖"、省优质课奖、省基础教育成果一等奖;承担了山东省优秀班主任工作室和诸城市家庭教育名师工作室主持人的工作,并成为齐鲁名班主任建设工程人选。

在自己不断成长的过程中,我真正体会到了"教学相长"这四个字的魅力。陪伴着孩子们成长,同时自己也在成长,才是真正的教育幸福。而教师与学生这两种生命体也只有在教室里才能碰撞出生命的火花,才能呈现出教室所具有的教育功能和意义。

2. 晨诵仪式课程，润泽学生生命
——风信子班的晨诵故事

风信子教室里的娃娃最期待的时间便是每一个清晨。他们习惯了在清晨柔和音乐声里和老师和同学打一声招呼，习惯了用美好的诗歌开启每一个崭新的日子。我们读诗，然后思考，再将思考变成美好的诗歌。

日常诵诗——唤醒每个清晨

每天清晨的诵读是我们的日常诵诗，它是我们学校生活的开始。

学习新诗，是日常诵诗的重头戏。这一环节，通常分为三步：

1. 自读自悟，初步理解诗歌。
2. 形式多样的诵读，重在叩问，将诗歌与孩子进行编织，在叩问中思考，用朗读表达思考。
3. 拓展运用，在诵读中，留白仿写，培养孩子想象的丰富性、思维的独创性。

在一遍遍诵读的过程中，丰富的想象便纷至沓来，最后的留白，就是让孩子仿照诗的句式，进行仿写。仿写也要循序渐进，第一次仿写通常先出示具象的图片进行引领，第二次进行再创造。

孩子们喜欢这样的晨诵，所以每天早上无论是不是我的早读，第一节语文课前，我们的"早安，亲爱的王老师，早安，亲爱的孩子们"总是会回响在教室里。用诗歌、音乐，还有美丽的画面，擦亮每个清晨。

晨诵读本每周有七首诗，从一年级开始，我们便把每晚读一首诗作为固定的预习作业：(1) 初读三遍诗歌，读准字音。(2) 挑战背诵。很快，我发现晨诵时，只有我对着课件在读，孩子们都轻松自如地在背诵。慢慢地，大家开始了诗歌朗诵的录制，很多小朋友，成了荔枝平台的小明星，易谦的诵读达到每天 5 000～8 000 播放量，周日更是能达到 10 000 的播放量。正如易谦爸爸在班级群中所说："读晨诵诗是提高孩子阅读和朗诵的动力。"

情景诵诗——呵护每个生命

晨诵课程，特别提倡呵护每个生命，而在班级生活里，属于孩子自己的最亮、最特别的日子，便是孩子的生日。生日诵诗便成为送给孩子的最闪亮的仪式。

生日赠诗，和被我们的家长称为"爱的抱抱"的仪式，总是把生日课程推向高潮。生日书，是孩子们的集体创作，虽然略显粗劣，却是给小寿星的最好期许。我喜欢送给孩子一张生日卡片，抄上送给他们的小诗，有空的时候，还会亲自操刀，画一幅属于孩子自己的卡片,以至于每个孩子都要早早嘱咐我:我也要王老师自己画的生日卡片。

孩子们期待这样的日子,家长们比孩子还着急。我们的图书角,我们的共读书目,都是过生日时家长们送给全班同学的礼物。开始,都是各种零食,后来,提议送书,很快,便形成了班级图书角。生日诵诗,成为家校共同生活中心灵交流的一种重要方式。

除去生日,特别的日子,像母亲节、父亲节,我们也会用诗歌来记录。

在父亲节之前,我们晨诵《我学写字》这首诗,叩问"当你写下'我的爸爸',你会想到什么?"。晨诵结束,居然有好几个孩子找我抱怨自己的爸爸不陪伴自己,艺臻的话惹得我哈哈大笑:"妈妈说,爸爸最喜欢的是他的手机!"爱需要表达,更需要看得见。在父亲节,我选择了《有你就幸福》这首歌的歌词,作为孩子们送给爸爸的礼物,又拓展到给爸爸写一封信,画一幅画,拍一张照片,一个个温情的画面,阐述着有你就幸福。翻看孩子们的画,这么多超人爸爸的出现,让人欣慰,在孩子的心底,最爱的、最厉害的还是这个人!

学年结束,我们的表彰仪式,也要用用诵诗来开启。一年结束了,我们一起经历了什么,这间教室里,我们收获了什么,没有比一首诗更好的呈现了。

一年级,再见!

师:昨天,
  还得我牵着你们柔嫩的小手,
  走过校园,
  看花开花落……
  可今天,
  你们就挣脱我的手,
  迎着微风,
  长大,长高……

  亲爱的孩子们,
  问问自己,
  这一年,
  你收获了多少?

生:亲爱的老师,
　　这一年,
　　我们收获了很多很多,
　　学会了写字、读书和算术,
　　还有唱歌、跳舞和绘画……
　　我们知道了自己的事情自己做,
　　自己的责任自己负。
师:亲爱的孩子,
　　你们的成长让我欣喜,
　　你们的进步让我骄傲,
　　这一年,
　　风信子的教室里有太多太多难忘的故事……

女生:我们(《我带月亮去散步》)带着月亮去散步
男生:陪着大卫去上学(《大卫上学去》)
女生:一起《猜猜我有多爱你》;
男生:因为《男生女生不一样》,我们觉得男生女生都好看;
女生:因为《妈妈心　妈妈树》,我们知道关心他人最美丽……

合:我们读图,
　　猜测故事的情节,
　　和作者一起去想象、去创造……
　　展开想象的翅膀,
　　我们一起飞翔……

师:这一年,
　　我们和《小猪唏哩呼噜》成了好朋友,
　　那里有可爱的小花,
　　调皮的狐狸,
　　还有许多温暖动人的故事。

生：这一年，
　　我们还和《一年级的大个子二年级的小个子》成了好朋友，
　　正也、秋代、真理子陪我们一起成长，
　　紫斑风铃花原野的彩虹，
　　也出现在我们的梦里。

师：这一年，
　　我们走进诗词王国，
　　那里有飞流直下三千尺的庐山瀑布，
　　有淡妆浓抹总相宜的西湖，
　　还有一首首让人回味的经典诗篇。

生：在一首首美妙的诗篇里
　　我看见，
　　诗仙李白，
　　站在窗前，
　　凝视月光，
　　思乡之情油然而生。

师：这一年，
　　我们认识了金子美铃、雪野，还有高洪波……
　　朗读一段段精美的文字，
　　欣赏一幅幅美丽的画卷，
　　晨诵，
　　擦亮了我们的每一个日子。

生：在一首首可爱的儿童诗里，
　　我看见，
　　爱读书的树叶，
　　在微风中，
　　摇头晃脑，等待他的风老师。

女生:我看见,
　　云朵被风儿推着,
　　从山峦和田野上走过。

男生:我看见,
　　小鸟在和云朵聊天,
　　一起把秘密诉说。

师:亲爱的孩子们,
　希望你们,
　以书为友,
　与书同行,
　去你想去的任何地方。

生:亲爱的老师,
　您的教诲如同雨露,
　使我破土而出,
　让我茁壮成长,
　我一定会,
　以书为友,
　与书同行!

生:再见,一年级!
　我们,
　会在蓝天下张开搏击的翅膀,
　在大海上扬起远航的风帆,
　奔向,
　我们的二年级!

合:再见,
　一年级!
　你好,
　二年级!

拓展运用——滋养每个心灵

每天诵读，我们都会充分利用每首诗后面的思与行对文本解读和生命叩问，渐渐地，孩子们学会了思考，在思考后又学会了输出运用。

想别人想不到的，说别人说不出的，孩子们的奇思妙想总是让人惊喜。风吹小树，林诺便记下了他的观察。

风

风喝醉了

走在路上

东倒西歪

一头撞到了树上

小树被他撞得不停点头

可是风为什么不喊疼呢

小蕊笔下的小乌龟，也是她用诗来诉说生活、表达情感的结果。这样的运用才是真正的精神生命的成长。

我的好朋友

我和我的好朋友玩捉迷藏，

咦？

她藏哪里去了？

这里只有一个绿色的球。

突然，

球露出一条腿，

接着，

又伸出一个圆圆的脑袋，

小尾巴也露出来了……

哈哈，

我找到了我的好朋友——小乌龟。

和孩子们一起诵读，也会引发我的创作欲望，学期末，我们诵读喜喜老师的《二十四节气歌》时，孩子们很懵懂，他们还发现不了绿芽慢慢生长、大雁成队回归，听不到惊蛰时节黄鸟的鸣叫……更发现不了节气中蕴含的有趣的细节。我希望孩子细腻、柔软，热爱这世间的一切。为后面的依据节气进行的诗词课程做准备，我开始了我的二十四节气的创作，这是对孩子后面为诗配画的引领，也是对他们细致观察生活的引领。

所以,我们要做的便是:在儿童人生起步的时光里,与美好的诗歌以正确的方式相遇,在儿童的心中播下诗意的种子,在潜移默化中鼓舞儿童创造诗意的人生(飓风老师语)。

3. 用晨诵叩开说写的大门

特级教师王崧舟曾经说过:"儿童写诗,诗写儿童。儿童是诗,诗是儿童。儿童写下的是诗一样美好的生活,诗写下的是比诗更美好的童年。让儿童诗意地栖居,是语文教师的天职。"

的确,带领孩子读诗、写诗,一方面可以用童诗打开说写的一扇门,引导孩子用诗意的语言表达生活;另一方面,还能给孩子营造出充满诗意的童年。既然儿童诗在孩子说写的过程中有如此重要的作用,我们为何不把每天的晨诵变成说写的课堂呢?

在风信子的教室里,我利用晨诵课程对孩子进行说写训练,以此实现说写的四大功效:以说促想、以说练听、以说带读、以说助写。

严文蕃教授在总结说写课程的时候,强调说写的关键是"说"。

一、关键是"说"

既然"说"是说写课程的重点,是关键,那么,晨诵课的说和我们平时语文课堂的说又有什么不同?我们该寻找哪些策略来提高晨诵时说的质量,进而提高孩子写的能力呢?

在日常的实践中,我感觉到最大的区别还在于晨诵时的说具有开放性、全体性、创新性这样几个特点。

开放性:晨诵时,利用儿童诗引导孩子进行的说,是完全开放的,是激发学生思维的,它帮助孩子把平时看不见的美好而生动的画面呈现在眼前,它寻找的是想法,而不是标准答案。以《我学写字》为例:

我学写字

[比利时]莫利斯·卡列姆

当我学着写"小绵羊",

一下子,树呀,房子呀,栅栏呀,

凡是我眼睛看到的一切,

就都弯卷起来,像羊毛一样。

当我拿笔把"河流",
写上我的小练习本,
我的眼前就溅起一片水花,
还从水底升起一座宫殿。

当我的笔写好了"草地",
我就看见在花间忙碌的蜜蜂,
两只蝴蝶旋舞着,
我挥手就能把它们全兜进网中。

要是我写上"我的爸爸",
我立刻就想唱唱歌儿蹦几下,
我个儿最高,身体最棒,
什么事我全能干得顶呱呱。

这首诗就是写下一个词,通过联想引发一场想象的风暴,让词语有了生命。写下河流,写下草地,写下我的爸爸,每个人想到的都与作者不同,都是自己对生活的理解,与自己的生命相联系。这和我们课堂上的说和讨论,具有本质上的不同。我们的课堂,无论是师生对话,还是生生对话,大部分都是在寻找标准答案。但晨诵中的说是没有标准答案,是完全开放的。

全体性:我们知道,"说"的目的是激发"写"。说写的目的是让每一个孩子都通过"说"来激发写的热情,提升写的能力。所以,激发所有孩子说的兴趣,是晨诵课上训练的关键。区别于我们日常课堂上教学活动的参与大多以优秀生为主的现象,在晨诵课上,诗歌的语言像一把魔杖,轻轻一点,就可以看到孩子们跳跃的思维、天马行空的想象。

我们晨诵《我学写字》这首诗是在父亲节之前,叩问时我也设计了这个问题,如:当你写下"我的爸爸",你会想到什么?晨诵结束,有好几个没有机会表达的孩子,找我抱怨爸爸不陪伴自己,艺臻的话惹得我哈哈大笑:"妈妈说,爸爸最喜欢的是他的手机!所以,写下我的爸爸,我的眼前立刻出现一块大大的手机。"

这样的"说"就真正落实到了每一个孩子身上,轻而易举地完成了说写四阶中的敢说、能说两个阶段。

创新性:用晨诵练习说写,最美好的便是它的创新性。区别于其他说的活动,这样的说不是重复操练,而是有助于打开学生思路,激活他们的创新思维。还是以《我学写字》为例,晨诵时,将自己的想象和作者的想象进行对比,就让孩子发现,一个异想天开、与众不同的想法放到诗句中会产生多么美丽的效果。这样的语言与他们的心灵没有距离,是他们心灵的歌唱。

那么,晨诵时,要用哪些策略提高说的质量呢?

第一个策略就是要精心叩问。叩问是桥梁,把诗歌和孩子联系起来,通过叩问启迪孩子思维,孩子们在读和说的过程中思路越来越清晰,能够想清楚才能说清楚,能够说清楚才能写清楚。

第二个策略就是正面反馈。这也是我们评价时最重要的一个原则:"绝对不批评,重复好句子!"反馈的策略非常重要,对孩子的说要进行正面的鼓励,而不是一棍子打死。根据孩子分享的内容,引导孩子往更开阔的思路上思考。慢慢推进从"说"到"写"的过渡。

二、以读练说

说写最简单的一个办法,就是引导学生想说。晨诵时,我选择了大量的儿童诗,儿童诗的语言具有独特的魅力,生动、形象、准确、简练,富有独创性、具有画面感,特别能激发孩子们的兴趣。心理学家布鲁纳认为:"学习最好的刺激源就是对学习材料的兴趣。"儿童诗恰恰能起到激发孩子读和说的兴趣这一作用,有助于打开孩子们的思路,激活他们的创新思维,对培养语感和表达能力有着重要的作用。

晨诵,注重的是"诵",学习新诗是晨诵的重要环节。以儿童诗《我在长》为例:

我在长

[苏联]巴尔托

从前不知道,我在长,一直在长,时时刻刻都在长。

坐在凳子上,我在长;

迈步进课堂,我在长;

瞅着玻璃窗,我在长;

坐在电影院,我在长。

无论白天或黑夜,每时每刻都在长;

学校里进行大扫除,我一边扫地,一边长;

捧着一本书,坐在沙发上,我一边读书,一边长;

我和我爸爸,站在大桥上,爸爸不长,可我在长;

给我的分数不怎么样,差点没有哭一场,可我还是照样长。

下雨的时候长,

寒冷的冬天长，

使劲地长，不断地长，我每时每刻都在长。

这是一节最常态的日常诵诗。呈现出了日常诵诗的三个环节：自读感悟，初步理解诗歌；形式多样的诵读，重在叩问，将诗歌与孩子的生命进行编织，进行思考，并用朗读表达思考，达到与诗歌共鸣共情的学习新诗境界；综合运用，让诗歌真正深度滋养心灵。

在诵读的过程中变换各种形式读，个体读、示范读、角色互读、叩问读、对读等，就是让孩子通过一遍遍地读，读出自己对成长的理解。

怎样在形式多样的诵读中进行说的训练呢？最简单的办法还是"叩问"。通过"你知道自己每时每刻都在长吗？""身体每时每刻都在长，你感受到了吗？""无论什么都阻挡不了你在长，你感受到了吗？"这些问题，层层递进，不断深入，诗歌就自然地融入了孩子的生命。问题引而不答，只是促进孩子思考，让自己的成长同具体的时间和事件发生联系，这样，再读的时候，就变成了孩子自己的成长。而师生对读的过程，再次强化我时时刻刻都在长，让孩子感受到成长需要很长的过程，要经历许多才能慢慢长大。当诗歌与自己的生命体验结合起来以后，用诗的语言分享自己感受到的成长时刻就很简单了。这首诗也变成了有着自己独特内容的诗歌了。

而读的过程，也变成了理解与表达的过程，变成了加上自己的体验再表达的过程。这样自然而然就搭起了由读到说的桥梁。

这样的体验，在诵读生日诗时尤为明显。进行生日诵诗时，我会把孩子照片连同诗一起呈现，而且，对读的过程，一定会改变人称，看似简单的你和我的互换，却让孩子看到了别人眼中的自己，然后，下定决心要做这样的自己。这样的读，就是把别人的诗歌变成自己的诗歌的过程，更是把别人的肯定、赞扬和期许变成自己的愿望、决心与行动的过程。

这样，诗歌就变成了与孩子共鸣共情的表达，在不知不觉中变成了孩子自己的语言。

三、以说促想，以说助想

说写的最终目的，还是要实现写的提升。从说到写的过渡，就是要求孩子把说的内容写下来，这样的写，在我们的晨诵中的表现形式有两种：一是仿写，二是改写。

诵读《我学写字》时，我们先猜，猜猜诗人会看到什么，再让孩子仿照诗的句式,进行仿写。仿写也要循序渐进,第一次仿写先出示具象的图片进行引领,第二次仿写再发散孩子的思维,进行再创造。这样的方法能充分发挥孩子的想象力,调动已有的生活经验,融进自己的情感,丰富诗的内容;以我之心,体察诗人之心,以我之情,感悟诗人之情;产生共鸣的同时,练习着说,提升着写。

这些是我们班二年级的孩子读完后,写的诗。

我在长

跳绳时

我在长

跑步时

我在长

晒着太阳

我在长

我在长

从前不知道

我在长

时时刻刻都在长

走出家门

我在长

坐在餐桌前

我还是照样长

温暖的春天长

炎热的夏天长

我长得

又高又壮

我学写字

当我把"花朵"写在

我的练习本上

一下子

蜜蜂、蝴蝶,还有飞舞的百灵鸟

都出现在我眼前

当我把"沙漠"写在

我的练习本上

悠悠的驼铃声

便回荡在耳边

一写下"歌声"

我就再也忍不住

开始哼唱

不断地复述，持续地运用，二年级的孩子就轻松地达到了说写的第三阶段——会说阶段。

孩子是天生的诗人，年龄越低，孩子的想象越丰富，随着年龄的增长，他们的理性思维日渐成熟，想象力也会慢慢减弱。珍惜孩子们的这段美好时光，让他们永远拥有一双可以飞翔的翅膀。

当然，模仿只是用在起步阶段，模仿太多容易导致思维僵化。但有了读诗的习惯，经常读诗，孩子的想象力就会越来越丰富，他们会去想别人想不到的，说别人说不出的，这样的奇思妙想才让人惊喜。紫翔拼完飞船，写下了《326号飞船》，宗儒写下自己的梦，相如写下滑雪时快乐的心情，紫涵送给爸爸生日诗……风吹小树，林诺便记下了他的观察。这就达到了我用晨诵引领说写的目的——学会用诗意的语言进行表达。在这些不经意间，小小的孩子们就达到了说写的第四阶段——精说阶段。

四、"写""绘"融合

儿童，天生就喜欢画画，不会写字时，他们会用图画来表达自己的感情。对于孩子来说，他们受年龄的约束，视野还不够开阔，生活经验也不够丰富，用画面拓展孩子的思维，激发想象力，非常有必要。晨诵的拓展，也特别注重"绘"，用涂鸦的方式表达自己的感受。

依然以《我学写字》为例，晨诵结束后，孩子们有了前面说的基础，就对绘画的表现对象有了明确的想象，表现欲和创作欲就被激发出来。午读的时间，孩子们就有了这样的创作，写下鲜花，写下大海，他们的眼前就有了这样的画面。最有趣的是这个，学着写小蜜蜂时，凡是与蜜蜂有关的都变黄了。写好小蜜蜂时，就看见树上冒出一个蜂巢，还从里面飞出蜜蜂。学着写彩虹，眼前就变得五颜六色，学着写高山，就看见又高又大的绿色和星星点点的小花。

虽然很幼稚，但对于孩子来说，这样的创作是写与绘的融合，是对生活和生命的热爱，更是他们心灵的歌唱。毫无疑问，这是说写的另一种表现形式。"读写之间画为桥"，我深以为然。

苏霍姆林斯基说过："每一个儿童就其天资来说，都是'诗人'，只要在教学方法上'打开创作的源泉'，就能使诗人的琴弦发出美妙的乐声。"

这些年，我一直坚持以思促行，给孩子们创造展示的机会，鼓励他们勇于表达、乐于表达。我们写诗、我们共读、一起创作童话剧。冉霖从五年级开始创作小说《青春里的点点滴滴》，一直持续一年半的时间，到毕业时，已经接近五万字。这带动了新宇写《渔夫和船的故事》以及好多孩子的文章发表。

说写训练，不仅激发了师生写作的兴趣，也让师生有了共同成长的经历，这样经历也将成为我们一生中最美好的回忆。

4．心若向阳，繁花自开
——风信子教室里的共读仪式课程

每一个热爱阅读的孩子，内心都充满阳光，他们乐观、开朗、热爱生活，风信子班的孩子们也不例外。这间被书香浸润的教室里，有快乐，有收获，有幸福，还有见证我们一起成长的故事……

炳耀在教室里丢失了他图书漂流时卖书所得的58元钱，确认过没人拾到，也没人发现之后，我回到了办公室。刚毕业的徒弟一连问了三遍："师傅，遇到这样的事怎么办？要不要查监控？"我笑着说："有一种办法应该比任何的说教都管用！"

下午的语文课，我带着绘本《最重要的事》走进教室，和孩子们边猜边读。故事以小柯帮助外公寻找工作为引子展开。为了得到工作，小柯背着不懂英语的外公说了谎话。但是说谎是有代价的，不懂装懂的结果是误拔花苗却留下了杂草。雇主阿本的责备让小柯不知所措，他还没有做好承担后果的准备，也没有能力解决说谎带来的后续问题。外公没有过多责备小柯，而是主动提出第二天再来工作，认真地用行动弥补错误，言传身教地给小柯做了榜样。

读完故事，我问孩子们，"面对利益你会如何选择？是否做好承担后果的思想准备和能力准备了呢？"孩子们的选择正能量满满，让人欣慰。

我接着问："炳耀的钱在教室里丢了，我们中间可能有人就要承受良心的谴责，如果是你，该怎么办？"

浩洋的回答正中我心，他说：如果是我的话，我一定会在课后偷偷和老师承认错误，而不是带着这份自责继续下去。

我郑重地告诉孩子：每个人心中都有最重要的事，它可能随时间流逝会改变，可是我们始终都不能忘记诚实做人、知错就改！

放学后，我真的等来了那个主动承认错误的孩子。阅读能够改变我们的一切。因为阅读，孩子不仅收获了知识，还收获了内心的善良、细腻和美好。朱永新教授说："阅读最大的意义和价值就是改变，通过阅读能够改变我们的一切。"因为阅读，我的目的也达到了。

共读：开出快乐的花

风信子班的真正意义上的共读生活开始于2013年春天，那时候，我们刚刚接触到新教育实验，刚刚意识到阅读的重要性。晨诵课、导读课、推进课、交流课，一下子打开了我们的视野。我迫不及待地想要尝试，想要开始，正在和同级部的老师商量阅读书目的时候，班里发生了一件事。

那年寒假刚开学，班里的健和小辉两人连续两个下午在放学后堵着正辉，撕破书包，甚至还用红领巾把孩子绑在站牌上，让他无法回家。这样一件事让正辉受到了深深的伤害。

虽然处理的过程很顺利，两个孩子和家长诚恳地道歉、认错，表面上，似乎已经和解。但发生这样的事情，仅靠表面的和解是远远不够的。我开始思考友谊的意义和价值，慢慢长大的孩子们如何对待自己的同伴，如何和同伴相处，成了必须要重视的问题。

于是，共读从《夏洛的网》开始了。这次的读，是第一次真正意义的共读。虽然我还不太会指导，但我们重视交流，每天读完后全班交流，彼此之间开始有了共同的话题。小叶在主题帖里写自己的阅读感受，一帮孩子悄悄跟上，交流的阵地由线下发展到线上，主题帖里热闹非凡。大家依然意犹未尽，我们又一起观看了电影《夏洛的网》。

有了这样的深度阅读，孩子们对同伴间的友谊有了重新的认识，夏洛对威尔伯无私的爱与奉献震撼着他们的心灵。建、小辉、正辉不知什么时候，变成了好朋友。天天共读，天天交流，热闹的场面将校长也吸引了进来，将自己的《读〈夏洛的网〉有感》发在我们主题帖上。孩子们共读的劲头更足了。

共读，让我们第一次拥有了共同的密码。假期中瑞涵发现了一个很大的蜘蛛网，立刻传到主题帖中和大家分享。孩子纷纷命名，绕来绕去，离不开的依旧是"夏洛的网"。因为有了这样的阅读，孩子们变了，课间一言不合、龇牙瞪眼的现象少了不少，彼此之间开始珍惜这份相聚的缘分。

共读的乐趣让大家一发不可收，我在主题帖刚刚介绍了《城南旧事》，教室里城南旧事就陆续多了起来，又一次的共读开始了。因为故事离我们太久远，孩子们很难走进故事，我设计了"阅读—观影""小组配音会""电影海报秀"等一系列活动，集"读、观、听、画"于一体，为孩子打开一扇神奇的窗。多彩的活动，为阅读插上了一双翅膀，引领他们感受人间的真善美，体会生命中的感动和欢乐、悲伤和痛苦，获得了生命成长的勇气。

子衿的妈妈在主题帖中这样说："共读的过程是一个成长的过程，不光对孩子，还有我。"

随着孩子们年龄的增长，阅读量不断增大，我们又开始了文学圈的阅读方式，凡尔纳的小说我们就是通过这样一种形式阅读的。这样的方式很适合高年级的孩子，不仅扩展了他们的阅读面，还通过漂流的方式读到了更多的书。凡尔纳"既是科学家中的文学家，又是文学家中的科学家"，许多的科学创造源于他的作品。我们就以"展开想象的翅膀飞翔"为题进行了阅读。

小组同学一起，采用"说来听听，分享快乐"的方式进行共读。通过看电影、说书名引起同学们的兴趣，让读过的同学说说选择的理由，没读过的孩子说说自己的期待。然后带着阅读任务，进行阅读交流，最后进行展示，一系列的活动，让孩子爱上凡尔纳，并采用漂流的方式把凡尔纳的书一一读完。

《鲁滨逊漂流记》和《汤姆索亚历险记》这一类书是女孩子所不喜欢的，但采用这样的方式阅读，就有了收获：顺境中感恩，逆境中乐观。"在最不幸的处境之中我们也可以把好处和坏处对照起来看，从而找到聊以自慰的事情"，这也深深根植在孩子内心深处。

学校组织为贵州山区的儿童捐送棉衣，主题片中孩子们恶劣的生活环境牵动着大家的心，学校少先队正好在这时，举行了一次图书漂流活动。中队长佳晔代表班级同学，向我提出要把漂流时买书的钱捐给山区儿童。在为孩子们鼓掌的同时，我提议由佳晔带领班里四名同学向学校提出申请，搞一个大一点儿的捐款活动。活动真的搞起来了，仅我们班就把买书所得的 400 多元钱，全部捐给了山区孩子。

"阅读是点亮精神世界的火种。"因为阅读，孩子们向着真善美又走近了一步，油然而生的社会责任感，让我敬佩这群孩子！

从开始共读到小学毕业，仅仅两年半的时间，孩子们就变得乐观、自信，常常在不经意间带给我无数的惊喜与震撼。

又一群孩子走进了风信子班，共读从踏入校门的第一天就开始了，从绘本开始,许多靠说教无法解决的问题在阅读面前迎刃而解。紫翔的牙齿被虫子钻洞了,胖胖的小手捧着胖胖的小脸,眼睛里噙着泪水,委屈地站在我身边。我们陪着他一起读《小熊不刷牙》,读完故事,妈妈们告诉我,孩子变化真大,一上学就养成了良好的卫生习惯。

嘉宾和姐姐闹别扭了,一大早嘟嘟着小嘴走进教室,向我倾诉姐姐怎么欺负她。嘉宾的姐姐也是我曾经的学生,和嘉宾相差10岁,已经上大学的姐姐很喜欢这个小弟弟,父母也乐于把教育弟弟的责任放在她身上。只要姐姐放假,每天中午都能看到她安静地站在路边,微笑着看向弟弟,这样的一幕,常令我羡慕。但这次,嘉宾嘴里的姐姐刻薄,蛮不讲理,弟弟洒在地下的一杯水、一句不经意的话都会让她勃然大怒,嘉宾不能接受,不能接受姐姐这样的态度。中午,《巧克力爷爷和糖果奶奶》来到我们的教室,读完,嘉宾知道了,原来,对自己非常爱的人生气,是这么的正常。

……

笛卡尔说:"读一本好书,就是和许多高尚的人对话。"这就是说,读书使人向善。雨果说:"各种蠢事,在每天阅读好书的影响下,仿佛烤在火上一样渐渐融化。"这就是说,读书使人避恶。

心恬是个小大人,教室里因为有她而秩序井然。但心恬又很霸道,所有的孩子都要听从她的命令。所以,不服气的,告状的比比皆是。中午,我刚进教室,诺和冕桐就跑来诉苦,依旧是因为心恬的强势。或许是怕我看不明白,抑或是为了表达得更清楚,俩孩子有板有眼地再现了当时的场景。完整的剧情,活泼的动作,略显夸张的表情和对白,吸引着教室里的孩子,引得我们哈哈大笑。孩子们七嘴八舌地评判着对错,心恬脸红地低下了头,第一次主动和同学道歉。我们顺势共读了《大嗓门的小老虎》,从大家都受不了小老虎的大嗓门,不喜欢和它做朋友,到小老虎用大嗓门喊来动物们扑灭了小狗房子的大火,大家开始接纳它。孩子们边读边演,沉浸在角色中,再现故事的过程。璇站起来说:"心恬管我们也是为我们好。"孩子懂得了包容。心恬红着脸说:"以后我会轻轻说……"风信子班从此多了关爱与尊重。

共演,开出会想象的花

不经意间,小小的表演课程开启了。

丰富多彩的阅读活动就悄悄地融入我们日常生活的点滴,书籍、生活变成了我们的剧本,课堂变成了舞台,上演着一幕幕共生活、共成长的美丽故事。

边读边演,师生忙得不亦乐乎,我们交流时会心的笑容时常让爸爸妈妈们羡慕。

家睿的妈妈说:"坏了,再不读书,和孩子没话说了!"小枫妈妈也感叹:"孩子居然有点儿瞧不起我,总说,说了你也不懂!"……

的确,只有共读,才会形成心灵间共同的密码。亲子共读开始了,从几个家庭延伸到十几个家庭,再到全班参与,速度之快,让我惊喜。每周五的阅读课变成了风信子班特有的阅读表演课,我们和作者一起想象,在文字中穿梭、遨游,一起欣赏,一起交流,一起变成根植于我们的内心的表演。

用好书牵着孩子的手,每天向前走去,爸爸妈妈们用实际行动为我们的阅读助力,电影课程的开发,让阅读有了最美的延伸,一本本书,一场场电影,一次次表演,这样的日子值得我们所有人期待。四年的时间,孩子们的阅读发生了质的变化,他们开始尝试进行整本书的表演,开始自己创作剧本。四年级下学期,有整整一个单元都是关于战争与和平的文章。学习之前,我们就开始了《小英雄雨来》的共读。日本鬼子的凶恶与狡诈,让孩子们愤恨不已,教室里,鬼子军官恶狠狠的声音不绝于耳,周末、课后,孩子们自发组成小组,开始了排练。与此同时,宗儒、明哲也带着七个男孩子,自编自演自导了《银河行动》,将中国军人的自信、果敢表现得淋漓尽致。看电影之前,孩子们为爸妈们送上了自己稚嫩的话剧表演,虽然有些粗糙,却是孩子们最美丽的穿越。六一儿童节,我们表演的《一百条裙子》特别精彩,让人感动。

读与演,改变了孩子的生命状态,他们快乐地成长,变得阳光、自信,乐于分享,乐于合作,喜欢想象……

共写:开出会创造的花

《亲爱的汉修先生》是在一诺的提议下开始共读的。因为"一米阅读"的推荐,一诺对书的封面产生了好奇,在周五的"好书我推荐"时段中,一诺阐述了自己对这本书的猜测,引发了大家的阅读兴趣。于是,共读的序幕被拉开了。

从导读课到推进课,再到交流课,孩子们对比鲍雷伊第一封信和最后一封信、第一篇日记和最后一篇日记,发现了鲍雷伊成长的秘密藏在日记和书信里。解剖书信,从鲍雷伊的身上他们看到了自己成长的忧伤与快乐;阅读日记,他们懂得了这个世界充满爱,也充满痛,成长,是生命中无法替代的一环。更让我惊喜的是,孩子们在阅读的过程中开始写日记了。像汉修先生说的那样,尝试着对某一个人说话。有趣的是,大家选择的对象都是自己的父母。

于是,《陪我长大……》新鲜出炉,开始是孩子写,后来父母也跟着写,我也忍不住跟着回应。每天翻阅,是一份极大的享受。

明睿被妈妈强行分床,她写道:妈妈怕小夜灯影响我发育,每当我睡着后都会把灯关掉,于是,我就害怕,一会儿看看黑黑的床底,一会儿看看黑黑的窗户,吓得我一动不敢动。可能是心理作用,床底居然传来"嚓嚓嚓"的响声,我仿佛看到一个白袍幽灵正用凶狠的目光看着我,我吓得从头到脚就像浸在冷水里一样,用150％的力气大喊:"妈妈!"

读过女儿的文字,妈妈有些难过,回应道:"女儿,没想到分床会让你如此痛苦,但你必须长大,就像鸟儿必须学会自己飞翔一样,妈妈会陪你度过这段让你痛苦的日子。"有了这样的交流,母子之间的爱更浓了,明睿幸福地告诉我:"老师,我不害怕了,妈妈每晚都在客厅陪着我。"

了解了孩子,也看到了父母的付出,这本小小的本子,成了我们沟通、交流的主阵地。

宗儒和妈妈闹别扭,不理解妈妈为什么不守信用,朝着妈妈大声吼叫,他写道:妈妈居然哭了,我说:"你还有脸哭,不守信用的妈妈!"妈妈哭着说:"我是没有脸哭,生了你这样的儿子,不知道体谅妈妈。"我有些糊涂,明明妈妈错了,为什么又怨我?

共同的密码是解开误会的钥匙。妈妈告诉儿子:儿子,自从生了小妹妹,妈妈就没有那么多精力放在你身上,答应你的事情也往往会因为突发事件而取消。儿子,你得谅解妈妈,因为你是大哥,是男子汉!

共写,让我们有了共同的经历,心灵在这里一次次碰撞,我们彼此理解、认同,在反思中不断成长。

收获最大的还是孩子们,在学校童诗教育的浸润下,孩子们又尝试着用儿童诗记录自己的感受。紫翔拼完飞船,写下了《326号飞船》,宗儒写下自己的梦,相如写下滑雪时快乐的心情,紫涵送给爸爸生日诗……

一时间,学校的童诗报上多了我们近百首儿童诗。

孩子们越来越多地想别人想不到的、说别人说不出的。他们在课堂上流露出的奇思妙想总让我诧异。

教室里的植物角是我们诗兴大发的地方。致远带来的小鱼、诗诺的小乌龟,是每个人心中的宝。在孩子们的密切关注下,我们居然见证了鱼儿生宝宝。我们一起种下大蒜,看它破土而出;我们一起种下地瓜,看它怎样一点点枯萎;我们一起见证教室里风信子的成长。我用日记记录风信子每天的变化,用文章写下我的感受,我读给孩子们听,开始有孩子按捺不住了,家里纷纷养起了风信子,连写带画,手心网里孩子们的写绘作品多了起来。我在心里偷偷地笑。整整一个寒假,我们的手心网热热闹闹,这朵花败了,那朵花开了,这小小的风信子成了我们共同的牵挂。

更热闹的是我们的表演,不戴红领巾、校牌的孩子被写进剧本,在同学的表演中羞红了脸。寒假开学后,孩子们有些浮躁,观宇、文博编排了《十五年后》,同学之间的差距昭然若揭。没用我费口舌,一次小小的表演就重新点燃了孩子的激情。这或许就是生命叙事剧的魅力所在。

曾经读过一段话:"儿童的思想是流动的、活跃的,只要给一点风,给一点推动力和助燃剂,就立刻能唤醒和调动他们学习的内在热情和无限潜能。"

边读,边写,边演,我们一起用笔擦亮每一个日子,记录每一次感动,见证每一次成长。共写,让孩子开出一朵朵会创造的花。

共读、共写、共演,像一粒粒种子,播种在孩子们心中,它们一定会向着阳光,慢慢成长,直到开出满园繁花。

学会想象,开一朵最美的花(剧本)
—— 风信子班的教育叙事

师:2014年9月,送走了大风信子们,一群可爱的小风信子又奔向我的怀抱。

【孩子们穿班服奔向讲台】

悦读——做一朵会想象的花

师:开学第一天,艺轩撅着小屁股在走廊上跑,我从后面抱住他,他藏在我怀里,笑嘻嘻地说:"老师,您把我抱成月亮了!"

齐诵:

抱

抱着我

抱着我

老师抱着我

就像

蓝天抱着

圆圆的月亮

师:打开想象的视野,看到不一样的世界,孩子们兴奋不已!

一册册电子绘本,一个个动人的故事,一起欣赏,一起想象,美在文字和图画里生长。

女生:我们(《我带月亮去散步》)带着月亮去散步。

男生：陪着大卫去上学(《大卫上学去》)。

女生：一起《猜猜我有多爱你》。

某生：因为《男生女生不一样》，我们觉得男生女生都好看。

某生：因为《妈妈心 妈妈树》，我们知道关心他人最美丽……

齐：我们最爱的还是每周五的绘本阅读课。

师：我们读图，推测下面的故事，和作者一起去想象、去创造……绘本，美的天使，展开想象的翅膀，带着我们飞翔……

某生：我的牙齿生洞了，很疼，我含着眼泪向老师诉说，老师像变魔术一样，拿出一本《小熊不刷牙》……哈利的梦让我害怕，我再也不敢不刷牙了！

女生：牙仙女、虫子巫婆，纷纷住进教室。

男生：换牙，引发奇妙的想象；成长，如此美好。

悦纳：做一朵会欣赏的花

"王老师，千万别忘了我的生日！"马达提前一个月就趴在我耳边叮嘱。

齐：在生日诗里，我们变成一块听话的小石头、一只翱翔的雄鹰、一朵风中摇曳的小花……那里盛满老师对我们的期待。

某生：我喜欢慢慢走在教室里，听同学们送给我的生日歌，喜欢好朋友趴在耳边送上祝福，喜欢老师温柔的拥抱。

某生：这是属于我的庆典，我像花儿一样绽放！

师：每一个孩子都是一朵独特的花，拥有自己的花期。对那些迟开的花儿要静静地等待，更要真诚地欣赏。

家长：那天，老师让我找找孩子的优点，我犯愁了，这调皮鬼哪有优点？一个月，每天记录孩子的感人瞬间，我才发现，我的孩子也是天使。

某生：妈妈来教室讲述我的故事，我有点儿害怕！我怕妈妈把我的糗事曝光；听完妈妈的讲述，我想哭，在妈妈的眼里原来我这样美！

师：学会相互欣赏，每一个平凡的孩子都会发光，成为最美的自己。

共写：做一朵会创造的花

师：风信子的教室里，致远带来小鱼，诗诺捧来小乌龟，它们成为大家心中的宝。内向的明睿，把小乌龟当作自己的好朋友。

我们一起种下地瓜，看它破土而出；一起看着鱼儿，产下许多卵宝宝……寒假里，孩子们种下风信子，这片叶子高了，那朵花儿开了，严冬里孩子们美得那么烂漫。开学了，宗儒领着大家种起了小蘑菇。

生：写下破土前的急切，写下发芽时的欢呼，手心网里，留下生命成长的欢欣……

师:想别人想不到的,说别人说不出的,孩子们的奇思妙想总让我诧异。林诺笔下的风居然醉了!

林诺朗诵:

> 风喝醉了
> 走在路上
> 东倒西歪
> 一头撞到了树上
> 小树被他撞得不停点头
> 可是风为什么不喊疼呢

师:广阔的天地间,奇妙的想象等着孩子们发现。他们三个一群,五个一伙,开始了旅行。摘樱桃、尝草莓、赏桃花、观杜鹃、爬常山、访工厂……那么多精彩的故事,每周一次的展示,怎么说得完?

生:那就写吧、画吧。写在绘本上,红了一树树桃花,黄了一枝枝连翘……

一路走,一路写,一路绘,用充满童真的笔迹……

生:擦亮每一个日子,记录每一次感动,见证每一次成长。想象,让我们飞得很高很高。

共生:做一朵幸福的花

【生合唱:《蜗牛》】

师:播下习惯的种子,夯实品格的根基,向下扎根,向上生长,我的风信子们,一朵一朵地绽放。每月一个主题,月月都有庆典。伴孩子们成长,我嗅到了那满园醉人的花香,就像风信子的花语一样:只要点燃生命之火,便可同享幸福人生。

第二篇

育人故事,感受教育温度

"凡是自然的东西都是缓慢的。太阳一点点升起,一点点落下。花一朵朵开,一瓣瓣地落下。稻谷的成熟,都慢得很。"——毕淑敏

而一个孩子要长大,也是很慢的。

1. 超越自我,做一名专业的班主任

从班级管理的灭火队队长转型为班级建设的引领者、设计师,从只关心问题解决的事务型班主任到有规划、有目标、有梯度地培养全面发展的人。在一次次突破自我、超越自我的过程中,越来越感受到,一位班主任的专业成长,离不开对写作的坚持,对课题研究的执着和对班本课程的研发。

写作——在坚持中超越自我

2012年是我担任班主任的第12年。在别人看来,我已经是一名很成熟的班主任,甚至有很多家长因为孩子分到我的班级而庆幸。我却陷入了极其迷茫的境地,深深的职业倦怠感缠绕着我,每天重复着不变的工作,被琐碎包围,人生似乎一眼就望到了尽头。明明渴望成长,却找不到前行的方向和力量。

正好那年秋天,李玉龙老师在成都举办了一次以教育写作培训为主题的会议,抱着散散心、开开眼的想法我参与了那次培训。疯狂的七天,头脑风暴,专家引领,共读,写感悟,提交自己的班级故事。每天凌晨两三点交完作业,又开始思考第二天要写什么,挖空心思地琢磨班里那几个孩子。结业考试以《我的得意弟子》为题写一篇教育叙事,一看到题目,子衿便一下子蹦到我眼前。虽然她学习不够出色,不爱写作业让老师们头疼,但她乐于助人,热爱集体,承包了班级所有活动的创意和组织。与只会学习、被老师牵着鼻子走的孩子相比较,这样的子佳更得我意。最幸福的是,考试作文被选中,准备发表。那篇600字的小叙事,也在编辑老师的专业引领下,经历无数次修改后,变成了6 000多字的《青青子衿,悠悠我心》,发表在《教育读写生活》的开篇,子佳也因为我的关注对自己的期待越来越高,赢得了老师们的肯定。

这样的一次经历,让我开始慎重地对待教室里的每一个鲜活的生命,每一件小事。带着研究的目光面对我的教室,那些所谓的问题孩子,那些层出不穷的问题,都成了故事里的主角,促使我不断反思自己的教育行为,也让我有了更敏锐的观察力和思考力。

课题——在研究中超越自我

如何唤醒孩子的内驱力,如何将问题变成学生成长的机会?对一个有教育情怀的教师而言,问题就是财富,是方向,是灵感的触发点。把问题变成课题,通过调查、分析、研究,就能找到解决问题的方法,提升育人的能力。

2022年1月,我有幸成为山东省首批优秀班主任工作室主持人,在对工作室进行三年规划时,课题研究作为工作的重点,引领着我们进行班本课程的研发。工作室成员就如何将班级建设成师生成长的共同体,反复碰撞,发现了一个共性的问题:学校在评价班主任和班级时,更多地关注班级的管理职能,导致班主任在班级建设的过程中,加大了"管"的力度,把教育降低为规范和训练人的行为,忽视学生心灵的成长,简单认为管住人的行为就能促进人的发展。当我们从教育者的主观愿望出发而不是从学生的成长需要出发时,学生就失去了主动成长的机会。

如何让学生在成长的过程形成自觉、自动、自主、自为、自省的自我建构机制?这既是学生成长的需要,也是班级发展的需要,聚焦到这一难点、痛点问题,我们开始了课题的研究。

通过对学生访谈,深入地调查分析,我们发现学校的开学仪式、毕业仪式等,因为学生能够参与其中,贴近他们的生活实际,还可以营造特殊的教育氛围,表达教育内容,传递价值观念,寓育人于无形。经过多次研讨,我们决定以仪式为切入点,针对学生成长的需要,有目的、有计划地研发班级仪式课程,助力学生成长,实现立德树人的目标。

边研究边实践,《立德树人背景下班级仪式课程的实践研究》已立项2023年诸城市规划课题,《班级仪式课程助推班级管理的实践研究》立项潍坊市教科院重点课题,2024年10月份《构建小学班级仪式课程的实践研究》作为我齐鲁名班主任研修课题,在曲阜师范大学开题。

课程——在创新中超越自我

以问题为导向,就能对单一、零散、随性的班级活动,进行有计划、有目的、有序列的课程开发,并在实践中改进、迭代、升级。

经过一年多的实践研究,我构建了班级仪式课程的框架,研发出爱自己的成长仪式课程、爱他人的常规仪式课程;爱生活的节日仪式课程;爱世界的共读仪式课程。设计出固定的流程,涵盖班级立德树人活动的所有内容,成为服务于班级管理的育人工具。

以生日仪式课程为例,我的班级仅过去半年,就为孩子送出了近30首生日诗。今年从唱班歌《飞翔的花》开始,让孩子感受追寻梦想的快乐。然后是赠诗,为孩子送上一首为他量身定制的诗,这首诗既符合孩子的生命特质,又暗含着对他未来的期许。在多样的诵读中,慢慢地把别人的诗变成自己诗歌,把别人的肯定、赞扬与期许变成自己的愿望、决心与行动。唱生日歌、爱的抱抱,互赠礼物,都是生日仪式课程必不可少的环节。如果孩子的父母愿意,也可以到现场,讲述孩子的成长故事,说出父母的期望。这样的课程,不但满足了孩子爱和归属感的需求,也让课程成为家校共同生活中心灵交流的一种重要方式。

我们的课前仪式课程,将班级评价与班本课程紧密结合,上周量化得分最高的孩子成为本周的领舞,这样的精神奖励,让每个孩子都努力地朝向美好,像班歌里唱的那样,努力向上吧,做一朵飞翔的花。

有了课程开发的意识,就会对班级有整体的规划,对学生的发展有深入的思考,育人目标就会更加明确。这也是一个班主任走向卓越的关键。在参与齐鲁名班主任一轮轮答辩的过程中,我明显感觉到课程意识是自己最终入选的关键。它不仅考验着我们的教育智慧,更能体现出我们的教育情怀。

有智慧,有情怀,才能将琐碎的日常编织得浪漫有趣;才能将棘手的问题处理得云淡风轻;才能将枯燥的学习生活打造得妙趣横生;才能点燃自己,在一次次自我超越中成长为一名专业的班主任。

2. 青青子衿,悠悠我心[①]

提起笔的刹那,子衿可爱的小脸便浮现在眼前,依旧坐在教室的最前排,仰着脸,小手高高举起,身体使劲往前倾,不停地喊着:"老师,写我!写我!"

说实话,子衿不是班里最听话的,却一直是班里最与众不同的女孩。她会为急于说出自己的想法而打断老师的话,也会为偷看喜爱的书而被老师批评,再加上偶尔的恶作剧,活跃的思维,便变成了老师们既爱又头疼的孩子。

第一次看到这个小女孩,就仿佛看到了童年时的自己。短短的头发,胖乎乎的小脸,清澈的笑容,和照片中那个男孩子一样的我如出一辙。缘于这份亲近,便多了一份关注,也悄悄地走近了孩子……

我的"情书"

子衿有一个优秀的妈妈,十分重视女儿的教育,子衿的名字就取自《诗经》,可以看出妈妈对女儿的喜爱和期待。母女俩常在一起读书、交流、亲近自然,于是,这个小小的孩子很早就开始观察世界、思考人生。

刚上一年级,大部分孩子都还懵懵懂懂,分不清东西南北。有一天,小宇的妈妈来找我,递给我一张纸,捂着嘴强忍着笑,对我说:"王老师,您看看!"好奇地接过纸,可一看完,就笑得手拿扫把直不起腰来。

[①] 本文曾表于 2012 年 11 月《读写月报》。详见:王增霞.青青子衿,悠悠我心[J].读写月报,2012(11):12-16.

那是子衿用拼音、汉字和错别字,写成了一封幼稚而且简陋的信。在信里,她告诉小宇,要感谢自己的妈妈把他培养得那么优秀,提醒他上课要及时进教室,要把鼻涕擦干净,不然小朋友会不喜欢他。笑归笑,我们都感动于孩子的一片冰心。

课堂上,我表扬了子衿,小小年纪,便如此有心、有文采,还能用通顺完整的句子写信,真了不起!孩子微红的小脸上是掩饰不住的骄傲和自豪!

下课了,子衿趴到我的耳朵上,悄悄地说:"老师,我告诉你个秘密,千万不要和别人说。"看着我郑重地点点头,她才由衷地说:"那是我的情书,我长大了要嫁给小宇!"

心里不由得笑了,唉,可爱的孩子!

我愿意!

时间过得很快,转眼冬天到了。

那天晚上,正准备睡觉了,手机响了,是子衿妈妈,声音里满是歉意,"王老师,这么晚了又打扰您。子衿醒着,说啥也不让给您打电话,可我还是觉着该让您知道。"

"怎么了?"我坐直了身子。

"晚上给她脱衣服,看到内衣上带着一点血迹,撩起上衣服,发现肚子和腰上有些淤青和浅浅的血迹。"

"怎么了?打架了?我怎么一点儿也没看出孩子难过?"已经冬天了,外面穿着厚厚的棉衣,居然还有点点血迹,怎能不让我吃惊!

子衿妈妈听出我的焦急,忙说:"没事!王老师,孩子不让我说,就是怕您着急。是她自己和男孩子们在校园里玩一种游戏造成的,可她自己又描述不清楚,我觉得太危险,特地跟你说的!"

虽然子衿总喜欢和男孩子一起玩,但不管怎样,在孩子中间发生这样的事,而我却不知道,就是我的失职。

铃声响起,孩子们又聚集在校园里玩耍,我趴在走廊上悄悄地观察。子衿依旧和一群男孩子聚集在一起,他们三个一组,互相搂抱着,然后在塑胶场地上翻滚。我走过去,扶起子衿,掀起棉衣,能看到小肚子上、腰上又有了斑斑红印。男孩子倒是毫发未损。

"疼吗?"我轻轻地摸着子衿的小肚子。

"有一点儿,但我很勇敢!"她露出两颗可爱的小虎牙对我微笑着。

"妈妈没嘱咐今天不要玩这样危险的游戏了吗?"我有些疑惑,看妈妈的焦急,不能不嘱咐,可孩子为何还是我行我素?

"妈妈总是大惊小怪！我要是不好好练练，等遇到敌人我就不能抱着他滚下山坡，摔死敌人，我还好好的！"几个男孩子听到后也在一旁摩拳擦掌，一脸的不服气。

"不信再比比！"子衿一脸骄傲，那气势就像一个行走江湖的女侠。我苦笑着看着孩子，摸摸她的头："可是妈妈很担心啊！"

"老师，我愿意！我告诉爸爸原因了，爸爸同意我做个勇敢的战士！"

站在讲台上，面对孩子们，我列举了可以成为英雄的很多方法，告诉他们妈妈多么希望每天见到健康的他们。亲爱的孩子，老师知道你们的小心眼里有许许多多奇思妙想，并想一一去实现，可妈妈们要的是安全，要的是一个不能受到任何伤害的孩子。

对子衿，我什么也没说，只是讲到妈妈的苦心时，静静地注视着她。我知道，古灵精怪的她总会在追求理想的同时理解妈妈、老师的苦心，找到实现理想的办法！

我害怕

因为楼道里总有孩子因为奔跑而互相撞到，学校决定下大力气抓课间秩序的问题，和在马路上一样，靠右行，包括上下楼梯。

连着两天，总有同学过来告子衿的状，下楼梯时不走右边扣分了。开始没太在意，可说得多了，便有些烦躁。

课间，我坐在教室门口，看着她又要往外走，便截住她。

"今天又给班里扣分了？"

"嗯！"

"为什么？"看到她泰然自若的样子，我的火腾地上来了。

"下楼梯时扣分了。"看我火了，她的声音很小。"下个楼梯都不会，你还能干什么？从现在开始，子涵你陪着她上下楼梯，一直到她学会！"连想都没想，我生气地吩咐旁边一个女孩子。

本来要出教室的子衿在我的盛怒之下又回到了座位上，我能感受到她的不服气。这样处理是不是过于简单了？这种念头一闪而过，离开教室后，也就把这件事放到了脑后。

第二天没有早读，所以去学校的时候就有些晚了。数学老师透过窗子看见我说："给子衿妈妈打个电话，她等了你很长时间，等不着走了！"

说话间，手机响了，是子衿妈妈。"王老师，今天子衿说啥也不去上学了，也不肯说到底为什么，好不容易送过去。麻烦您跟她谈谈，孩子最听您的！"

我一阵心慌,为昨天的批评?不至于吧!

下课铃声一响,我就站在了教室门口。孩子们三三两两地往外走,子衿仍旧坐在位子上心不在焉地翻书。我装作若无其事的样子走过去:"子衿,妈妈又给你买了新书?"

"没有,旧的!"一副爱搭理不搭理的样子。

"书里说的什么事?"

"二年级的小豆豆,在学校的事。"

"有没有很好笑的,讲一讲听!"

"我就喜欢里面'小便炒饭'的故事。"看到她稍稍有了兴趣,我小心地接下去。到底是个孩子,一会儿工夫自己先笑得前仰后合。

"和同学们一起,你快乐吗?"我小心翼翼地问。

"快乐啊!"

"那为什么不愿意来上学?"

一阵沉默之后,她抬起头,好像下了很大的决心说:"老师,你能保证不和别人说吗?"

我认真地点点头。

"自从咱们搬到二楼教室,我就不愿意上学了。"

"为什么?"我有些诧异!搬到二楼将近一个月了,这孩子纠结了这么久!

"我不敢下楼梯,我看着它们跟悬崖一样,好像一不小心就要掉下去!每次下楼梯,我都要怕死了!我只能每次扶着扶手轻轻下,我觉得我都要把扶手拧成麻花了。"怪不得每次站队她都要拖拉到最后,为此,没少挨批评。

"为什么不早说呢?"

"我怕别人笑话我,咱们班同学都说我勇敢!"

可怜的孩子!为了别人眼中的模样,忍受着多大的痛苦!上厕所、上下操、放学上学、出去玩玩,每次都要经受考验。

教室门前的楼梯是用光滑的大理石铺成的。当时学校扩建,在旧楼的西边接上了这一间教室,顺带接上这边的楼梯。的确,比别的楼梯陡,而且只有一边有扶手,这可怜的孩子,天不怕地不怕,居然让楼梯吓到了。

"昨天为什么不告诉我?"

"我不想让别人知道!"孩子有些羞涩。

"这是我们的秘密!眼保健操的时候,我带你走走东边的楼梯,你试试还怕不怕。"

东边的楼梯没那么陡,而且两边都有扶手,子衿走得很顺利。虽然有规定我们靠西楼梯的同学只能走西边,我还是跟子衿说:"别让别的同学看见,上操、放学、上厕所你都不要站队,在外面等我们,自己走东楼梯,我说了就算!"

也许因为这特殊的待遇打开了心结,子衿又恢复了往日的活泼。

做个真实的我

日子就像流水一样,波澜不惊地走过。孩子们一天天高起来,也懂事了许多。

那天,我正坐在办公室里批作文,走廊里传来了一阵阵孩子的争吵声,站起来的同时,四个男孩子推着子衿走进办公室。从通红的脸、低垂的头可以看出她的难堪。

"这是怎么了?"

"老师,她英语课上偷看书,害我们组扣了二十分,大家都要陪着多写作业!"小杰抢着说。

"我们要多罚她几遍,她还跟我们急!"几个男孩子义愤填膺。

"是吗?子衿!"我有点儿怀疑一向集体荣誉感极强的她怎么会这样!

她有些无奈地点点头,眼泪在大眼睛里转呀转。让几个男孩回到教室,我也拉着子衿走到休息室。"说说吧!"她抬起红红的眼睛看了我一眼,然后极不自然地对我说:"我每次都表现得很好,可照样跟着受罚!小西的作业经常不交,大家不都没办法吗!今天她的作业交了,我让她尝尝完成作业还要被罚的滋味。"

我心里一沉,原来,子衿的错误不是出于无意,而是有目的地报复。

英语老师在课堂上有自己一套独特的管理办法,实行小组管理制,一人犯错,全组受罚,一人受奖,全组沾光。这套办法的确管用,孩子们热情高涨,可弊端也显现出来了。比如,子衿所在的小组,有一个叫小西的孩子,父母忙着做生意,对孩子的学习不闻不问,习惯养成极差。几年下来,辗转在一个又一个的老师身边,小西进步不大,倒变得油盐不进。就像这样的惩罚和奖励,就显得很无所谓。你爱罚多少就罚多少,一切与我无关。时间久了,大家每天多写作业,第二天仍旧为了她多写作业,自然而然地怨言有了,便也破罐子破摔。为此,我给他们支过无数的招儿,想过无数的办法,依旧无济于事。

"教无定法",管理孩子也是这样,看似光鲜的背后往往藏着很多的隐患。我很认真地看着子衿,凝视着她的眼睛:"既然知道小西完成了作业,为什么不鼓励她一下,让大家都尝尝成功的喜悦?小西能完成作业多棒啊!"

"可是,老师你知道吗,为了让小西交上作业,大家甚至要轮流为她写作业!"

"小西知道吗?"

"知道,她可高兴了。"子衿有些不屑地说。

"可这不是欺骗吗?我不同意,我坚决不同意!"孩子有些激动。

我一时无言以对。

有些心疼,为这个善良而真实的孩子,也为那群为自己轻松一点儿而绞尽脑汁的孩子。又有些心痛,一群小小的孩子在规则的约束下,居然想到了集体欺骗。更为小西,小小年纪,变成别人的包袱,却不觉羞耻。

看我不说话,子衿又重复一遍自己的观点:"我不想那样,我必须做一个诚实的人,我不想和他们一样,为了自己,什么事都肯做!我只想做一个真实的自己!"

"为什么不把自己的想法告诉大家呢?"

"他们说我多事!"

"也可以大家一起找英语老师想想办法呀!"

"英语老师曾经说只要一个人不写,都得罚!没有任何理由!"

"你可以把同学们现在的想法告诉老师,老师一定会慎重的!"

"我就怕老师会不答应。"子衿还是满腹的顾虑。

"不试试怎么能知道!"我传递给孩子一个鼓励的眼神。

真是个孩子,子衿转身就跑到英语老师的办公室,过了一小会儿,喜笑颜开地跑出来,看我坐在那里,露着两颗小虎牙激动地说:"老师同意了!小西的作业以后单独交,与我们无关!"

"真的?祝贺你!自己又解救了一大组的同学。英语老师怎么说的?"

"老师知道同学们的想法后,也觉得组里有这样的同学,对我们很不公平。就说让小西自己单独交作业,太棒了!"子衿的小脸上满是得意。

下午队日活动时间,学校确定的主题是感恩,但刚刚发生的事情让我有了新想法。走进教室,看到子衿坐在位子上看书,我走过去,拍拍她的肩头,说:"很喜欢你今天说的'想做个真实的自己',我也觉得诚实是一个人最重要的品格。这节课,和大家交流一下好吗?"子衿想了想,同意了。我又问:"小西的事,你觉得有必要说出来吗?"孩子懂事地摇摇头。

站在讲台上,教室里静悄悄的,看到我改变了主题,孩子们明亮的眼睛里满是好奇。对着同学们,我慢慢地说:"之所以改变主题,有很多原因,我以为一个懂得感恩的人必定是一个诚实的人。正如子衿对我说的那样,'必须要做一个诚实的人,不能为了自己的利益,什么事都肯做!'"我微笑着朝子衿点点头,非常期待她能给大家上一堂关于诚实的好课。

子衿脸通红,走上讲台的刹那又朝我看了一眼,停顿了一会儿说:"其实,很多时候,为了自己的利益,我也很想欺骗自己,但是正如我们书里说的那样,'一个人要是从小受到严格的教育的话,就会获得道德实践的勇气和力量'。不论是书里,还是老师、爸爸妈妈,都告诉我诚实是最重要的,所以,我不想做任何欺骗自己和别人的事情,我想做一个真实的自己。我觉得我们每个人都应该这样!"

很懂得保护别人的面子,但我清楚地看到,当她说完之后,一大队的同学低下了头,包括小西。

掌声响起的时候,我相信每一个孩子都知道自己该如何去做!而我更坚信子衿已经朝着自己的理想在努力前行。我在黑板的一角大大地写下了两个字:诚实!我期待它深深地印在孩子们心中。

好长一段时间,没有听谁再去抱怨连带被罚的痛苦,我和数学老师也竟相称赞能看到小西的作业了,交接班的时候,英语老师神秘地说:"小西连着交了三天作业了!"

虽然以后的日子,收到小西的作业有时工整,有时丢三落四,有时甚至只有记的作业,但毕竟她不再满口谎言说:"我忘带了!我交了,你没看见!我的本子没带!"我觉得这就是进步!

请让她保持天真吧

连着几天和子衿聊已经过去的那些事,我们都为曾经的幼稚和可爱发笑。就在昨天,子衿神秘地说:"老师,你一定不知道我们的很多趣事,我把日记中几件好笑的事发到您的邮箱,您看看!"

"舍得吗?"

"我相信您!"

邮箱里,真的有子衿的日记。我知道,这是她写给自己的,名字叫——《写给爱丽丝的话》,这是她的宝贝,谁都不肯分享。

课堂上的"翠鸟"

2011.3.15

今天读课文《翠鸟》(语文三年级下册P19),读到"小鱼悄悄地把头露出水面,吹了个小泡泡。尽管它这样机灵,还是难以逃脱翠鸟锐利的眼睛。翠鸟蹬开苇秆,像箭一样飞过去,叼起小鱼贴着水面往远处飞走了。"这一段时,我突发奇想,可以把这一段"改写"一下。于是我展开想象,改成了:"王栋悄悄地把一块糖放进嘴里,尽管他动作那么迅速,还是没能逃过老师锐利的目光。老师奔下讲台,拎起王栋向门口走去,然后'咚'的一声把门关上了。"我把句子想了一遍又一遍,终于忍不住大笑起来。结果不是王栋被扔出去,而是我被请出去了……

疯狂一分钟

2011.4.13

上课时,老师叫我们写字,王皓宇踢了我一脚,我愤怒地抬起头来,忽然发现了一个"天大"的喜事——老师不见了。我愣了一下,随即大喊道:"老师不在,狂欢吧……"教室里立即响起一阵欢呼,紧接着,是这样的景象:女生疯狂往课文上贴贴纸,男生疯狂大叫。粉笔飞舞,黑板擦惨不忍睹,被扔来扔去,掉在地上,摔得碎尸万段。

这时,传来一阵脚步声。是老师!大家立刻安静下来,几个动作快的男生也迅速把掉在地上的粉笔踢到角落里——这就是为什么总能在角落里找到一大堆粉笔的原因。老师走进教室,见我们都十分"安静",高兴地说:"表现不错,今天晚上没作业了!"大家偷笑。

请不要告诉我们的老师——虽然只有一分钟。请让她保持天真吧!

子衿的日记,让我忍不住笑起来。这是她真实的写照,一个率性、真实、可爱的孩子。当她肯把自己的内心坦然地展现在我面前时,我清晰地感受到了来自她的信任。

和老师们聊起班里的孩子,大家总能说出一大串自己的得意弟子,优点不外乎听话、懂事,爱学习,成绩高。我少不了补充一句:"子衿长大了肯定有出息!"大家免不了笑我偏爱。

但是在心底,我真的更喜欢能够开放地思考、率真地生活、尽情享受快乐童年的孩子。

所以,子衿,你就是我的得意弟子。

【点评】子衿的真实自然、活泼可爱,都是一个孩子正常的自我显露。作业事件把她从众多同学中剥离出来,显出与众不同的一面:要做真实的自己。从她的亮泽日记能看出她在课堂上自娱自乐的才华。显然,老师能够认可并接纳她的性格,更有利于孩子的成长。但对孩子来说,积极投入高质量的课堂,主动完成有趣味有价值的家庭作业,在师生相处的过程中,更能发挥正面能量,促进彼此的生命相互辉映,才是更真实有效的教育,也才更能彰显并发展她独特的天赋所在。而不只是在无效甚至低劣的教育环境中争取自己正当的权利,消磨了本该用来探索、发现的光阴。

3. 合适的才是最好的

1

给学生调位子,是我教学生涯中最最头疼的事。

一个班的孩子,高的、矮的、胖的、瘦的、戴眼镜的、不戴眼镜近视眼的、男孩、女孩、调皮的、爱说话的、自律性强的、会管人的、善于帮助别人的,等等,总之,要给班里这66个孩子找到最适合自己的位置,那一番思考和折磨,不亚于一次人事变动。它需要的不仅是长时间的观察和琢磨,更需要孩子们一次次的碰撞和磨合。

璇就是在这样一次次的磨合中被淘汰的。她不适应任何一种孩子,老实的被她欺负,厉害的把她打哭,男同学和她用拳头说话,女同学坚决不和她坐同桌。半年不到,我已数不清给她换了几次同桌,更可恨的是给她调一次位子,比做一次媒还难。泪汪汪的璇站在讲台边上,任我说破嘴皮,也没有一个人伸出热情的手。

禹就是在这样一种情况下接受重任的。

璇高大壮实,遇事好冲动,有点儿梁山好汉的感觉;禹又瘦又高,文文静静,典型的乖孩子形象。这样的两个孩子站在一起显得极不协调。我虽然高兴禹接下这个刺头,但心底还是暗暗为禹担心。

禹,一个优秀的孩子,作为小学教师的妈妈又刻意地培养着孩子。这样的孩子,老师喜欢,但与同伴交往时,他能灵活地处理问题吗?我在心里打了个问号,权当一次挑战吧!

2

为了锻炼孩子,也为了让孩子们学会自我管理,我决定以后的家长会让每个小组的正副组长参与。为了自己在家长会上有话可说,孩子们行动起来,记录每个孩子在学校的表现。

那天,全市语文教研活动,碰到禹的妈妈,她悄悄跟我说:"王老师,璇真的很厉害啊,禹每次要记录她的不好,总要偷偷藏在家里,不愿在学校惹她,让你生气。"

"还这样?"我有些诧异!

和禹同桌后,璇收敛了很多。看着她细声细气、小心翼翼地和禹说话就忍不住偷笑,心里又暗暗佩服,小子,还挺有本事!那天,放学的路上,我把佩服和禹说了,他只是抿着嘴笑,没说别的。

"咱们的孩子,可能要求太严,一点儿也不会和别人圈着套着,禹每次要记录璇的不好,总是要当面和她说出来,璇就变法儿地往他桌凳里塞纸,脚底下扔纸。两人私下里打了多少,我们谁都不知道。禹看样子很难受,可当时在全班同学面前主动接下任务,现在又不好意思推出去了。"禹的妈妈苦笑着说。

　　"还真看不出来,我还单独和禹交流能否适应璇的问题,他都没跟我说。"我自以为天天在观察着的两人在我的眼皮底下天天小打,我居然什么都不知道,更可恨的是,前后左右的孩子居然没人告诉我!

　　"回去还真得好好查查!让禹难受,真不好意思。"

　　"王老师,没事,就当锻炼锻炼他!"禹的妈妈让我感动,同时也为璇的不知好歹生气。

　　中午,教室里静悄悄的,孩子们都在午读。走进教室,我照例挨着一排排转起来,教室里很干净,禹的脚底下也干干净净的。哲在璇和禹的前排,是很优秀的一个孩子。拍拍哲的肩膀,我领着她走出教室。

　　"璇最近表现好吗?"

　　"挺好的!偶尔和禹吵,但也不像原来那么凶了!"哲回答得很干脆。

　　"他俩好像天天小打,你没看见过?"

　　"没有,禹很让她的!"

　　哲回到教室。我知道禹的妈妈不会说谎,只能是两人的动作很隐秘。连哲都发现不了,禹又不主动跟我说,问了也是白问,我决定再悄悄观察几天。

　　下午放学的时候,每个大组都要总结一天的得分情况,从课堂到作业,再到卫生。禹和璇所在的大组光卫生一天就扣去了13分,大家义愤填膺,对着璇和禹,七嘴八舌地喊着。

　　卫生执勤班长站起来说:"老师,禹和璇的脚底下有9块纸,扣了9分。"

　　我看着禹,禹满脸委屈地站起来,"老师,璇上课说话,我说她,她不听,我就记在我的本子上,然后她就扔在我脚底下一些纸,下课后,我着急写英语作业,忘了拾起来。"

　　禹的话音刚落,璇就站起来,大声争辩道:"不关我的事,他先欺负我!"那神情,就像一只好斗的小鸡,抖擞开全身的羽毛,准备迎战。

　　孩子间的互相推诿,在课堂上是无法解决的。把他俩留在教室里,我先送其他的孩子站队放学了。

　　当我回到教室的时候,璇还是气鼓鼓地站在那里,而禹已经气定神闲地写起了作业。看我回来,璇的嘴巴动了动,但没说话。禹也立刻站起来。

"说说吧！到底怎么回事？"我看向两个孩子。

"他欺负我！"璇张开嘴巴大声哭着，用手指着禹。我愣了，禹也愣了。

"没有，真的没有……"禹有些焦急地为自己辩护。

"慢慢说！别哭！"我的语气缓和了一些。

"禹总是在本子上记我的不好，等妈妈来开家长会告我的状，我说以后不了他也不听，可我表现好的时候他从来不记！"璇的话让我心里一沉，小小的孩子太难把握好度，肯定不止他俩之间存在这样的矛盾。

"禹，拿过你的本子我看看！"禹的本子上记着日期，璇的每一条错误都清楚地列在上面，哪节课说话，哪天作业未完成，哪节课被老师批评，一目了然。我从头看完，没有璇的一丁点儿好，只看到一个一身错误的孩子。

"璇真的一点儿好都没有？可我看到我们教室整洁的卫生有璇的功劳，你们小组每天的作业加分也有璇的功劳，这些为什么不记？"禹低着头，不说话。

我拉过禹的手，严肃地说："孩子，一个好的组长，眼里不仅要有别人的缺点，更要及时表扬他的长处，这样别人才会听你的！当初你勇敢地接纳璇，老师欣赏你；现在，你又努力地帮璇改正错误，老师佩服你，但一定要注意方法。"

禹点点头，然后又抬起头，深深地吸了一口气，说："老师，我知道了！可我真的不是故意要这样的！"

"璇，你这样做对吗？禹的方法虽然不对，但他的本意是好的，是在努力地帮助你改正错误。你这样对待一个帮助你的人，行吗？"

璇低下头，胖乎乎的小手捏着衣角，神情间都是不好意思。禹也有些羞涩地低着头。我轻轻地问："你俩这样的战争多久了？"

"同桌刚几天就这样了！"禹低声说。

"为什么不早点儿告诉我？"

"您那么信任我，我不好意思让别人知道！"禹吐吐舌头，不好意思地朝我笑笑。

"璇，你自认为那么委屈，为什么也不让我知道，连哲都不知道？"

璇抬头看着我，憨厚地笑笑说："大家都不愿和我同桌，我忍着。"

一个为了老师的信任，一个因为同学的不接纳，两个孩子各自不动声色地忍着，真够厉害的！

3

日子一天天走过，璇的表现越来越好，当哲调位子走了之后，我毫不犹豫地让璇接过副组长的头衔，管理着他们小组的作业和卫生。璇无比兴奋，好几次看着她拿着自己粉红色的小本认真地记录,我心里由衷地为她高兴。

直到那天,禹坐在教室电子琴边弹琴。我无意一瞥,发现禹的手背上满是抓痕,很诧异地问:"禹,你的小手咋了?像被小猫抓了似的!"

禹迅速抽回自己的手,不弹琴,也不说话,只是看着我。我笑着摸摸他的头,说:"谁抓的?咱找他报仇!"

禹结结巴巴的,像下了很大的决心,说:"璇抓的!"

"为什么?"我抓过小手,新伤旧痕,看着让人心疼。

"老师,我真管不了她!只要我在本子上写她一点儿不好,她一定要找个事记我脚底有纸,说我作业不够认真。我不想和她一桌了。"

"璇,过来!"我怒气冲冲地大声喊着。

璇在走廊里和几个女同学玩着,听到我的喊声,立刻跑到我面前。"说,怎么回事?"我拿着禹的手伸到她面前。

"他也抓我了!"璇理直气壮地说。拉过她的手,的确,上面也有两处小疤痕,可和禹相比,她的明显要少很多。哎!这"公说公有理,婆说婆有理"的官司,愁煞人!

"璇,为什么要这样对禹?"我的语气掩不住对璇的失望。

"他太计较!不论什么事,都要听他的,我不愿意!"璇攥紧拳头,紧皱着眉头,足以看出她的愤怒。

"我得知道,到底为什么?"

"他总是让我听他的,背书得先检查我,错一个字都不行,他自己错两个也不举手。他和我两个人说话,说完只记我的名字。他做事太不公平!"璇大声说。

"我没……没……"禹已经没有了先前的底气。

各执一理,没人承认自己有错。孩子们习惯了有错往别人身上推,有理往自己身上拉。璇是,禹也是,班里大多数孩子也这样。多年的经验告诉我,这样的争吵和辩论没有任何意义。我给予了禹太多的信任和宠爱,无形中把璇放到了一个卑微的地位,这对璇太不公平!

回到办公室,我和禹的妈妈聊了一会儿。听出我的无奈,禹的妈妈笑着说:"王老师,我早看见他手上的伤了,开始几天弹琴还躲着我,钢琴老师看见后,告诉我。我才问他,一张嘴,全是别人的错。我自己的儿子我还不了解,自以为是,总以为自己是最能的那个,其实,自己才是最需要别人管的那个。王老师,有时候反思自己教育孩子的过程,总是有些后悔,把学习看得太重,管得太多,以至于把孩子教得傻傻的,处理问题太不灵活,让璇整整他也不错。"

我为禹妈妈的深明大义而感动,但把孩子这样强行凑合在一起,两人都难受,还是把禹和璇的位子调开了。

班里女同学本来就少,找一个能接纳璇的还真难。把几个高个子女孩叫出来,把我的担忧说出来,有了禹的例子,谁都不敢轻易开口。还好,大姐姐一样的惠尽管一万个不愿意,还是答应了。

别说,性情如水的惠还真把这动不动就怒火冲天的璇制住了。璇沉稳了许多,更重要的是,渐渐地有了朋友。

就在今天的课间,我还和璇开着玩笑:"我看你和禹一桌挺好的,怎么就不愿意呢?"

"老师,您饶了我吧,我愿意和惠一起。"

"为什么?"

"我做错了事,惠总是提醒我,不是批评我,也不是欺负我。惠是我的好朋友!"璇的得意尽收眼底。

忽然就想起了人们常常形容夫妻关系的一句话:"合适的才是最好的!"做同桌也如此!

4. 教室里的那些故事

1

电话铃响起的时候,我抬眼看了一下墙上的表,6:35,是政辉爸爸。

"王老师,我是政辉爸爸。明天你把建和小辉的家长叫到学校,我有点儿事!"没容得我张嘴,政辉爸爸带着恼怒的声音便连珠般传来。

"别急,怎么了?"

"昨天下午建和小辉在放学的路上堵着政辉打,孩子回家也没告诉我。今天下午,居然把政辉的书包撕破,用红领巾把孩子绑在站牌上,家里都找不着孩子了,直到现在才回来。"我能听出这位父亲极力地克制自己的愤怒,向我叙述。

都是为人父母的,我体会得到那份担忧和心疼。可一时间我真的不知道该怎样安慰愤怒的父亲,只能一遍遍重复:"真的不好意思!孩子们居然做这种事情!您一定要嘱咐孩子有事先告诉我!"

放下电话,和两位家长迅速联系,在确认他们明天早上一定到校之后,我的脸色愈发沉重下来。儿子看着我阴沉的脸,小心翼翼地问:"妈妈,他们真的那么大胆?"

是啊！为什么如此大胆？我一直在心里深深地爱着我的这帮孩子。如儿子一般大的年龄，一样的稚嫩，一样的调皮，一样的可爱，常常让我情不自禁地如母亲爱着他们。在我的心里，他们都是一个个纯净的孩子，没有任何的瑕疵。我能容忍他们写不完作业，考不好试题，偷偷地吃零食，甚至偶尔打架。可唯独不能原谅他们今天的过错。

"百年修得同船渡"，更何况是朝夕相处的同窗，多少年的缘分啊，可他们居然把自己朝夕相处、应该亲如兄弟的同学绑在寒冷的风中。我不知道到底是何原因让建和小辉做出这样的事情，但我可以想象政辉在寒冷的风中，心情该是多么的灰暗。他还会相信你们吗？他还会相信友谊吗？在人间最最美妙的童年回忆中，这样的屈辱的一幕，是否会让他难过？

我期待那是孩子调皮所为，可这样的调皮，良心何在？媒体报道的一幕幕，悄悄地涌上我的心头。那些沉溺在游戏中，杀死自己朋友的孩子；那些沉溺在游戏中，不能自拔的孩子。孩子，我期待你们不是！一遍遍地回忆建和小辉的平时，多么文静的孩子啊！就在今天下午我还那么骄傲地在全班同学面前，表扬了建。就在今天的课堂上，我还看到小辉笔直的身体和晶亮的眼睛。时间仅仅过了几十分钟，离开校园的孩子就做出了如此不堪的一幕。我们的教育到底该如何面对我们的孩子？

虽然直到现在我也不知道事情的经过，孩子们之间到底发生了什么，但我真的无比担忧。我的孩子，成绩差了，我可以陪你努力，可心灵一旦被黑暗侵蚀，我该如何帮助你呀！我亲爱的孩子，我从内心深处期待你们，都拥有一颗纯真善良的心。

2

虽然早读不是我带，但我还是早早地来到学校，心里有点儿忐忑，不知道政辉爸爸态度如何。

站在教室门口，看着政辉已坐在教室。我走过去问："爸爸呢？"

"在学校门口。"

"昨天，到底怎么回事？"

"前天放学的时候，建和小辉打我，我没当回事。昨天下午，我往站牌那儿走，建和小辉又拽着我书包打我，还有三班的一个男同学。小辉抓着我的手，他们用红领巾把我绑在站牌上。还说书包带不要缝了，今天继续。"政辉说得不太具体，但我看到他的小手有些颤抖。

门外，小辉和妈妈站在那里。我走出去，小辉的妈妈一见我，就一个劲儿地道歉,小辉耷拉着脑袋。刚站定,建和妈妈也来了,没容他们开口,我先说:"一会儿,政辉爸爸来了,你俩一定好好认错,换个角度想想,该多么生气!"

两个妈妈的态度很好,分别诉说着昨晚是如何教育孩子的。面对着两个家长,我想听听俩孩子是怎样描述那一幕的。

小辉看着我,说:"老师,我们跟政辉闹着玩的。前天下午放学后,政辉用脚踢了一块小石子,踢到建的身上,建就和政辉打起来,我也上去了。昨天下午,快到中医院的时候,我们又打起来了,政辉把建扑倒,然后建又趴在政辉身上,一个爷爷经过把他俩拉开了。然后,我、建、晓宏三个人就把政辉用红领巾绑在站牌上了。"小辉的眼里满含着歉意,说完,看着我。

"你们就把政辉孤零零地绑在那儿,然后离开了吗?"

"没有,我们在那里,可政辉已经耽误了一班车。"

"你们就不知道2路车是半个小时发一次车吗?"小辉的妈妈气鼓鼓地对着儿子说。

我看着建,说:"你也说说。"

建低着头,沉默了好久,看着妈妈说:"不是我的事,是政辉先打我的。我早早就回家了。"

儿子的话音刚落,妈妈接着说:"王老师,那孩子几点到家?"

"快六点半了。"我有些生气地说。

"建到家给我打电话才五点多一点儿。"

"那我们更应该感到歉意,那么冷,政辉一个人等着车,那么晚才回家,换成你,一定更着急!"我的语气可能有些生硬,建的妈妈不再说话。

我面对着两个孩子,严肃地说:"同学之间,那份友谊是最真诚的。你们俩首先要为昨天和前天对政辉的伤害而道歉。然后再把昨天发生的事明明白白地写下来,我必须知道事情的经过。"

走廊的那头,政辉的爸爸走过来。抚摸着俩孩子的头说:"大家都是好同学,要好好相处,千万别再打架,你们都把政辉吓得不敢来上学了。"

面对两个妈妈的道歉,政辉爸爸大度地说:"没别的意思,就是想让你们好好说说孩子。都是孩子,打架是正常的,我能理解,但别这样。"

转过身面对着我,政辉爸爸不好意思地说:"王老师,昨晚太着急,有点儿冲动,您别介意!"

我为政辉爸爸如此宽宏大度而感动。送走两位妈妈,我又一次嘱咐俩孩子把事情的经过写给我。我的目的就是想知道真相,看看我的孩子们做了什么,是出于何种原因。

真好！下午我坐在办公室里，批改着作业，俩孩子走过来，一人交给我一份纸，我迅速浏览了小辉写的，和三班晓宏写的大致相同。再看建的，我顿时火冒三丈，在建的描述中，错误都属于别人，他把自己撇得如此之清，完全变成了一个受害者。摆摆手让小辉回去，我"腾"地从椅子上站起来，面对着建，声色俱厉地说："你撒谎了！建！"

建低头不看我。

"你抬起头来，我现在不听你任何的解释，我要知道事情的全部经过。我只想问你，如果换成你，发生了这样的事，你会怎么做？"

建依旧沉默着。

建的沉默让我愈发生气。建从来就不是一个省心的主儿，他不太会和同学交往，总有同学来告他的状，"老师，建又打我！""老师，建扔掉了我的本子。"诸如此类的官司我不知处理了多少，可每次我从孩子的眼睛里看到的除去倔强，还有冷漠。

偏偏建自己从来都不想吃亏。元旦，我们正在报告厅联欢，手机动起来，易的妈妈，很歉意地说："王老师，孩子又惹祸了！"

我立刻走出门外，问："怎么了？"

"放学回家的路上，易和建打起来了，今晚建带着爸爸和妈妈找来了。"

"怎么回事？"

"俩孩子各说各的理，都要打起来了，我好不容易劝开，建直到走的时候都气鼓鼓的。我知道我家易能惹不能当，今晚真吓坏了。"

心里一沉，我问："打得很厉害？"

"没有，倒是易耳朵后面有一个小紫包。"

我百思不得其解，为这点事，至于一家人去找到人家的家门上？

今天，建的沉默，让我一下子想到了他得理不饶人的一幕。我有些冲动地大声说："建，如果是你，你会不会带着爸爸妈妈昨晚就找到人家家里？就像那天去找易一样！"

建看着我，很冷漠地说："老师，我错了！"

建的眼神让我受伤，我觉得我似乎不会走进这个孩子的内心。但我依旧固执地让他重写一份说明。

3

刚开学，一切都是那样的忙碌，晕头转向中，居然忘记了问建要说明。

天已经很黑了，整理完一天的工作，和儿子走在回家的路上，我接到建妈妈的电话："王老师，孩子怎么了？"声音里带着质问的语气。

"怎么了？"我一头雾水，反问道。

"孩子从回家就哭，一直哭到现在，嗓子都哑了。"建妈妈说着说着就抽泣起来。

"为什么？"我有些恍惚。

"我这不是问你吗？"建妈妈很激动，声音很大。

"我问问孩子，今天没啥事！"我的大脑像放电影一样，迅速地过了一遍，今天，还真没有不得体的事发生。

"孩子说你逼着他写事情的经过，不相信他，还把去年元旦的事翻出来。我们是去找过易，可他打了我们，为什么不找？你一个大人，至于这样！"

话说到这份上，我就明白了，我再愚钝，我也能明白。我反倒平静了。

"建妈妈，我以我多年的经验来判断这件事，我一点儿都没做错。我教着孩子，就必须帮助孩子改正每一个错误。孩子说谎，我就必须让他知道，并说出真话。写清楚事情的经过，就是让他认识到自己的错误，并为自己的错误负责。孩子冷漠地对待自己的同学，我就有权利让孩子换个角度思考，如果是他自己，会怎样。我不单要说孩子，还要说说你，别人的孩子打了你的孩子，你就要去找个说法，你家孩子打了别人，你给别人什么说法了？我没有别的任何想法，我只想让孩子从内心深处意识到自己的错误。而且，一直到现在，孩子也没有把事情真实的经过告诉你。"

"老师，我不是那个意思。这个孩子，回来什么也不说，就知道哭，问也问不出来。我是没办法了。管不了了。"建的妈妈语气中带着失望。

"怎么管不了，孩子那么好，课堂上认真学习，对自己的要求也挺高，怎么会管不了？我倒觉得你得反思一下自己的教育。"

"他爸就会打，孩子说了什么事，他抬手就打，孩子就怕他。我说多少遍也不管用，跟我犟，什么也不听，也不和我说。"

"问题的关键就出在这里，孩子为什么要和你们说，说出事实的真相，说出在学校发生的一切，换来的除去挨打和责骂，还有什么？我觉得你最应该思考的是：到底做错了哪些事情让孩子不愿意跟最亲近的父母聊？为何孩子不想听我的意见？这中间出了什么问题？千万不要孩子一开口，就是被评价、被指责、被骂、被打。这样，当你真正地想要跟孩子聊聊的时候，孩子听到的不是你想帮助他，而是说教。于是，孩子不仅对你闭上了嘴巴，同时也对老师闭上了嘴巴。因为这样的不信任，孩子便对所有的人失去了信任。他对我们说的一切，只能挑对自己有利的那些内容说，所以，他只能逼自己说谎。"

建妈妈沉默着，许久才说："王老师，我该怎么办？"

"静下心来，好好地和孩子聊，让孩子知道，无论发生了什么，父母都是他最坚实的后盾，家永远张开怀抱欢迎他。但千万不要让孩子有种感觉，我被欺负了，后面有人为我撑腰，要让孩子知道公平地对待人和事。"

"王老师，我试着和孩子交流交流。看着孩子哭成那样，我有点儿急，不好意思。"

"没事，也许我这样的处理方法真的伤害了孩子。明天我会和孩子谈。"

放下电话，我为自己是一名教师而悲哀。我那么固执地期待每一个孩子品格好、学习好，可我能做到吗？而这一切，又有谁能懂？

面对如此极端的建，我还敢和他谈吗？

4

早上，刚打开手机，便收到了建妈妈的短信："王老师，孩子怕您对他有看法，很担心！"

我立刻回复："放心！都是我永远的孩子。对孩子，不会有看法。"

走进教室的刹那，我决定，不和建谈了，如此敏感的妈妈和儿子，谈不好只会加重他心里的负担。我就和以往一样对待他，让他自然地忘记就可以了。

回到办公室，建妈妈的微信窗口在我的电脑上闪烁。

建妈妈："王老师，昨晚您的建议很好，我们娘俩聊到十点多，孩子担心的是您以后不再喜欢他，我把道理都给他讲了，他同意去试着改变自己。希望您以后多关注一下。您的建议让我和孩子之间的距离更近了，以后有空我会以这种方式谈心的。谢谢了！对于昨晚我的态度，我在此诚挚地说声对不起。"

"放心，我会的！"我觉得我无须多言。

我一直觉得，男孩子天性好奇、爱动，甚至喜欢在破坏中寻找乐趣，在打闹中实现自己英雄的梦想，这应该与孩子的品行无关。但家长应该冷静地面对，因为他们的行为会使原本单纯的事情变得复杂起来，而孩子的行为取决于大人的对待。错误的做法，会在孩子的心里埋下错误的判断是非的影子，不仅对别人，对自己的孩子也是一种无形的伤害。而这种伤害又是那样的不易被注意。可一旦埋下，它就会悄悄地生根、发芽、成长，当它慢慢长大，想再拔掉它，该是何等的艰难！

温斯顿·丘吉尔曾说："对一个人来说，唯一的指导者是他自己的良心，记忆唯一的护卫是他行为的正直和真诚。如果在人生的旅途中前行而没有这个保护，是失之轻率的,因为我们常会被希望的破灭所嘲弄。但有了这个保护,不管命运如何,我们永远可以前行在荣誉的行列中。"

我就这样期待我的孩子们成为这样的人。我又那样害怕看到某个孩子看待大人的眼光变成了仇视,害怕看到某个孩子看大人的眼光闪烁不定,害怕看到孩子看大人的眼光是不以为然,害怕孩子开始用谎言编织自己的故事。

5."老师,我爱您!"

站在讲台前,等着小组长们给我收起作业。雨霏走过来,气呼呼地说:"王老师,子衿没交作业,要给我们组扣分了,还不让说!"

我瞪了子衿一眼,小家伙悄悄走过来,故作神秘地问我:"王老师,我妈妈没给您发短信?"

"发短信干吗,发个短信你就写完作业了?"

看我发火了,她居然有些委屈:"老师,您听我说嘛!周六上午我学完古筝,就去琳琳家参加她的生日聚会,咱们班去了好多同学,我们一高兴玩了一下午,结果昨天亚美欧英语又组织我们练节目,晚上参加了圣诞晚会,回来都快11点了,所以作业没写完。妈妈说会给您发短信让我晚上补上。"

可怜的孩子,一个双休日就这样忙忙碌碌地度过。以兴趣为理由,无休止地学习,剥夺了孩子自由的时间。我很同情地对她说:"既然这样,允许你犯这次错,不过下不为例!"

可爱的孩子,因为我的谅解高兴地搂着我的胳膊转了一个圈。

说实话,我非常不喜欢布置课后的作业,语文学习靠的是孩子的日积月累,作业的作用微乎其微,可我敢不布置吗?不布置我的孩子考试时能考过别的班级吗?我甚至不敢尝试!不过,今天从子衿的身上,我倒有点儿启发,好的孩子完全可以特殊对待,只要掌握了,作业完全可以不写。这样一来,那份来自老师的信任会让孩子更加自信,而那份自信又会让孩子更加喜欢学习、喜欢老师。相对宽裕的时间让孩子有了饱览群书、发展自我的机会,何乐不为?

就像子衿,课堂上的认真听讲,已经完全掌握那点儿内容,何苦再一遍又一遍地重复!留出点儿时间,读她喜爱的书,谈她钟爱的古筝,写写她给"爱丽丝"的话,课堂上她一定会以百倍的努力回报。

课间操结束的时候,往楼上走,子衿在我旁边,揽着她的肩膀,说:"我有个奇妙的想法,只要你每次听写都是满分,晚上写字的作业就不要写了,留出点儿时间写写日记,读读书吧!"

她用诧异的眼神久久地瞪着我,突然地拽住我:"真的?"

我点点头,她猛地搂住我说:"王老师,我爱您!真的!"然后夸张地大喊一声:"oh! my god!"说罢,飞奔而去,留下周围一群吃惊的孩子。

我知道,过不了多久,就会有不服气的找上我,要求相同的待遇。果然,还没到办公室,小欣、子涵就跑过来,追着问:"王老师,子衿说的是真的?"

我点点头。"我们可以那样吗?"看着俩孩子那份急切的眼神,我知道,我可爱的小鱼儿上钩了。

"当然可以,但每周必须让我见到两篇高水平的日记。"

"可以!"那斩钉截铁的声音足可以说明对枯燥作业的厌恶。

亲爱的孩子,我为你们骄傲,因为我如此地渴望你们成为一个有价值、被爱、被接纳而且有意义的人。

6. 每个孩子都需要被看见

1

说实话,开学两个多月了,我还真没怎么注意到梓铭。接手一个新的班级,最先认识的总是那几个最优秀的和最调皮的孩子。梓铭默默无闻,总是跟着老师的节奏悄悄地做着自己的事情,没有亮眼的地方吸引我,也不会表现自己,便隐没在48个孩子中间。

直到小宇哭喊着不要再和佳宁坐在一起,拿给我看的小本子上一道道深深的划痕记录着小姑娘的调皮和强势,要想改变她非一日之功。站在教室里边观察边思考,这23个可爱的小男孩,谁才能和这个调皮的女孩儿坐在一起,能和她友好相处,最好还能互相帮助,好好学习呢?

我注意到低头认真读书的梓铭,在一群稚嫩的男孩中间,显得略微成熟一些,小小的脸蛋很严肃,只能是梓铭了!帮梓铭把座位换到佳宁的身边,小男孩的脸上没有任何变化,很淡然,看不出喜怒。我开始在心底自责起来,凭什么老实孩子就得吃亏?带着对孩子的歉意,带着偿还的心理,便不由得对孩子多了几分关注。

2

下午放学打扫自己脚底的时候,我眼瞅着佳宁把擦完地的湿巾推到了梓铭脚下,小伙子斜眼看着她,不说话,只是看着,佳宁灰溜溜地提起湿巾,装作若无其事的样子离开了座位。我强忍住笑,走过去给梓铭竖起大拇指。写字课上,教室里很安静,孩子们正在用心地练习撇画的写法,我围着教室边转边指导,走到佳宁身后,看着小姑娘拿着铅笔的小胖手伸向了梓铭的本子,刚想喊,又咽回去,先看看梓铭怎么办。梓铭小脸抬起来,依旧是斜睨的眼神,很严肃,很冷漠,那只小胖手拿着铅笔慢慢缩了回去。

还别说,面对梓铭的冷漠,佳宁还真不敢轻易动手了,无事可做,就连上课也变得积极起来。可见,每个孩子都需要在交往中找到方向。真应了那句老话"一物降一物,卤水斩豆腐"。

3

因为佳宁的变化,四人小组也经常被表扬,第一次带"风信子娃娃"奖牌回家时,佳宁激动地高高举在胸前,走路队时小脚跺得震天响,唯恐别人看不到自己。梓铭的嘴角也很难得地微微上翘,看得出,尽管性格截然不同,但喜欢被表扬是孩子的天性。

初尝胜利,佳宁的劲头很足,第二天的早读,声音格外响亮,格外清脆,请他们小组为全班领诵时,我听见梓铭的声音很弱很小,似乎想隐藏在别人的声音里。

上课时,孩子们在有滋有味地诵读《四季》,我边听边抚摸那些诵读有感情的孩子的头,然后又狠狠地表扬了他们,才开始个人展示。我故意点了梓铭,孩子站起来,声音不大,却很流利地读完第一小节,我笑着摸摸他的头说:"男子汉的声音可以再响亮一些,向大家宣布你喜欢哪个季节,再试一试!"声音大了,读完脸蛋儿微微有些发红。我心里一乐,不错,有回应,孩子知道自己被看见,这就足够了。

针对一年级孩子的特点,在课堂上,我经常使用小组比赛的形式。每次看到别的小组加分了,领先了,佳宁都急得抓耳挠腮,也好,有这么一个好胜的人在,大家也都跟着积极参与。表扬、加分、再奖励,梓铭的热情被点燃了,居然一次次主动地举起自己的小手。

我甚至看到他和佳宁课间坐在座位上聊天,小男孩的脸生动了不少,偶尔看到我注视的眼神,都会回应一个微笑。佳宁似乎也忘记了自己曾经的顽劣与调皮,除了偶尔还会抬起脚就跑,她就是一个乖宝宝。

4

突然接到孩子们要打疫苗的任务,我在班会课上好一阵渲染,老师们全副武装,带糖的、带小红花的、带印章的……看着我两手空空,都吃惊得不得了。

还没轮到我们,我已经累得腰酸背痛,脱袖子时还咧着嘴笑的孩子,一看到针头就连哭带叫,坚决不再配合,班主任、家长、老师齐上阵,拿小猪一样打完,转眼拿着老师的奖励就乐了。

我开始后怕,还是高估了孩子。

看到我们班的孩子坐在门口长廊,准备往里走了,我赶紧迎上去,问:"孩子们,谁愿意成为咱们班的第一个小勇士!"孩子们面面相觑,居然没有敢举手的。梓铭闷声闷气站起来说:"老师,我第一个。"还是那样淡淡的模样,拉着妈妈直奔接种点,行云流水般地在大家注视下打完了第一针。

开了个好头,孩子们自告奋勇,第二、第三……在老师们羡慕的目光中以零哭率结束了接种。不得不说,梓铭功劳大大的。

周一,我做了一个"王梓铭——风信子班小勇士"的奖牌,放到他的课桌上,一整天,梓铭的桌子成为大家课间聚集的中心。

5

这个冬天,孩子们接连不断地生病,发烧、肺炎、咳嗽,每天都得七八个孩子缺勤。我注意到梓铭中午吃饭的时候,总是先喝药再吃饭,时间持续得很长,看看也都是些常规的感冒药。

周五下午很冷,放学后梓铭妈妈没来接他,换成奶奶从我手里接过孩子。老人爱说话,拉着我的手说:"老师,我跟梓铭他爷爷说,等见了老师,好好感谢人家!这孩子上了学,爱说话了,也有个笑模样了。他爸和他妈都好安静,别人说话说多了还觉得烦,孩子也跟着不大说话。连着一周多,感冒了,咳嗽,我说请请假,他妈妈也要请假,就他不行,就愿意来学校,一天不上学也不行,谁说了也不算。"偎依在奶奶身边羞涩的孩子,小脸微红,自信的笑容慢慢挂在嘴角。

奶奶的话让我一下子想起了常丽华老师的那段话:"我有一个朴素的理想:让每一个生命都在教室里开花,让每一个孩子能在清晨醒来时,对即将开始的一天充满期待和向往;让每一个孩子结束一天的学习回家时,能对教室充满留恋和不舍。"

7. 那只小小的千纸鹤

刚回到办公室,就看到了桌上那只振翅欲飞的千纸鹤,我带着好奇拿起来,映入眼帘的是"您是天使,别生气了!——娅轩",忍不住就笑了,满心的失望与怨气在那一刹那烟消云散。

虽然我知道,教育是点燃,是唤醒,是开启,是等待,是一朵云推动另一朵云,是一个灵魂唤醒另一个灵魂……虽然我都懂,但身处其中,却常常怒火中烧,心不由己,就像这个下午……

心里想得很美，连着两节课，我要和孩子们一起走进《桥》。这是一篇感人的小小说，故事结尾才揭示的父子关系，让洪水中失去生命的老支书的形象再次高大起来：为了村民，他牺牲了自己，牺牲了儿子。每一次读，每一遍教，都是泪流满面，满怀期待，希望孩子们能带着这份感动体会语言文字的魅力。

我兴致勃勃地走进教室，三个舍长齐刷刷站起来，三个宿舍同时扣分，依然是说不清的粉末，擦不净的床底，好心情荡然无存。我有些上火，又有些无可奈何，稳稳心，定定神，继续上课。

午后的阳光温暖而又舒适，孩子们蔫蔫的，一遍遍读，读不出洪水来临时的凶险；一次次叩问，得不到心灵的共鸣；一点点启发，依旧看不到老支书背后千万个共产党员的伟大……

似乎到了一个爆发点，突然就火了，不想再继续下去，我把书扔到讲桌上，"好了，既然大家愿意这样上课，就这样上好了！糊弄人的本事我还是有的……"我带着怨气把一篇荡气回肠的文章用平淡无奇的口吻简简单单说完了。我很失望，在这间教室里觉得自己有些失败。阅读能力的培养，作文内容的选择，汉字的书写，师生间的默契……似乎一切都才刚刚拉开帷幕，大半年的时间就已经倏然而过。

下课的铃声响了，我没有和往常一样留在教室里和孩子们聊天，督促他们准备下节课学具，而是负气地离开教室。桌子上千纸鹤下是娅轩和睿的信，我未能留意到俩孩子什么时候写的信，但孩子的寥寥数语却让我自惭形秽。

"老师，我知道您很失望，但请您放心，以后我会尽最大努力让我们宿舍不扣分，我也会尽最大努力分担班级的工作……"和娅轩不同，睿吐露的是自己的心声："老师，您不要生气了！如果以后你这样上课的话，我还不如在原来的学校。我们都喜欢课堂上神采飞扬的您……"

孩子的话让我惭愧，也让我动容。"一个教育者，当孩子愿意跟你说悄悄话了，你就已经开始走向成功。"李镇西老师的话一下子浮现在眼前。

反思自己的教育行为，还是有些急功近利。因为宿舍被扣分，失掉了我的脸面，我最看重的脸面，就忽略了孩子们的努力。一直想着教育从孩子的心灵出发，可所作所为一不小心就成了为管理行方便。就像宿舍管理，心里想的是重在培养孩子的习惯，可每一次扣分依旧会在乎。就像今天，表面看上课时我已经平复了自己的心情，可一旦有一点点星星之火，我的怨气便足以燎原。

到慈海学校大半年了，内心无时不在比较着这群孩子和曾经的孩子们。他们没有那么灵动，也没有那么优雅，更没有那么丰富的知识存储，但他们更纯洁，更质朴，他们的目光中流动着崇拜与尊敬，课堂上专注的眼神常常在不经意间感动我,让我竭尽全力。

可我,还是会忘记,忘记教育的目的是什么。还是会忘记,忘记雷夫说过的"如果我想让孩子成为怎样的人,我必须成为那样的人。我希望他们举止优雅,我也必须优雅,每时每刻;即使我想对他们发火的时候,也必须优雅;即使他们气得我想扔他们到窗外,我也必须保持优雅。我想让孩子们努力,我自己就必须成为孩子们从没见过的那么努力工作的人。"

最好的教育莫过于感染,最好的教育莫过于示范!

今天的我粗糙、麻木、坚硬、缺乏爱,缺乏优雅的姿态。

感谢娅轩。那只小小的千纸鹤,让我反思自己;让我知道"课堂上的您那么美丽,是我们学习的榜样";让我的心再次柔软起来,成为你们真正的"天使"。

8. 三块粉笔头的故事

当班主任,最怕遇到脑子聪明却调皮捣蛋的孩子。把对了脉,会有大出息;可一旦孩子不接受你的药方,就会虚度光阴,作为教师的那份心痛会陪伴一生。可如何掌握好这个度?着实困难!

小宇就是一个这样的男孩子,从分班到现在,大半年过去了,毫不夸张,有三分之一的精力用来处理他惹出来的官司。课堂说话,课下扣分,托管不睡觉,甚至骂得班里一个女同学不愿意到学校上学……尽管如此顽劣,他自己的学习成绩却一点儿也落不下。

现在的教育好像陷入了一个怪圈,大家关注更多的是成绩,"一俊遮百丑",只要成绩好,其余的都成了小问题,无关痛痒。所以,和家长的交流每次都以"老师,我回去再使劲管他"结束,和孩子的交流也因无法打动他的内心而收效甚微。

如何让小宇有所改变,成了我的心病!

在参加"家庭教育高级指导师"培训时,萨提亚的家庭治疗技术"家庭雕塑",给了我启发,让我有了进一步探索孩子问题背后原因的冲动。

周一早读进行到一半,看着一整个早上屁股都放不到座位上的小宇,心里忍不住痒痒,便悄悄把孩子叫到教室里的办公桌边,我拿了三块高低不同的粉笔,让他分别代表爸爸、妈妈、自己,用一块橡皮当椅子,我让孩子按照张敬悬教授讲的家庭雕塑的三个原则和两个手势,对家庭成员的位置进行了摆放,还真发现了问题:爸爸高高在上,妈妈在爸爸身边,小宇紧紧贴在妈妈身边,一家三口居然站在一条横线上。

我问小宇："我想知道,你为什么不去面对爸爸妈妈,而是要藏在妈妈身边呢?"

或许是因为我的一个"藏"字打动了他,这个调皮的孩子,脸上吊儿郎当的表情瞬间消失,居然红了眼圈,抽噎着说:"这要从很早很早的一件事说起,有天晚上,我已经睡着了,但是又被客厅的声音惊醒,我出去看到爸爸妈妈在打架……"

那一刻,真的很心疼孩子,我拉过他,问:"你很担心他们?"

孩子面色凝重地点点头。我安慰道:"你把妈妈和爸爸安排得位置这么近,他们的感情一定很好,你没有必要太担心!"

我的话刚刚说完,孩子眼泪刷刷直流,就如张教授所说"此时孩子被看见了,被共情了,有人跟他感同身受"。但他的话却让我大吃一惊,他说:"不一定,他们经常这样! 我知道,要是离婚就不是一道简单的选择题了,而是我命运的选择……"

我一下子跟着孩子流下了眼泪。培训时,张教授一再强调,"爹妈是孩子的重要他人,夫妻关系不好,孩子就会担心焦虑,从而分散精力,学习不专注"。分班接触这个孩子已经半年多了,我只看到了一个调皮、不遵守纪律、让我头疼的孩子,直到今天才发现问题背后的真正原因。

我继续问孩子:"你离爸爸这么远,爸爸在家里很凶吗?"

孩子很认真地看着我说:"嗯,他总是骂人! 骂我,骂妈妈……"

我瞬间明白这个孩子为什么总是会去语言暴力身边的同学,"爸爸在家里骂你,骂妈妈,你就把自己的愤怒带到学校来发泄,骂同学,是吗?"他点点头,"你希望我跟爸爸妈妈谈一谈吗?"我继续问。

他使劲点点头,或许他等待这样的帮助已经很久了。斟酌了很久,跟妈妈聊了聊,说出孩子的担忧,妈妈听后一下子哭出了声,一个劲保证回家和孩子好好聊一聊。当我告诉小宇和妈妈沟通过以后,孩子怯怯地问我:"老师,我回家怎么办?"我很简单地教给他开家庭会议的方法,告诉他真诚地和爸爸妈妈说出自己的想法和感受,然后和爸爸妈妈做好约定,互相监督。

周二,小宇很高兴地跑到办公室,告诉我:"老师,你的办法很好!"

这几天,孩子变化很大,我只要给他一个表情,他就能马上改变自己的状态,英语老师、数学老师都向我请教用什么办法让他发生了改变,我不敢说是"三块粉笔头"让我了解了孩子,这似乎太神奇。

但我坚信答案应该就藏在张教授这句话里:"孩子一出生就有讨好爹妈的本能,是内在生命力的本能。当爹妈尊重他、爱他,他就是最有生命力的自我。"

小宇的改变让我尝到了甜头,也让我深切地感受到了,作为一名班主任绝对不能"头痛医头脚痛医脚",要真正走进孩子内心,信任并尊重每一个孩子,没有信任和尊重,就没有教育,赢得孩子的信任是一切教育的前提。

赢得孩子,才能将自己的教育理念渗透给家长。就像我在班级里用家庭会议的方式召开班级会议,讨论"班干部是否需要轮流"。结束后,孩子们居然关心家长会要在什么时候召开,都期待老师尽快教会爸爸妈妈召开家庭会议,制定家庭公约。

为了孩子们的期待,我将努力尽自己所能把孩子培养成有力量、有自尊、价值感强的人,成为照亮他们成长之路的一盏灯。

9．我期待你的花儿永远开放[①]

其实,要写写东东,这种想法已经很久很久,可每次都没有勇气去面对。有些尘封的往事真的不愿也不想去回忆,因为心存愧疚,也因为心怀牵挂。

2003年9月1日,休完产假刚上班,我就接手了一个新的班级——三年级一班,跨入教室的刹那就发现了一张熟悉的小脸——东东。认识东东很久了,孩子的妈妈和我的姐姐是同学,小外甥和东东一样大,经常一起玩耍,所以我们彼此也是熟悉的。但我热情的笑脸却没有得到回应,孩子一脸茫然地看着我,然后低下了头。虽然有些诧异,但忙碌却使我忘记了一切。中午放学的时候,我拍拍孩子的肩膀:"东东,不认识我了?"孩子有些拘谨地笑了笑,朝我摆摆手就跑了。

因为这样的一层关系,便格外地关注孩子。这个在我的印象中活泼开朗的孩子,在课堂上却显得心不在焉,不仅不会听讲,笔下的字更是龙飞凤舞,学习习惯极差,甚至没有课堂练习本。这样的表现不仅出乎我的意料,更让我吃惊!因为,我知道孩子的父母有着体面的工作、极高的学历和优越的生活条件,可为何对自己的孩子如此不关心? 不接,不问,不和我联系!

姐姐也无法联系到孩子的父母,问东东,他闭紧小嘴只是摇头,我拉拉他的小手,孩子居然紧张地攥紧小手,连小胳膊都是僵硬的。不敢再逼他,只能每天对着姐姐发些感慨,然后不遗余力地改正孩子的缺点和那些不良的习惯,可面对我的努力,东东却显得那样的无所谓。

开学两周后的一天,门卫说有人找我,在学校门口,见到了东东的妈妈。拽着

[①] 本文曾发表于《新晨报》。

我的手,没有一句话,委屈的泪水却忍不住地往下流。终于,我知道了缘由,家暴,在无数次的忍耐之后,提出了离婚,独自来到深圳,可孩子却不能跟随妈妈。因为目睹了爸爸的残忍,所以孩子不再相信任何的人,他的眼中也不再有爱和信任。更可恨的是,一家人把责任推到妈妈的身上,拒绝妈妈看孩子。

难以想象,在妈妈离开的几个月里,孩子的内心经历了什么。

无法用语言形容母子见面时那种凄惨的场面,但母爱让我从那一刻起发誓要替妈妈好好地教育孩子。

真的,从那时起,我就觉得这是我的儿子!我要尽全力教育他。课堂上,我关注他的每一个细节,对他的期待变得无比巨大。课堂外,我变成孩子和妈妈联系的唯一纽带,努力扮演着一个天使的角色,想尽自己的最大努力,让他成为一个优秀的孩子。

也许是我的期望太高,让孩子倍感压力;也许是我关心得太多,让孩子失去自我。总之,东东表现得越来越叛逆,甚至不愿到学校上学。课间偷偷溜出学校在校外发呆,装病回家,逼着奶奶请假……与我对他的竭尽全力形成了明显的对比。孩子的表现让我失望,言语间的不满也让他越来越怕我,离我也越来越远,每每抚摸他一下,便能感受到他身体极度紧张。爱是相互的,当他一个劲儿地拒绝我的时候,年轻的我便有些失落。

半年就那么悄悄地溜走了。即将放寒假的时候,东东的妈妈又一次站在我面前,执意要带走孩子去过一个春节。虽然我无比同情她,但我深知,这不是一件小事,孩子的爸爸便有了离婚后第一次见到妻子的机会。当他从远处走来时,我明显地看到了母子俩眼中的那份惊恐。我后悔了!两句话没说完,当着我和孩子的面,在校园门口,这位受过高等教育的人又一次挥舞着拳头,朝向已经离婚的妻子。那一刹那,惊恐之后,我替孩子担心,孩子该如何面对我?那幼小的心灵如何去承受这一切?

不出我所料,开学后的东东眼里多的是冷漠,是一种小刺猬式的姿态。他不和同学交往,偷拿钱买东西,逃学,变着法地折磨自己的爸爸,尽其所能做着让我们操心的事。班里的同学也用奇怪的眼神看着这个曾经阳光可爱的孩子。

就这样,折腾了整整一年,东东转学了。虽然没有人说过我一句,可我就是觉得愧疚,为我没能走进孩子的内心,为孩子在我面前的紧张与不安。

那年,东东该上高二了,从姐姐的口中了解到孩子的状况,总是不尽如人意。爷爷奶奶管不了了,送给了妈妈,学习不好,准备留级……没有一次听到令人振奋的消息。2011年的夏天,姐姐同学聚会回来后跟我说,东东的妈妈说孩子一提起王老师,就感到害怕,说最怕的一个老师就是我。我有些黯然,为我付出的爱和努力。

对东东的回忆,是我永远不愿去触及的一扇门。我本想以一个妈妈的角色呈现在孩子面前;本想让孩子从我这里寻找到幸福;本想让孩子恐惧的心在这里得到一丝宁静。可我,知道得太多,让孩子感觉自己赤裸着身子走在我面前,没有一丝尊严地生活着,这对一个八九岁的孩子来说,该是多么的残忍!与其说孩子害怕我,倒不如说是害怕一个并不光彩的过去。如果今天的我再遇到这样的一个东东,我相信,我会用爱温柔地等待孩子自己走进我的怀抱,我会悄悄地感化孩子受伤的心灵,抚平那些痛苦的往事。

对东东的愧疚,成了我心中永远的痛。一朵本该怒放的小花,在幼小的年纪遇到了冷风,遇到了凄雨,遇到了不懂呵护的花农,便拥有了一段并不美妙的成长经历。

可东东,你相信吗?我的内心深处一直期待的却是属于你的那朵花儿永远快乐地开放着。

10．谢谢你们,曾经允许我愤怒[①]

当表面上的指针指向 7:18 分时,我感到我的心脏有点儿抽搐。儿子在厕所里一遍又一遍地呻吟,唤起我的不是对儿子的关心,而是无尽的烦躁。此时,我的心里写满的只有焦急。

因为,今天,是开学的第一天。

为了这一天,我已经准备了整整一周。耐心而详尽地备课,更换黑板报,打扫教室,排齐桌椅,写上新的一年的期待。我甚至想好了在这一天,我要早早地站在教室里,微笑着迎接每一个来到教室的学生。可我亲爱的儿子,在要走出家门的一刹那,高喊着肚子疼,并一路狂奔到厕所。我看见,我的期待在离现实一指之遥的前方破碎。

飞一样来到学校,教室里已面目全非。我的心顿时凉了!东倒西歪的桌子,交头接耳的孩子,老师站在教室里他们却熟视无睹……我对新的一年的美好期待,在这样一个早上,荡然无存。

我无法掩饰自己心中的怒气,也无法让自己气喘吁吁的心脏平静下来,于是,

---

① 本文曾发表于《新晨报》。

我发火了,在开学的第一个早晨。面对着手足无措的孩子们,连我自己都有些愕然,但我真的有些失望,现实与我美丽的想象相差太远。看着这个混乱的教室,心中的失望越涌越多,那些满含期待的话儿刹那间飞走了,脱口而出的就是:"你们这些孩子,我忙了整整一天,成了这个样子!不要换桌子!都坐下!"话一出口,心中的懊悔也随之而来,看着这些孩子,我后悔了!

我知道,孩子们在找自己的桌子、凳子,在按桌凳下面的名字寻找自己精心保护了整整半年的桌凳。问自己,这样负责任的行为,还要批评吗?只有我知道,开学前,全市三年级的数学教师培训安排在班里,老师们弄乱了桌椅,打扫卫生时,我顺势排好,想重新贴上标志。这一切,只有我知道!可孩子们,不知道!他们想到自己的责任!

但一切,未按我的预想发展,我没能看到自己想象中的整洁与有序,我便火了!

要下去升旗了,我们的脸都有些阴沉,没有重逢后的亲切、喜悦。我在后悔,孩子们在害怕。为了挽救自己的过错,我主动和几位同学聊过年的乐事。可那一张张敬而远之的脸让我悔意更浓。这些小小的孩子,都知道这样的道理:"惹不起,还躲不起吗?"

怎么办呢?升旗时,我一直在想!

重新回到教室,微笑着面对所有的孩子,我决定,从道歉开始,开始新的一年的征程;我决定,让孩子们监督我,大家一起,在新的一年,做最文雅的人。

掌声响起,教室里,有一种无法言说的美好与安宁。我的眼睛湿润了。

孩子们,谢谢你们,曾经允许我愤怒!孩子们,谢谢你们,让我遇到世界上最好的爱!

11. 只要前行,你就是最美的风景!

1

如果没有考试,如果没有分数,谁都会喜欢妞妞。俊俏的脸上挂着羞涩的微笑,高高的马尾辫,纯净的眼神,笔直的身体,安静地坐在教室里属于自己的位置,很惹人爱怜的一个孩子!

我很早就认识妞妞,一直跟随着这帮孩子前行,每个班的好孩子、差孩子,都了然于心。那时的妞妞刚上学不到半年,年轻的小刘老师课间拽住我说:"王老师,您看看,到现在拼读还没教会!"说着就把妞妞推到我面前。孩子扑闪着一对大眼睛,有些不好意思地抬眼看着我,看那眼神很聪明。

"着什么急?"我笑着说。

"这就是妞妞!"

我立刻明白了,小刘老师天天头疼的妞妞,居然是个这么漂亮的孩子。我从没见过,但名字却早已烂熟于耳。

每每催着小刘老师往下学习新课,她说得最多的一句话就是:"妞妞还不会,咋办?"每每在办公室里找不到她的影子,每次问,得到的回答总是"在教室里给妞妞补课了",可妞妞回报给她的却总是伤心。

我再一次看向这师徒俩,大的愁眉苦脸,小的用牙咬着嘴唇,一副无辜的样子。"哪儿不会?我看看!"面对我的毛遂自荐,小刘老师高兴地把她推给我,"你快教教她怎么分辨这几个复韵母吧!"

我们班的孩子都去上体育课了,阳光温暖地照在走廊上,我带着妞妞坐在讲台上,在黑板上一个一个地教她。该读的读了,该写的写了,再一检查,又不会了!这孩子一面对学习,就一副油盐不进的样子,让人替她着急。到底什么原因让这个孩子如此抗拒学习?我嘱咐小刘老师多从问题的背后找找原因。从此,妞妞走进了我的视野。

2

转眼间,三年过去了,妞妞的成绩成了每一个接手她们班级的老师的烦恼。按学校的惯例,每一级学生都要在进入四年级的时候分班,我们这一级当然也不例外。伸手抓阄的时候,心里默默地祈祷自己能有个好运气,拿到花名册后,心里便有了些许的失落,妞妞分到了我的班。说实话,我有些害怕遇上这样的"烫手山芋"。

离开学还有一段时间,学习的间隙,工作之余,便找原来的班主任和小刘老师了解:到底是什么原因让这个小小的孩子从一进入学校就讨厌学习。可班主任一句"除非你有特殊的神力,否则,我看够呛!",让我的心一下子凉了大半截!

开学了,妞妞也走进了我的生活。没敢带任何的奢望,心里甚至带着一丝冷漠,冷眼看着孩子。果真,暑假作业对她来说,等于没有;学校布置的各类特色作业,对她来说,一句空话。新组建的班级,每一个孩子都努力地表现着自己,希望给老师留下最好的印象,唯独她,虽然安静地坐在座位上,不争也不抢,但思绪却明显地游离在教室之外。

安顿好上课了,我和数学老师不约而同地拿起表扬的武器,看到她一点点闪光的地方我们就大肆表扬,毫不吝啬。别说,妞妞还真的好了一段时间,按时交作业,听写时主动拿起课本对照着写。我有些得意,在办公室里炫耀自己的战果。妞妞原来的老师笑着说:"你等着瞧吧!我们又不是没表扬!"真的一语中的,开学两周后,妞妞从少写开始,慢慢发展到不写,任凭你怎么说、怎么谈,表扬、批评、惩罚,她就是那么一副死猪不怕开水烫的样子,无所谓的微笑挂在脸上,让你无所适从。没办法,我拿出最后的武器,找家长。年轻的妈妈说着说着,居然哭了,满脸的委屈和无奈,化解成一句话:"老师,打也打了,骂也骂了,这孩子我是管不了,不怕我!您看着给管吧!"这与我期待的全面细致地了解孩子,共同探求解决问题的办法相距太远。妞妞妈妈崩溃的那一刻,我很失望,选择了投降,缴械投降。

日子一天天走过,妞妞就那么一天天地混着,混一天是一天,除去学习,扫地、擦桌子、搬东西……她样样干得都好。虽然谁都明白孩子的未来不一定差,可在今天这样一种教育制度下,谁不希望自己班里的孩子成绩个个出色?

3

仿佛一眨眼的工夫,升入五年级的第一次期中考试又结束了。随着知识的深入,难度的增加,妞妞的成绩也越来越差,这次考试,居然没有一科及格。

那个中午,天阴沉沉的,刚迎来了北方的第一次降温,有点儿冷。因为没有午读,我去得稍微晚一点儿。刚拐进办公室,便看见阴暗的走廊里,一位壮硕的男子在和数学老师说着什么,声音很大,带着些许的愤怒。我赶紧走过去,数学老师看见我,如释重负地说:"王老师来了,你们聊聊吧!这是妞妞爸爸。"

一年多了,第一次见到妞妞爸爸,黑框眼镜没给他添上更多的斯文,一看就是一个脾气暴躁的人。妞妞的脸上没有了往日的微笑,站在爸爸身边,小小的身子有些发抖,挂满泪痕的脸上带着一丝恐惧。看到这个样子,我赶紧揽住妞妞的肩膀陪着盛怒的父亲一起走进我的办公室。

安顿气呼呼的父亲坐下,我小心翼翼地开口了:"这是怎么了?"

"我就没想到她考这么点儿分!"盛怒的父亲守着满办公室的老师吼着。

我有点儿恼火,声音也大起来:"你希望孩子考多少?"

"要考个六七十分也行,考这么点儿,不就是个傻子吗?"

"五年了,你才想到关心孩子的分数,才想到孩子的分数让您丢脸了,早干吗了?"

"我问过我一个亲戚了,他说老师好好管这孩子还行!"他答非所问,故意岔开话题。

"班里的每一个孩子我们都会竭尽全力去管,关键是孩子要学,回家还要跟得上!"

"我不是不管,每次去店里都是我坐在旁边看着她写作业。"

"那挺好的!孩子写作业的时候您在干吗?"

"我就打着游戏嘛!"父亲脱口而出。

我无语,难以想象一位打着游戏的父亲坐在旁边,如何让孩子安心学习。

"孩子学习需要静下心来,您打着游戏孩子能不分心吗?"

"我不管!学习就是她和她妈的事,我不管!"这样的语无伦次,这样的不讲情理,这样一个胡作非为的父亲,怎么给孩子安全感,让孩子安心学习?

"为了她学习,我把她送我弟弟家等了两个月,不但没进步,还后退了。死傻瓜!除了学习,卖货、看孩子、打扫卫生、干活,样样都行!连她奶奶都表扬!"

还没上课,对着满办公室的老师、自己恐惧的女儿、还有面对面坐着的我,他居然这样评价自己的女儿。我从心底瞧不起他,一个不懂得尊重的人,不配拥有一个属于自己的孩子。看看妞妞,通红的脸上写满了难堪。我轻轻把她拽到身边,不想和那个飞扬跋扈的人说一句话。

孩子们等我送他们下去上体育课,我也就借故结束了这样一次不愉快的交流。

坐在操场的看台上,我揽着妞妞还在发抖的肩膀,轻轻地问:"爸爸每次都这样吗?"

"嗯!他最喜欢打我。"一阵短暂的沉默之后,孩子接着说:"今天中午没让吃饭,跪着打的。"

"妈妈呢?"我焦急地问。

"妈妈管不了!"

"没让吃饭,妈妈怎么说?"

"妈妈没怎么说……"

"我办公室有零食,跟我去办公室吃点儿吧!"

孩子坚定地摇摇头。我理解她!可这一个漫长的下午该如何度过呢?从早上吃完饭到现在已足足 7 个小时了。

"妞妞,爸爸每次发火的原因是什么?"

"都是因为学习不好,考试不好!"

"有没有想过怎样才能改变现在的处境?"

"想没想过改变一下?"

妞妞点点头,没有说话。

"说说你的想法!"

"要不,要不……要不我去讲台边上,老师和同学们都监督我一下!"妞妞费了好大劲说出了这段话。

"只要你想好了,我就配合你!但你一定要想好!"

我把妞妞的座位搬到讲台旁边,接下来的几天,妞妞的作业交得很及时,甚至在作业本的封面上写上了"可爱善良的妞妞,要好好学习!"这样的话。我期待妞妞坚持下去,毕竟过去的四年,孩子没有养成良好的学习习惯。

4

那天晚上,刚刚拿起筷子,电话响了,数学老师有些焦急地说:"王老师,赶紧给妞妞爸爸打个电话吧!孩子刚刚哭着给我打电话,问我1平方米等于多少平方分米。我让她爸接电话,就是不接,哪有这样管孩子的?出了事咋办?"

我有点儿蒙,但还是忍不住打了电话,可我确实不愿和那样一位父亲交流,彼此之间的不信任让我和他都说不出好听的话。简短的对话,我只弄明白了一件事,那就是妞妞刚刚被打过,原因很简单,不会做题。放下电话,离开餐桌,我依然沉浸在愤怒之中。

孩子每天生活在这样的环境中,真的很可怜!可作为老师,我们能做的只能是竭尽全力帮助孩子。

迎着晨曦走进教室的时候,妞妞已经坐在自己的位子上,低着头不知在忙些什么。我走上讲台,一张小纸片映入眼帘,上面写着:"老师,请让妞妞回到原来的位子上。"

我走到妞妞身边,孩子不敢抬头看我,默默收拾着东西。

"不想在这里待了?"

"嗯……"

"为什么改变了主意?我看这几天进步很大!"

"老师不在讲台讲课的时候,我得回头看着老师。"

"还有吗?"

"爸爸说,只有傻子才坐在讲台一角。"

"坐在这个位置的确很特别,但特别的地方有没有让你进步?你希望进步,还是更在意爸爸的话,这个由你决定!"

妞妞终究没回到原来的位子,她选择坐在这个特殊的位置接受老师特别的帮助,而我,也要为曾经对孩子忽视而努力。

课间,边收拾讲台边和妞妞聊着,"昨晚到底怎么回事?"

"我数学题不会,我爸让我问数学老师!"妞妞红着脸,有些不好意思地说。

"问完之后,你会了吗?"

"还不会,你爸没给你讲?"

"没有,他就会打我!"

"你妈呢? 她不管吗?"

"我妈管不了!"

"你爸打你,你弟弟呢?"

"在玩游戏!"

我无言以对,这样的家庭教育,让我为他家的每一个孩子担忧。

"妞妞,你想进步吗?"

"想!"

"老师陪着你,一点一点地进步,但这个过程你必须努力!你得相信自己! 不会的问同学、问老师。只要付出了,你就一定会有收获!"

妞妞不说话,但眼角闪着泪花。

5

日子一天天走过,妞妞的努力我看在眼里,工整的作业,课堂上努力抬起的头。虽然听写时她的字还是大片大片地出错,但她居然能背过课文了。数学和英语老师也都表扬她能坚持完成课后作业。

我也坚持着每天在她的作业后面写上一两句鼓励的话,给她加加油、鼓鼓劲。那天,批阅作业的时候,从妞妞的本子里掉出一张小纸条,上面写着:"老师,我会努力的!"我有些感动,为孩子的改变,也因为孩子对我的信任和接纳。

妞妞就坐在我的身边,上课前、下课后,我们的交流慢慢多起来。班里的趣事,自己的学习,甚至自己的小秘密,都会悄悄告诉我。那种被重视的感觉让她慢慢自信起来,我越发后悔,因为自己的先入为主,让孩子浪费了这么久的时间。如果没有妞妞爸爸那次的愤怒,或许孩子真的要毁在我手里。为了弥补自己的过失,我更加密切地关注着孩子。提问、检查,尽管慢一点儿,但孩子居然也能接受课堂上的部分知识。

那天中午,看着阳光下忙着写字的妞妞,想起了李崇建老师的那句话:"无论孩子作什么选择,没有孩子想向下沉沦。他们都想向上奋进,都想成功,都想当一个有价值的人。这个目标和我对他们的期望一致,于是我理所当然和他们携手并进。"

真的,只要携手并进就有收获。元旦放假前的最后一天,我的办公桌上多了一张贺卡,妞妞送的,卡片里面夹着的小纸条让我兴奋。

王老师:

  我的目底(目标)是:语文:80分

      数学:90分

      英语:80分

  祝您新年快乐!

妞妞

  不为别的,孩子至少有了自己奋斗的方向,或许她完成不了自己的目标,但我至少看到了她前行路上灿烂的笑容和努力的身影。

12. 驯服小马驹的快乐

  预铃响过一遍之后,菲跑过来,轻轻地说:"老师,言没来!"我下意识地抬头看看,边吩咐各语文组长发听写纸,边给言的妈妈打电话,听说孩子没来学校,孩子的妈妈焦急地说:"7:20 就走了,怎么还没到? 我赶紧去看看!"

  放下电话,问班里的孩子们:"早上上学的时候,谁见过言?"

  小宇若有所思地说:"我好像过马路的时候见过他!"

  昊大呼一声:"早读的时候,我好像在厕所见过他!"

  "昊,赶紧去看看!"说着,我也快步跟到男厕所。马上就要上课了,厕所里静悄悄的,昊走了一圈,出来跟我说:"老师,言在里面蹲着写作业,不出来!"

  走进厕所,言侧着身子站在隔板边上,低着头,嘴唇一抖一抖的,手里还拿着一个敞开的日记本。看到如此狼狈的他,我顿时明白了。

  昨天是元旦开学的第一天,上完课,我照例让小组长把作业一本本收起来。雨霏抱着作业跟我说:"老师,言又跑了,大概作业没写完。"我点点头,不动声色地站在那里,可直到上课,他也没有回来。第二节下课,我又来到教室,言还是早早离开了教室,我不说,也不让同学找他,就想看看他到底想怎样。整整一个上午,心虚的他一下课就跑,直到铃声响了才回到教室。放学站路队了,他没有别的选择,只能低着头站在那里,眼睛躲闪着我的目光。我走过去,盯着他,"言,今天肚子不舒服? 怎么一下课就往厕所跑?"

  "没……"

  "那为什么总跑厕所?"

  言不再说话,使劲低着头。我领着队伍边往下走边问他:"作业交了吗?"

  "没!"

"写完了吗？"

过了好久，他才说："嗯！"

"那下午一定带来啊！"

中午的午读，教室里静悄悄的。言坐在自己的位子上，拿着一本书看得津津有味。我轻轻叫了他一声，他有些不大情愿地走到我面前。

"作业带了吗？交给我！"

"没……没写完！"他耷拉着脑袋，说啥也不抬头。

我的火腾地一下就蹿上来了："没写完？不是忘带了吗？三天时间干吗了？没写完藏在厕所里就写完了？说，三天时间干吗了？说，你妈知道你没写完作业吗？"一连串的发问换来的只是他更加低垂的头。我恨恨地说："今天说不明白，你什么也别想干！"

言沉默着，我逼着自己不再理他，怕自己一时冲动做出过激的行为，赶紧拿起笔批改着作业。言不说话，低头咬着嘴唇。我抬眼看时，他眼里已滚动着泪花。我心里有些不忍，可再心疼也得改这个毛病啊！我狠着心，假装恶狠狠地说："怎么着？还不说？还真要我发火？"

言小声地抽泣起来："元旦放假，我给我妈陪床了！"

"妈妈怎么了？"我心里咯噔一下，为自己没弄明白真相就发火而后悔。

"妈妈病了，腿又不敢走了。"

"爸爸呢？"

"爸爸上班，回来一次又回去了。"

"爷爷、奶奶呢？"

"在家里！"

"你和妈妈怎么吃饭？"

"我给妈妈买饭。"

"晚上呢？"

"我自己在家里。"

拥抱了孩子一下，心里那样的可怜他，便轻轻地说："记得把作业补上，能照顾妈妈，真是个好孩子！以后记得有这样的事情先和老师说。"

第一节是体育课，孩子们站队去操场之后，摸出电话给言的妈妈打电话。

"王老师，孩子又犯错了？"一接到电话，言的妈妈就用带着歉意的声音问我。

"听孩子说你住院了，打电话问问。"

"腿又犯毛病了，元旦几天都住在医院里，也没能顾上孩子。"

"听言说白天给你陪床,晚上自己在家,多好的孩子!"

"王老师,千万别听他说好听的,他爸前天刚走,在家待了两天,也不给好好管管孩子。"言的妈妈生气地说。

言的爸爸远在青岛上班,不能照顾娘俩。妈妈在送言上学的时候,被汽车撞到,长长的半年时间没能上班,腿一直未能康复。很让人同情的娘俩。

"孩子作业还真没写完。"

"王老师,这孩子平时上学还挺好的,一放假,就坏了。不敢放爷爷家,放那儿天天玩电脑。自己在家,除了看电视,就是玩。我真的没办法了!"妈妈的语气带着失望与焦急。

我很喜欢言。他属于那种聪明又调皮的孩子,男孩子所有的天性在他身上聚集。课下疯玩,但课堂上明亮的眼睛、笔直的身体总是让你忍不住多看几眼。我知道,对言来说,作业写与不写对他的成绩没有任何的影响,但我,却不能让他养成这样一个坏习惯。我更不能容忍的是他居然用这样的一个谎言骗我。

走到操场的时候,孩子们已经开始了自由活动。男孩子聚集在篮球架下,商量着分组比赛。看我走过来,都簇拥着邀请我参加,我笑着摆摆手,对言说:"聊聊?"

言耷拉着脑袋走过来,跟随我往操场边走去。

"跟我详细地说说三天假期干了什么。"

"给妈妈陪床了。"声音很小。

"你陪床,爸爸干吗去了?"看着我严厉的眼神,言低着头不再说话。

"我要听的是实话!"

"我不愿意写作文,我问爸爸,爸爸让我自己想,我想不出来。"

"假期作文我不是讲了吗?"

"那些事我都没干过。"

"没干过?编也得编出来!今天晚上,必须做好!明天交不上,咱俩没完!"我怒气冲冲地离开操场,心里满是对言的怨恨。那么聪明的一个孩子,却总是不能更好地约束自己。

而现在,言为了这未完成的作业,居然躲在厕所里,好笑的同时,却是害怕与生气,来了还好,要是孩子有个三长两短,我能负得起这个责任吗?我自己知道这是为孩子好,可假若真出事了,谁又能理解我?我自己的良心又将背负多大的压力?

我有些后怕地给言妈妈打电话,心里暗暗告诉自己以后不要太较真。可是,不较真孩子的习惯如何培养？

每个孩子其实都是一匹难以驯服的小野马，美国记者埃米·萨瑟兰在进行动物训练时归纳出了几种方法，被人们广泛运用。我何不运用到言的身上，看看效果如何？

方法一：谁都喜欢听表扬

传统的动物训练方法以惩罚为主，而现在的训练员采用的是渐进训练法。只对喜欢的行为进行奖赏，对不喜欢的行为视而不见，这就是渐进训练法的原则。

而这样的训练法则，恰恰与孙云晓老师说的"好习惯用加法，坏习惯用减法"相吻合。于是，当我又一次收起言的作业时，我发现言平时的作业真的特别棒，工整的小字，严谨的布局，是男孩子中不可多得的好作业。我加大表扬的力度，用实物投影仪把言的作业放大在电视屏幕上，在啧啧的赞扬声中，我看到言微红的脸、骄傲的眼神。

仔细观察言的同时，我发现，其实每一个孩子都在努力地证明自己，只是我们太过粗糙，常常看不见花蕊下那一双双闪亮的眼睛。表扬吧，让孩子骄傲一点点儿，我对自己说。

这样的方法见效很快，连续一周，言的作业都在表扬的行列中，小小的孩子越来越有劲头，我相信，只要坚持，他会越来越棒。

方法二：不要乱联想

要训练好动物，训练员必须让它们克服那些根深蒂固的习惯。

言和所有的男孩子一样，在他们身上，有许多让你难以接受的习惯。受此启发，我明白，我不该把孩子们的这些行为跟公然对抗我的管理联系起来。

言的脚底又不干净，一层土，一堆小碎纸屑。若是以前，我一定会大发雷霆，众目睽睽之下让他收拾好。但现在，我冷静地面对他的行为，不再说"立刻"两个字，而是轻轻地拍拍他的肩膀。言的做法让我骄傲，他迅速地蹲在地上，用抹布细心地擦掉尘土，拾起纸屑，脸上满是歉意的微笑。

和言聊起来，他的回答让我忍不住笑起来。他说每次犯错误，其实心里总有两种声音在打架，一边说"玩玩吧"，一边又在劝告自己"好好做吧"。可是，如果没有监督，就会被坏声音打败。

我知道了，要让言改掉这些根深蒂固的习惯，需要的不仅是时间，还有耐心。

方法三：正强化训练

精明的训练员不会不管动物想不想要，便随意给它们食物奖励。抓住时间点进行正强化训练很重要。

学习这样的做法,我现在做的是,一旦有机会,就马上对言的正面行为进行奖励。

上一周,整整五天的时间,我带领孩子进行了"护蛋五天,感恩父母"的活动。每天一篇的感受日记,对言这个懒乎乎的家伙是个极大的挑战。第三天,言的小日记有点儿短,我不动声色,在他的本子上写下了比他的作文还长的批语。这是鞭策,也是一种"意外奖励",能坚持、能写就是一种成功。显然,言喜欢这样的奖励,新的一天,他的日记让我惊讶。活动结束,我给了言一个深深的拥抱,因为他成功地战胜了自己。

方法四:一次进步一点点

训练员在教动物一个行为的时候,会从最基本的部分教起,然后逐渐提升难度。

我们在试图改变孩子行为的时候,往往太急于求成。

我总是简单地认为,我对你们的好写在脸上,急在心上,所以,你们必须按我的要求,做最好的自己,否则,就是对我的不尊重。我期待,今天我告诉你的错误,你就要永远记在心里,明天一切都按我的要求去做。

今天,我知道,期待一个人在一夜之间有所改变是奢望。于是,我不再期盼言从明天开始变成一个事事自律的孩子,而是开始赞许他点点滴滴的进步。当他弯腰捡起面前的一块纸屑,当他主动拉拉队伍中说话的同学,我就会投去赞许的目光,我认为那都是值得关注的进步。

真是,"只要上路就会遇到庆典",原本只想改变言的方法,居然在班级里屡试不爽。每个孩子在我的眼中变得可爱起来,当我微笑着面对他们的种种劣迹时,正如言说的那样,他们都不好意思这样让我担心。

13. 一封信,一片情
——居家学习期间如何做好家校沟通

网上有个段子:"网课第1天,父母靠唠叨。网课第2天,父母靠说教。网课第3天,父母靠恐吓。网课第4天,叔能忍,婶不能忍!父母直接上手,把前三天的怨气都痛快地发泄出来。自此,打骂教育正式开始。"

因为网课导致的家庭矛盾日益升级,以至于《人民日报》的微博都发声,对教师、家长、孩子三个角色提出建设性意见。"给家长们的建议是要接纳孩子,不要用原来的标准和理想化的期待去要求孩子。不要以自己的想法去要求孩子几点起床、几点吃饭、几点睡觉,然后认真学习,估计大人们都未必做得到。家长要保持自己的稳定情绪,也要允许孩子有自我管理的时间和空间。"

如何保持自己的稳定的情绪?如何指导孩子自我管理时间?这对很多家长来说,本身就是一个难题。如何帮助家长顺利地度过这段特殊时期,成为教师的必修课。

对老师来说,面对近50个家庭,每天上课、批作业,和家长、孩子交流,总会发现很多共性和个性的问题,这些真实的案例是最能引发家长共情的,由此总结出的做法对家庭教育才具有指导意义。所以,个性问题单独交流,共性问题通过书信交流,是一个行之有效的方法。

居家学习一开始,我便通过信件来明确家长和孩子该做什么、如何做:

亲爱的家人们:

上午好!

一天天盼着疫情过去,盼来盼去,盼到的是更严重的疫情形势,在无法确知开学时间的当下,孩子们的居家学习就特别需要您的关注。有些孩子在学校时状态很好,回家就会有些懈怠了;相反,有些在学校显得吃力的孩子,现在在爸爸妈妈的陪伴下进步却很大。我很少在班级群里表扬谁,说实话,是有些害怕,焦虑会让我们焦躁,但这段陪伴的时间到底还要多久,我们心里都没有底,所以,我希望您能心平气和,也希望孩子在安静平和的状态下学习,快乐度过每一天。

但无论如何,我们给孩子养成的规矩不能破,我们努力培养的"当日事当日毕"的好习惯不能破,特别是现在,每天睁开眼睛,孩子就能通过配档表,了解一天的任务,这就更需要您和孩子一起分配好时间、利用好时间,高质量完成当天任务。而您给孩子上传作业,一方面是对任务的检查,另一方面也是您对孩子责任心培养的引领。孩子上传的作业,我们有批阅,有反馈,这是老师的激励,也是老师的"看见",这一点,需要我们高度配合。

孩子很小,我们在布置任务时,不能面对孩子,感觉压缩了再压缩,可能到了有些孩子那里,还是会有些累。如果有这种状况,您一定及时和我沟通。那么同样的道理,到了部分孩子那里,可能又会太轻松,希望那些早早完成任务的孩子,用阅读来填补自己的剩余时间。没有课外书的陪伴,你的心灵就会闭塞,你就会感到孤独,慢慢就会觉得一日不读书,就会空虚。这样,就会达到阅读的最高境界了!

亲爱的家人们,这段时间,阅读应该是我们的重点任务,周五的阅读交流会恳请您陪孩子做好准备,这是他第一次面对一本厚书,说出自己的体悟,真的需要您的帮助!

愿我们,携起手,带孩子一起,用平和的心态,迎接明媚的明天!

亲爱的孩子们,想你们了!看着空荡荡的教室,便想念你们叽叽喳喳的声音;看着电脑屏幕上的生字,便想念握着你的小手改正时的瞬间;看着摄像头里微笑的你,便想念你呼唤我时的甜蜜……

亲爱的孩子们,居家学习,要努力,要记得提醒妈妈,你的作业老师还未批阅!

王增霞

居家学习,和孩子面对面的机会少了,沟通就不够方便。原来使用的免费平台师生互动受局限,要更换新平台,互动的时间一长,又导致孩子的上课时间超时,所有的问题都不能聚集,一封信便能让家长感受到老师的责任心以及解决问题的办法,也是平复家长情绪的有效手段。

亲爱的家人们:

上午好!

孩子们居家学习已经一个周了,既要工作,又要陪娃的日子,可以想象的艰辛与劳累,辛苦了!

这一周,于我,也很难忘。熟悉的企业微信和钉钉平台突然改版收费,重新学习使用 class in 课堂,在手忙脚乱和鸡飞狗跳中寻找办法,到今天,终于算是能在各种复杂环境中完整地上一节课了。

早上,查孩子未交作业的时候,又开始想念课堂,想念在教室里可以随时点名、随时检查的日子;想念教室里的娃,想念那些童真童语带给我的快乐……

这一周的学习,于孩子,也很累!白天的任务,如果能按部就班地完成,也需要马不停蹄的一天,晚上还要盯着这小小的屏幕上课。对小小的他们来说,也很难!

最重要的是,新课未结束,期末又临近。想想上次网课过后,娃们回去很多课文都读不熟,便忍不住着急、上火,那颗老母亲一样的师心便开始泛滥。在心底偷偷告诉自己,早上会儿课,查查课文会读了吗;晚下会儿课,讲完这一点!还有没回答的问题,不能漏过!这一点点的加码,对孩子,可能就是负担。家人们,感谢您的谅解和理解!

经过一周的尝试,每晚两节课,两个老师都不能很好地完成教学任务,便极容易延长上课的时间,给孩子造成负担。从下周开始,周一、三、五晚上上语文,周二、四、日晚上上数学,这样每个人都可以从容一些,问题的处理也会透彻一些。

有人说,网课学习就是一场家长间的较量。对也不对!归根结底还在孩子,但我们用心与不用心,差别还是非常大!打开视频墙,总能看到盯着屏幕出神的孩子;回答问题时,不知道从哪儿说起的孩子;批改作业时,和在学校里判若两人的孩子……但网课过后,又总会有一群孩子异军突起,发生天翻地覆的变化;还有一群孩子,无论在哪里,都一如既往。

孩子还小,就像一株小小的幼苗,给我们的都是希望。就期待您,为他灌溉、施肥,陪伴他长大,长成他希望的样子。

那么,网课期间,就请及时给孩子上传作业,做好预习,和孩子订好计划,我们争取在有限的时间里,收获孩子最美的模样。

祝福!

王增霞
2022.12.3

两周的时间悄悄溜走,最初的新鲜感一过,家长疲倦,孩子懈怠,每天上课前孩子们呼唤开学的声音此起彼伏。家长的反应也真应了网上段子所描述的,此时,我们需要给予家长的便是方法的指导,指导孩子自我管理时间,学会制订计划。

亲爱的家人们:

晚上好!

孩子居家学习的第二周又这么悄悄走过,隔着屏幕我都能感觉到您的焦急。每天晚上,总能听到孩子身边您的声音,看到您的身影。孩子还小,一刻也离不开父母。特殊时期,有限的时间,无法和在学校一样细致讲解,没有课后的检测和监督,缺少同伴间的交流和对比,失去学习氛围的课堂,孩子要掌握好,全靠您的坚持和督促。

白天工作,晚上上课,劳累和焦虑并存。孩子认真听讲还好,一旦走神、小动作不断,再听听别人家的孩子积极回答问题,心情可想而知。其实,换个角度,真得要感谢有这样的机会,发现孩子课堂听讲的问题,趁孩子还小,好好改正。焦虑不必,但一定要将问题消灭在萌芽阶段。

居家学习的时间长了,有几点建议和大家分享。

1. 和孩子一起确立正确的时间观念。

家本身就不是一个学习的地方,居家学习,最容易破坏孩子的时间观念。在学校里,每节课 40 分钟,该干什么,上什么课,了然于心。回到家里,什么时候累了,什么时候休息,爷爷奶奶陪伴的,更是自己说了算。所以,我们一定要给孩子确定好学习的时间,用闹钟代替上课铃声,半个小时一节课,中间休息 15 分钟,有条件的用沙漏计时,流动的沙粒最容易让孩子感受到时间的流逝,效果最好。

所以,居家学习的课程表和作息时间必须制定好,并切实可行。

2. 制订有效的学习计划。

陪伴孩子学习,最笨的办法是坐在孩子身边,一动不动地盯着孩子;最有效的办法则是陪着孩子做计划、做策略。

孩子还小,根本不知道要如何安排学习时间,我们就要教会他做做作业的策略。今天老师安排了这么多任务,先干哪个,后干哪个,如何将任务切分到一节一节的课堂里,这些都需要我们帮助他,做好策略,订好计划,再进行监督与督促,才会有效果,才会事半功倍。

3. 注意培养孩子的责任心。

我们培养孩子的责任心,最好的检验方法就是上课时间自己把握,让孩子知道,学习是我自己的事情,而不是因为老师要上课,妈妈要我听课,跟我没有关系。包括作业,这段时间,有几个孩子进步非常大,像隋可、葛俊彤,字越写越好;但也有孩子,从居家到现在,作业一次不交,这是多大的区别。

我们要让孩子感受到学习的美好,关注孩子作业,看看得了几个奖杯,真诚地鼓励孩子,让孩子感受到自己的进步,这些美好的体验会带动孩子为自己负责。居家这段时间,李依诺妈妈每天坚持发布依诺讲《木偶奇遇记》的故事,李易谦妈妈无论多忙,都坚持为孩子发布朗诵音频,这样的坚持不仅让孩子看到自己成长的足迹,更给孩子树立了榜样,这一点,值得我们所有人学习。

我很喜欢刘璐老师在布置作业时的一段话,改编一下拿来送给所有的孩子:

> 我坚信
> 那些没有见面的日子
> 你们
> 都在蓄力生长
> 一路向阳
> 那些点滴积攒的努力似日出

将会

越来越闪耀

亲爱的家人们,祝福我们的孩子未来一周有更大收获,越学越快乐!

王增霞

2022.12.11 晚

居家学习本无趣,除去用书信和家长沟通,每天批改作业时,发现问题就及时为孩子留言,表扬和鼓励,提醒和要求都是孩子前进的动力,是居家学习期间被看见、被关注的体现。

正如《人民日报》微博所说:"网课是非常时期的非常手段,诸多抱怨也好诸多不满也罢,身在其中的各个角色都要相互理解相互体谅,但也要相互配合。"

14. 因为有诗,所以更美

常常骄傲教学生涯中我的双重身份:美术老师!语文老师!行走在不同的课堂,越来越发现语文的诗意和美术的浪漫是最好的结合。

经过一次次美丽的邂逅、一次次成功的尝试,我开始琢磨是否能将它们巧妙结合,形成一种对自己来说全新的教学模式……

2012年,文化路小学的儿童诗教学进行得如火如荼,我有幸成为儿童诗教学团队中的一员。在不断探索的过程中,我发现:儿童诗传达出的生动的画面感,强调的独特想象力的培养,与美术课堂如出一辙。是否可以和美术课堂接轨,形成一种诗意美术课程呢?

带着思考,在自己的美术课堂上,我开始了对诗意美术课程的摸索,且行且远,哪知却妙趣横生……

故事一:一节失败的美术课

说来也巧,从海门平山小学学习童诗教学回来后,正巧上到语文课的第九课,内容是两首儿童诗,第一首,高洪波的《我想……》。从看到这首诗的那一刻起,便迅速想到将它与美术课堂结合,上成一节诗画结合的课。想法很诱人:让孩子边读边想象,在读中感悟,在感悟中想象,在想象中描绘,最后续写,如此一来,一定会有一本精美的小书呈现。

因为想得很美,所以期望很高。

课堂伊始，便引导孩子感情诵读，想象美丽的画面。可是，受文字和插图的限制，大家的想象居然那样的匮乏，所有的回答都离不开教材。面对这样的困境，我的热情一泻千里，居然不知道该怎样引导同学们继续走下去。尴尬之余，也就顺水推舟，安排六个人为一组，封面、封底各一人，中间的四节小诗一人一幅。虽然同学们创作的热情比较高涨，但前期的引导不够，后期的想象、交流不够充分，一下笔，就发现孩子们把这样一节原本诗意盎然的课，活生生地上成了一节临摹课。

收起作品，那种垂头丧气的感觉越发强烈。可见，仅靠热情和想象是不够的，创新的课堂，离不开无数次的摸索和实践。

故事二：走进自然吧！

因为失败，便多了反思。多年的美术训练，让我清楚，想让学生的作品迸发出鲜活的创造力，就必须深入生活、了解生活。而写诗，也恰恰需要孩子拥有敏感的心灵，善于观察的眼睛。不敢走出校园，就把课堂搬到校园的花园、操场、竹林……

春天来了，我带领孩子们到校园寻找春天。三叶草上的一滴露珠、竹林里新生的竹笋、梨树上雪白的花朵、围墙上金黄的连翘和迎春……在孩子们的眼里都焕发出了勃勃生机。

"老师，连翘和迎春是一对双胞胎，春姑娘都分不出她们谁是谁。"

"蝴蝶一定有个秘密，要不，它怎么会一会儿飞到桃树下，一会儿躲进樱花丛中。"

走出教室，亲近生活，蓦然发现孩子们眼中的春天是那样的美丽。抚摸绿叶，才能真正感悟春的独特；舔舔毛茸茸的果实，才能品尝春的味道……慢慢地，我发现孩子眼中的一切亮了起来，开始有了自己与众不同的发现。

秋天来了，校园的柿子树下，带着孩子们尝柿子、说柿子、写柿子、画柿子，几个环节下来，孩子们以文衬图，以图配文，上交的作品真正实现了美丽转身。

从室内迁移到室外上课，从单纯传授美术技能课提高到有文化情景和含量的"诗意美术课"，我觉得这不仅是一个转变，更是一种真正意义上的融会贯通。

在这样的熏陶下，越来越多的孩子想别人想不到的，说别人说不出的，画别人看不到的。独特的观察、独特的想象、独特的表现……美术课堂开始变得如诗如画。

故事三：我能给画配诗了！

一年级的孩子，偶尔蹦出的一句话就是一首充满童趣的诗。给一年级的孩子上《花儿朵朵》的时候，我将儿童诗穿插其中，效果还真不错。

大屏幕上，我出示一朵铃兰花，笑着说："这么美的花，真想给她配首小诗！"孩子们一听来劲了，七嘴八舌，给画面配上这样的小诗：

铃兰花

小铃铛

叮叮当当

看着自己写的诗配在花的一旁，大家抑制不住兴奋读起来，有的孩子读得欢快，有的孩子读得可爱，我故意读得很悲伤，让孩子们感受到花也有自己感情，并让孩子深入思考：如何在画面中表现花的感情呢？讨论之后，大家发现：不带颜色的花儿让人感觉忧伤，带颜色的花儿则显得高兴、快乐！给花儿画上表情，花儿就快乐了；加上蝴蝶、蜜蜂等，花儿同样快乐；甚至为花儿加上动作，也能表现出快乐的心情。

做好这样的铺垫后，出示金波的诗——《一朵花是一个家》，读后让孩子讨论：这是一个怎样的家？温暖、快乐、富有等等，优美的词语从孩子们嘴里迸发出来。如果根据诗意作画，你会画些什么？孩子们七嘴八舌，说出自己独特的想法。这时，适时问孩子："诗人笔下的花的家是这样的丰富多彩，你能画出你心中花儿的家吗？"

浓浓的诗情画意让学生尽情体验，让想象展翅飞翔，让生命的活力尽情释放，这种状态是自由的、宽松的，因而也最容易激发创新精神。

于是，在这样的想象和诗歌浸润之下，花儿便活灵活现、生气勃勃地呈现在学生的画面当中。与诗人感同身受，想诗人之所想，说诗人之所说，学生尝到读诗的乐趣，品出诗句的味道，一切便顺理成章地通过美丽的画面表达出来。

更让我惊奇的是，没有太多的指导，画面上孩子们自己创作的诗却让人叹服。一节普通的美术课，因为加入了诗，便变得妙趣横生。

故事四：我喜欢这样的课

湘教版美术教材安排了画家乡这样的内容。与以往的课堂不同，在学习《家乡美》这一课之前，我布置孩子们课前做了充分的准备，利用周末的时间，真正让家长带着走出家门，感受家乡的变化与魅力，并拍摄照片，准备做自己的宣传图册。

看得出，孩子们对这样的课堂满怀期待。从周一开始，雨霏就不停地问我："老师，照片洗五寸的可以吗？"小祎一碰见我就问："老师，照片下午带可以吗？"小雪更是杞人忧天地跟着我说："到底我们的宣传图册在哪里？"看到他们如此重视这样一节课，我也在心底期待着这一节美术课的到来。

厌倦了那种无波无澜的课堂，厌倦了课堂上千篇一律的画与做，孩子们的内心深处如此渴望一种崭新的感觉。可见，只有为课堂注入活力，才会发生美丽的故事。

终于上课了，伴随着《谁不说俺家乡好》这优美的歌声，我带领孩子们欣赏我精心制作的《美丽诸城》宣传片，开始了我们美丽的诸城之旅。从龙骨涧到暴龙馆，从优美的潍河地质公园逆水而上，我们从水面上仰望电视塔。在歌声中，我们游览恐龙公园的处处美景；在歌声中，我们寻访沧湾公园的每一寸土地；在歌声中，我们游常山、登古长城；在歌声中，我们走遍诸城大地。孩子们陶醉了，第一次发现自己的故乡是如此的美丽。那种油然而生的自豪感弥漫在教室的角角落落，纷纷用自己心中最美妙的语言来赞美这美丽的故乡。

小辉动情地看着画面，骄傲地说："我为自己是一个诸城人而骄傲！"

有了这样的引领，大家都按捺不住了，纷纷拿出自己拍摄的美景在小组内展示。孩子们发现美的眼光真独特！晨曦中的三里庄水库、夕阳下的潍河公园、夜晚的沿河小道、新社区里那些美丽的村庄，都被孩子们定格在瞬间。

开始作业了，每个小组成员献计献策，封面的设计、图片的造型、文字的撰写，大家都在为能够呈现一本最美的作品而努力。子佳小组经过一番激烈的讨论，决定以季节为顺序，安排自己的作品；焦杰小组以游览的路线，编排自己的图册。每个小组都在竭尽全力，展示最美的故乡。

看着孩子们用心地画着、写着、忙着，我很欣慰。

下课时，子佳微笑着对我说："我喜欢这样的课。"

这是一节让我颇为自豪的美术课，也正是通过这一节课，我深深体会到了美术课堂中"体验"的重要性。正因为"体验"侧重于对情感的体会和验证，因而美术教学比之其他学科更需要体验的参与，它有效地提高了人的审美能力和综合素养。因为有了亲身体验，枯燥讲解的内容转化成了有趣的文字和图画游戏，教学一下子变得有趣起来。这种快乐带给孩子的不仅仅是诗和画的圆满结合，更是情和景的圆满结合。

生活是绘画的源头活水，用心观察就会发现源头活水。汲取源头活水，做一个生活的有心人，这是我对孩子们的期望。

结束语

不期待所有的孩子都成为诗人,成为画家,却渴望孩子们尽可能感知、享受诗带来的滋润,并成为一个幸福的人。

在摸索中,引领着孩子,在美术课堂上,边读诗,边想象,边创作,如临其境,如闻其声,如见其人,如触其物,想象力和创造力在诗情画意中流淌、荡漾。

有了这样的积累,有了这样的熏陶,孩子们学会了思考、也学会了等待。作品陆续发表了,2014 年 5 月,《孩子》一刊同时发表了孙菁、孙菲姐妹俩的诗画作品,欣泽在美术课堂中有感而发的作品也发表在《超然诗刊》中,浩楠的诗画作品在比赛中脱颖而出,孩子们乘着诗意的翅膀悄悄飞翔了。

不期待自己有太多的成就,只是希望每一节有诗相伴的美术课,都成为隆重而简单的庆典!让孩子诗情流淌,让有诗的美术课堂变得更美!

15. 用爱唤醒爱

午后的阳光暖暖地照射着,我翻看着孩子们的作文。选材有些老旧,《妈妈,我想对您说……》,很容易写成千篇一律的歌功颂德,孩子们真实的想法却不愿流露。

正想着,眼前一亮,小勇的作文和前面几篇截然不同,字里行间流露着自己的痛苦与无奈。"妈妈,每次您打我,我躲在被窝里偷偷哭泣的时候,我那样恨您,恨不得打您,可您终究是我的妈妈。我又想过离家出走,可这时又会想起不发火时那个疼爱我的妈妈。"

"妈妈,我长大了,许多事情您只要提醒我,我也能做到。妈妈,我希望得到您的尊重。"

看着孩子的作文,小勇妈妈的脸就悄悄浮现出来。一个干练的医生,要强而且能干,每天面对痛苦的患者,晚上还要和调皮淘气的儿子斗智斗勇。说实话,我很理解妈妈的那份心情。可孩子呢?

整整一个下午,我就沉浸在一个个性格迥异的孩子和妈妈的对话中。心情也变得复杂起来,先是无奈,最后竟成了悲哀。孩子们和父母之间,那深深的隔阂,那份已经失去的信任,在孩子的笔下,变得那样触目惊心。

"妈妈,我知道,每次您回到家,只有看到我在学习的时候,脸上才会露出笑容。"

"妈妈,不是我不和您说班里发生的事,而是害怕每次说完之后,我就成了您攻击的对象。"

"妈妈,我不理解,为什么您总要求我认真写作业,却从没想过客厅里开着的电视会影响我思考。"

……

我数了数,共有 27 位同学在自己的作文中抱怨妈妈,这不是一个小数字。但我又那样庆幸,在这样一篇文章中,让我听到了孩子们真实的声音。我不敢率性,我得小心地保护源自孩子的这份信任。

送孩子们放学的时候,我若无其事地和几个家长聊着。

"星期天作文,孩子让您看了吗?"

"不让看,说啥也不让看!怎么了,老师,写得很差?这孩子越来越管不了了!"倩的妈妈义愤填膺地说。

"问啥啥不说,写作业不让近前,气得我说,有本事别让我签字!"建的妈妈也附和着。

我笑笑,但在心里可怜我的孩子们。我坚信,每一个母亲都在内心深处渴望自己的孩子成才,都恨不能把自己的力量传输给孩子,让孩子强大、聪明。

但作为父母的您,孩子最最亲近的人,真正倾听过孩子内心的声音了吗?您又何曾想过,孩子真不愿和您交流吗?天生就不愿意听父母的话吗?不是。孩子在您自以为善意的玩笑、捉弄、责骂中慢慢失去了对您的信任。因为这样的不信任,就慢慢地封闭了自己的真心,慢慢地把自己陷入了孤单,孤单地面对一切,甚至穿起了盔甲对抗您。

可您,仍然在以爱的名义对孩子们要求、干涉,甚至无理地强迫。张嘴就说,"我还不为你好!换了别人想让我管我也不管!"

我无法让我的家长们改变自己的教育行为。我只能,让我的孩子们从内心深处感激父母的爱,因为爱,而信其道。

周三下午的队日活动,我思量很久,决定在班里开展"我为生鸡蛋做两天爸爸妈妈"的体验活动。虽然这是一个很老旧的活动,但此时,还有什么更能让孩子们感受来自父母的那份担心与紧张呢?

孩子们很兴奋,周四早上,齐刷刷地带来了生鸡蛋,有挂在脖子上的,有用棉布包着的,还有在胸口处另缝小口袋的,大家各尽所能,兴奋地介绍着自己的保护措施。

两天的时间很快,大家各尽其能,保护着属于自己的这个小宝贝,不敢跑,不敢跳,不敢贸然拥挤,小心地下楼,小心地进座位。教室里静悄悄的,每个孩子都

107

怕因为自己的一不小心而从活动中退出。那份紧张和担心不仅写在脸上,还表现在行动上。

尽管这样,还有18个鸡蛋未能完成使命,早早地命丧黄泉。每一个鸡蛋的破裂,都会引起无数的哀叹,引得大家小心翼翼地保护着属于自己的宝贝。

周五最后一节课,看着孩子们激动的脸,我笑而不语。新宇站起来说:"老师,今天我们的体验活动就结束了,让我们谈谈感受吧!"看我微笑着点点头,新宇接着说:"原来一直听妈妈说过十月怀胎生下我很辛苦,到底有多辛苦呢?两天的时间,让我明白妈妈的不容易,也让我明白人不能随心所欲,要有责任心。"

新宇的话赢得大家的掌声。子涵红着眼圈说:"这两天,我怀揣着蛋宝宝真的很累,晚上睡觉放到枕头边又怕不小心压着,捧着放到胸前自己又睡不着觉。由此我想到妈妈在孕育我的过程中,肯定更累更辛苦时,我觉得我特别理解妈妈了。很想对妈妈说:妈妈,我爱您!"

"这次体验活动,我成功了,但同时我也感到了做一个妈妈是多么的不容易,想想有时候那么不听妈妈的话,惹妈妈生气,真是不应该。我应该多体谅妈妈的辛苦。"子欣的话引起大家的共鸣。

这热烈的场面是我想要的。无须我总结,我的孩子们已经深深感受到了爱与责任的存在。正因为有了这样一份真切的爱,才会有期待,也正因为有期待,才会有要求。我相信,从此,我的孩子们会从爱的角度思考父母的行为。

16. 幼吾幼以及人之幼①

佛经中说:"一念嗔心起,火烧功德林。"意在提醒修行人,不论平常持戒的功夫多么好,一旦愤怒生起,一把无名火,瞬间能将平日积累的功德烧个精光!

是啊!盛怒之下,人极可能做出脱轨失序的行动,犯下无法弥补的错误,哪还有功德可言!

出家人是这样,为师者的我们又何尝不是这样?

面对一群年幼无知的孩子,既要教会知识,又要培养良好的习惯,还要改正从家庭中带来的或多或少的陋习,真的很难!难不在孩子身上,和孩子的交流往往很有效果。难在不能坚持,毕竟在学校的时间是有限的,一回到家里,一句话,就能让孩子回到原点。当老师的,不图别的,就愿自己手心里的孩子,个个光彩夺

---

① 本文曾发表于《新晨报》。

目,个个出类拔萃,当自己的心血被抹杀,往往难以自制。当老师的,不是今天网络、社会上所描绘的"眼镜蛇",至少我身边的每一位都在那么用心地工作着。为了孩子,深夜加班、主动补课,比比皆是,比一些做父母的对孩子的期待还高。可一旦被曲解,那份痛心又何尝不是痛彻骨髓。

说实话,时间久了,班里的每一个就都成了自己的孩子,从骨子里护着他们。就像在家里,自己的孩子,自己怎么说都可以,别人插一句心里都不愿意。可是,这份心,幼小的孩子能理解吗?家长能理解吗?

就如同这段时间,要考试了,学校的活动又多,免不了焦急,免不了上火,可孩子们知道吗?小小的心里只想着要放假了,只计划着要去哪儿玩,全然不管别的!

那天上课的时候,子佳在说话,英键和王然在说话。一群多么聪明的孩子,总也管不住自己,总是不由自主地说话,我心里就忍不住先火起来,说着说着声音就大了。眼瞅着烨子、琳琳的脸上写满了害怕,俩没犯错的孩子。放学的时候,子佳对我多了敬畏,少了亲近。这是我想要的吗?"亲其师,信其道",这才是最好的效果。路队中,我和敏感的子佳边走边谈,我分明感觉到小小的肩膀因为紧张而绷得紧紧的。那一刻,我有些后悔,何苦让自己的情绪失控!

可面对巨大的情绪变化时,我又该如何呢?

看到佛经中讲到的"观照",很受感触。学会观照,当愤怒或忧伤来临时,不要让自己愈陷愈深,要能懂得"抽离"与"停止"。人之所以被情绪俘虏,其实是因为自己不断扩大事件范围,不断加深伤害程度,以偏执的看法来解读,不见得符合事实真相。更何况,再大的情绪都不能解决任何问题。

是啊!正如释见介师父所说的那样,我太偏执,因为容忍不了孩子课堂中讲话,就不分青红皂白,由不得孩子解释,在盛怒之下强迫孩子接受。

这样的时候,能赢得爱吗?

17. 长成最好的自己!

下午最后一节课,正坐在办公室里批改日记,菲敲门走过来说:"王老师,于老师叫您去教室一趟!"

我边往外走边问菲:"怎么了?"

"子衿和洋,小易和辉惹老师生气了!"

心里一沉,居然有子衿和辉的份!这几个捣蛋鬼!

教室的门开着,于老师怒气冲冲地站在讲台上,看见我,说:"王老师,快管管你的学生吧！那两个小孩玩铅笔盒，叫都叫不出来！这两个小孩上课交头接耳，一节课也没停过。"四个孩子耷拉着脑袋，蔫蔫地站在那里。

领着四个孩子来到办公室。没有一个人靠近我，都离我远远站着。

"谁先说说？"没有一个人出声。

"洋，小易，过来！"故意冷着子衿和辉，这两个孩子，子衿优秀，辉沉稳，但今天的事太给我丢脸。不理他们，只是站在那里，就是最大的惩罚。

洋和小易慢吞吞地往前挪着，谁也不开口。我狠狠地瞪着小易，这个孩子，刚刚从妈妈那里偷偷拿出 50 元钱，被狠狠地批评了，信誓旦旦要做个听话的好孩子，好了伤疤忘了疼，才几天又这样！

见我瞪着他，小易抢着说："老师，不是我，是辉，他先惹我！"一如既往地把责任推到别人身上，自己撇得一干二净。

我没接茬儿，反问他："小易，妈妈和老师都喜欢什么样的孩子？"

"学习好的！"他小心翼翼地回答。

"没有人不喜欢优秀努力的孩子，但老师更看重什么？"

"遵守规则的！"

"继续！"

"还有诚实的！"

接着小易的话，我说："那你是不是个诚实的孩子？"

小易低着头，过了一会儿才说："是！"

"说说发生了什么，老师知道你，也知道辉！"

略微沉默之后，他抬起头，看着我说："我让辉拿铅笔盒当篮框，我拿铅笔往里投，投中的得两分，前面几次辉拿得矮，老师没发现，这次拿得高了，被老师看见了！"

"小易，对妈妈说过的话还记得吗？"看着他点点头，我继续说："你能说出实话，说明你进步了。刚刚你说老师喜欢的孩子，差了最重要的一点，也是我最看重的，老师最喜欢能担当、负责任的孩子。既然对妈妈有了承诺，一个男子汉，就要朝着这个方向努力！天天说心疼妈妈，可不成为空话！"

小易的妈妈是个医生，早出晚归，艰辛的工作让儿子都有些于心不忍，作文中不止一次提到心疼妈妈。易的眼睛有些湿润。

"老例子，400 字说明，把今天的事说清楚。"

易走了，辉已经满面惭愧，好孩子，用眼睛看看就知道自己的错误。

"辉，你不用写说明了，老师相信这是你的第一次，也是最后一次！"辉点点头，两个小酒窝一抖一抖地,红着脸回去了。

看着他俩走了,洋有点儿焦急,主动上前跟我说:"老师,我改了,以后上课再也不说话了!"对这个"小惯犯",我的批评和教育收效甚微,只能慢慢地融化他。

只有子衿还站在那里。我注视着她,却不说话。子衿先是装着若无其事的样子,看着我桌子上的花。看我一直盯着她,小小的脸蛋慢慢变红,两只小手使劲绞着,头也悄悄垂了下去。

"过来,走近些!"子衿慢慢地挪过来,慌乱的眼神不知该盯向哪里。对子衿,我总是满怀期待,那样地渴望她优秀,渴望她出类拔萃。可子衿身上的自由和散漫总是让我感到有些小小的遗憾。

"子衿,我对你的期望很大,你各方面都很优秀,但为什么在同学中无法树立起威信?"子衿不说话,盯着自己的脚尖。"因为你不能做到自律。而自律恰恰是一个人提升自己各方面素质的关键。同样,如果一个人知道却不能做到自律,她就是一个无法战胜自己的失败者。子衿,洋要说话,你有无数种方法处理,唯独不能做的是破坏课堂纪律。可你呢?好好想想吧!"子衿一句话都没说,但她满脸的惭愧让我有了胜利的感觉。跟着孩子来到教室,一直到放学的路队,都看到子衿低垂着头,满脸的不安让我真切地感受到她的在乎。

晚上,我照例打开邮箱,查看一天的邮件,子衿的信在最前面。

亲爱的老师:

昨天的心理课,我不愿意听课,洋又在我旁边不停地嘟囔、说话,我想管他,便和他在讲台下打闹起来。气愤的心理老师把我和几个同学"请"到了办公室。看到您怒气冲冲却又略带失望地看过每一个人,我之前满不在乎的心情变得无影无踪,取而代之的是无尽的后悔。后悔自己辜负了您的期望,期望我优秀,期望我有好的品格,但我想得更多的却是如果父母知道了,回到家后该怎么解释,您会不会让我写检讨,回到教室后其他同学怎样看我等等,越想越是心慌意乱。见另外几位同学一个个被您批评,马上轮到自己了,又不安起来,该怎样面对您呢?

"过来,走近些!"您对我说,我的心"扑通扑通"地跳着,硬着头皮慢慢挪过去,不知所措地看着您。"子衿,我对你的期望很大,你各方面都很优秀,但为什么你无法树立起威信?"我茫然地站着。"因为你不会自律。自律是一个人提高自己各方面素质的前提。同样,如果一个人知道却不能做到自律,他就是一个无法战胜自己的失败者……"

您说的一切,既饱含了对我的心血和期望,还有教导和指引。有一个指向标确定了我努力的方向。

充满感激的学生　王子衿
2020 年 11 月 29 日

读着子衿的信,一份说不出的幸福涌上我的心头。要说为师者最幸福的是什么?莫过于孩子们的成长。一个五年级的孩子,是非对错其实自己比谁都明白,与其劈头盖脸地批评,真的不如留给孩子自己思考的时间、改变的机会。

阿德勒在《自卑与超越》里面有一句话:"人们终其一生,都在寻找两种东西,价值感和归属感。"陪着一群群孩子长大,就会发现,每一个孩子,真正需要的无非就是"被看见""被尊重""有价值"。无论是父母,还是教师,当我们尊重孩子,给予孩子体验成长的机会,给予孩子努力的空间,孩子就会慢慢长成最好的自己,开出最美的花。

18．真心交流　唤醒彼此①

2016 年 3 月 9 日,我正带着孩子们跑操,突然接到校长电话,我被投诉了!而且被投诉到市长热线。像当头一棒,我有些懵!

投诉真实而又清楚。家委会的组织者在统一订制冬季班服后,感觉效果很好。于是,一过完年,便在班级群里呼吁为孩子订制春季班服,没有等到反对意见,服装公司来量体了。问题随之而来,有家长质疑班服订制会给孩子带来不良影响,教师在其中引导不力,希望学校做出回答。校长的答复很肯定,希望更多的班级形成自己特殊的符号,让孩子在不知不觉中形成班级凝聚力,增强合作精神。答复不够满意,接连三次的投诉让我委屈,也有些茫然。

回忆事情发生的整个过程:有了订制冬季班服的经验,我和家委会成员把问题想得很简单。春季班服订制,家委会组织了十几名家长组成一个班服群,商定样式及所有事宜。鉴于班里有两个家庭比较特殊的孩子,家委会成员有一个单独的群,二十多位热心的家长在里面自愿捐款,又为两个孩子订制了班服。我们在圣诞晚会,把班服作为神秘礼物送给了俩孩子。说实话,这件事让我很自豪,既照顾了特殊家庭的孩子,又不动声色。似乎没有什么不妥,可接二连三的投诉,我意识到矛盾不仅仅在这一件事情上,而是对我的工作有了质疑。委屈是肯定的,但

---

① 本文曾表于《教育》。详见:王增霞.真心交流唤醒彼此[J].教育,2017(33):116－118.

必须反思!

换位思考,在教师这个角色里,我走近孩子,却在感情上疏远家长。忘记了教师的角色本该就是一个参与者、合作者、支持者,在共同生活的过程中,让每个孩子快乐成长,让每个家庭得到应有的尊重。

我,远离了这一本真。就以订制班服为例,真正参与的家庭寥寥无几,从订样到选厂,再到价格的商定,更多的家庭只是在被服务,没有参与何谈尊重?两个特殊的家庭,在没有征求意见的情况下,就默默地被帮助了,换做自己,愿意吗?因为缺少深入的沟通和了解,其他家庭的情况如何?我未曾了解,却硬生生地拽着家长、孩子和我站在同一频率上思考问题。没有心灵的交流,即使再熟悉,也是陌生人。

了解,为了更好地改变

感谢这次投诉,我开始改变。发现孩子的优点,不再只是口头表扬孩子,我会把这一喜悦和父母共享;意识到孩子的问题,提醒孩子的同时,我也会立刻告知家长,引起重视;我们的活动频频出现在手心网里,小到一次课间操,大到精彩的实践活动课程……慢慢地,家长也开始发布孩子的活动照片,做家务、出游、读书……手心网成了我们了解彼此的平台。就像新月妈妈说的那样:"睁开眼睛第一件事,就是要看看我们手心网里有没有孩子们的新鲜事。"交流不只局限在网上,家庭作业本上的留言,接送孩子的间隙,微信群中的提醒,共读交流,共写感悟……敞开心扉,距离就在一点点拉近。

艺轩妈妈作为家委会主任,最先感受到变化,"王老师,咱们组织活动时,参与的家庭越来越多了!"

既然,一棵树能摇动另一棵树,那么请相信,我们彼此摇动,终将唤醒整片森林。

和小辰妈妈交流孩子内向、不愿与同学交往的问题时,我了解到孩子从小就生活在大山里的老家,跟着两位老人长大,与外界接触很少,宁肯跟着爷爷、奶奶去干活,也不愿意和小朋友一起玩。我鼓励小辰妈妈多带孩子参加班里的活动,如果有机会,最好让小辰参与组织一次活动,相信他会更快地融入集体中。

当班级群里开始商讨着一起摘樱桃时,小辰妈妈主动请缨。她联系好她们老家的山民,安排好接待。

我没有参与这次活动,但周一,孩子们向我炫耀认识了多少种野菜时,小辰站在一边笑得很骄傲。同学们羡慕地说:"老师,小辰真厉害!那么多野菜他怎么能分得清？"

那个曾经内向、没有朋友的孩子小辰,此刻正被男孩子围在中间,不知嘻嘻哈哈地谈些什么。

看到小辰的变化,我意识到:改变,其实最根本的途径就是交往,要得到别人的尊重、理解,都离不开交往。小辰参与了这样一次活动,才有机会发挥自己的优势,让同学了解他,进而尊重他。悦纳同伴的同时,也得到了同伴的悦纳。

发现,为了更好地遇见

有人说,世界的改变是从我们每个人的自我改变开始的。的确,当我改变后,孩子和家长也随之发生了变化。我们的沟通越来越深入,我们的配合也越来越默契。

芳羽的妈妈联系诸城电视台为孩子们做一期节目,正苦于找不到新颖的话题,小柯的爸爸提出带孩子到他工作的佳世博食品公司办活动,既能让孩子看到鸡蛋从鸡窝到装箱的自动化操作,还可以了解企业文化。征求意见一发布,立刻引起了大家的关注,父母们分工抓摄影、路上表演节目、亲子游戏。在佳世博公司上班的父母,还找到领导,给孩子们增加了品尝产品和有奖互动两个节目。在大家的努力下,活动变得越来越丰富了,我和孩子们一起期待着那一天。

四个小时的活动,我们都有些意犹未尽,和孩子一起吃,陪孩子一起笑,牵着孩子的手,发现舞台也变得美妙。

教育最重要的是发现,不光要发现孩子,还要发现家长。当我把主动权让给家长,我发现他们真的做到了:给一个舞台,就送你一个精彩。帮助孩子的同时,他们发现了自己的价值,遇到了最好的自己。

走进新教育,最吸引人的就是那些美好的课程。生日课程是我们一直坚持的课程。从最初的送诗,到送故事,再到今天为孩子讲述成长过程中最让父母感动的瞬间,孩子们比以往更期待自己的生日。这样的讲述,带给孩子的是温暖和关怀、认同和欣赏、鼓励和期待。

内向的小萌,听完我的讲述,低着头走向唱生日歌的同学们时,小脸蛋儿有点儿苍白,腼腆中带着一点儿紧张,随着一个个孩子握住她的手,她的小脸儿开始慢慢红润起来,嘴角带着一抹淡淡的微笑,当同学们大声喊出"小萌生日快乐"时,我知道,孩子的心里一定美美的,因为她遇到了最好的自己。

关注，为了更好地绽放

我越来越喜欢这群孩子，和孩子们的爸爸妈妈交流，也总是赞不绝口。可是随着和家长们的交流越来越频繁，我发现每个人都有一个共同点，那就是别人家的孩子是最好的！

可我知道：每一个孩子都是一朵独特的花，拥有着自己的花期。我们能做的就是静静地等待。

可是，面对这样的父母们，该如何引领才能让他们关注到孩子的优点，重新认识自己的孩子呢？

于是，以亲子交流为活动宗旨的"妈妈故事讲堂"开始了，请妈妈们在家里发现孩子的优点，讲述孩子的故事，用幻灯片的形式表现出来。这不仅是孩子展现自我的舞台，还是孩子与爸妈沟通的桥梁。

浩然是班里最调皮的孩子，是我们整个级部的"名人"，每次的午间广播、都会听到他的名字，每次都是给班级扣分。浩然的妈妈不想讲述孩子的故事，孩子的表现让她着急又难堪。但我相信一个小小的孩子，一定是善良的，只是我们没有发现孩子的闪光点。在我的坚持下，浩然的妈妈足足观察了孩子一个月，静下心来，她才发现，这个时时让她生气的孩子原来那样可爱，又那样可怜，听到爸爸回家的脚步声，先是雀跃，然后又有些沮丧。想表达自己的感情，又害怕换来的是斥责。讲完故事，妈妈很动情，流着泪说："王老师，孩子太不听话，总是惹事，和孩子交流最多的就是教训。观察孩子这些日子，改变最多的是我！不是孩子不好，而是我没有给让孩子变好的机会。"

故事课堂开始后，孩子们很踊跃，妈妈也越来越珍惜这样的机会。我发现，每一位被讲述过的孩子、被肯定过的孩子，眼睛里的光是那样的明亮。他们更爱在家庭中承担责任，更爱为班级付出。手心网使用后，家长们及时上传孩子们的表现，妈妈们越来越喜欢通过这样的方式表扬自己的孩子，表达对孩子的爱。有的妈妈说："要不是这样的一个机会，可能孩子的好多优点我都看不到，对孩子的爱也无法表达。"

孩子喜欢，妈妈喜欢，这样的课堂也让我动容。每一个看似平凡的孩子，被关注后散发着耀眼的光芒，绽放成一朵朵最美的花儿。

唤醒，为了更好地陪伴

经历了了解、发现、关注三个阶段，风信子班的教室发生了巨大的变化。我们共同成长，这间教室成为汇聚美好事物的中心。

在这里，我们共读，形成心灵间共同的密码。从最初的几个家庭延伸到十几个家庭，再到全班参与，速度之快，让人惊喜。每周五的绘本阅读课变成了亲子共读交流课，吸引着大家主动参加。

由共读衍生出的亲子诵读活动、母亲节诵诗活动，一个又一个的家庭参与其中。家委会更是细心地将共读过的书，找到与之对应的电影，风信子班的电影课程就在校外一次又一次地进行着。

如果说，共读，唤醒了我们心中对美好的向往，那么，共写，唤醒的是我们对陪伴的渴望。

艺璇爸在手心网里晒出和孩子共写的日记，生动有趣的交流让孩子羡慕，大家纷纷效仿。于是，《陪我长大……》新鲜出炉，孩子写，父母写，我也写，每天翻阅，是一份极大的享受。

明睿被妈妈强行分床，她写道：妈妈怕小夜灯影响我发育，每当我睡着后都会把灯关掉，于是，我就害怕，一会儿看看黑黑的床底，一会儿看看黑黑的窗户，吓得我一动不敢动，可能是心理作用，床底居然传来"嚓嚓嚓"的响声，我仿佛看到一个白袍幽灵正用凶狠的目光看着我，我吓得从头到脚就像浸在冷水里一样，用150%的力气大喊："妈妈！"

读过女儿的文字，明睿妈妈有些难过，回应道：女儿，没想到分床会让你如此痛苦，但你必须长大，就像鸟儿必须学会自己飞翔一样，妈妈会陪你度过这段让你痛苦的日子。

了解了孩子，也看到了父母的付出，这本小小的本子，成了我们沟通、交流的主阵地。

宗儒和妈妈闹别扭，不理解妈妈为什么不守信用，朝着妈妈大声吼叫，他写道：妈妈居然哭了，我说："你还有脸哭，不守信用的妈妈！"妈妈哭着说："我是没有脸哭，生了你这样的儿子，不知道体谅妈妈。"我有些糊涂，明明妈妈错了，为什么又怨我？共同的密码是解开误会的钥匙。妈妈告诉儿子：儿子，自从生了小妹妹，妈妈就没有那么多精力放在你身上，答应你的事情也往往会因为突发事件而取消，儿子，你得谅解妈妈，因为你是大哥，是男子汉！

共写，让共同的经历变得鲜活，心灵在这里一次次碰撞，所有的陪伴便变成了一种幸福。

共写，成了我们的一种生活方式，就像晨妈妈说的："孩子和老师每天写，我也不好意思不写了。"这条路上，我们彼此唤醒，为了更好地陪伴。

就这样，我们家校联手，在这间小小的教室里，经历了一次次的蜕变。我们的教室不再只是呆板的传授知识的场所,它变成了决定其中每一个生命故事是平庸还是精彩的舞台,变成了我们梦想绽放的地方。

19. 责　任①

今天,我输了! 在全班所有孩子面前。

也许,在别人看来,在别的行业看来,我输得可笑,太傻! 不该和孩子一般见识。但我真的和自己较真了,不为别的,只因为我是一名老师。

事情的起因普通得不能再普通,平常得不能再平常。班里的王东连续4天没交作业。第一天,相信他忘了带;第二天,象征性地惩罚了一下,并和他长谈了一次,孩子痛哭流涕,便坚定地相信他会改正;第三天,当他又一次空手来见我的时候,我恨恨地说:"明天仍旧不带,就立刻回家。"

早上,我刚走到教室,便看到了王东躲闪的目光。我走到他跟前,"作业!"他抖了抖,高昂起头,说:"老师,我真的写了,可我的本子丢了。"多么拙劣的谎言,可孩子居然把它当成一个冠冕堂皇的理由。我真的要被气疯了! 为了践行我说出的话,为了让其他的孩子知道我是一个言出必行的人,在全班所有孩子面前,我和王东开始了拉锯战。

我知道,我没有权利赶他走,我甚至没有权利将他赶出教室。可我一名老师,我有权利也有义务教育好我教过的每一个孩子,并将他们的小错误消灭在萌芽状态。所以,我必须和自己较真。

孩子们静静地注视着我,教室里鸦雀无声。王东默默地站在讲台上,眼里看不到一丝后悔的神情。我压抑住心中的怒火狠狠地盯着他,心里却五味杂陈。在王东的身上,我付出太多,所以,期待收获,不忍心看着孩子小小的年纪就失去对学习的兴趣,课上课下变着法地提问、表扬、奖励。不忍心看着孩子带着不良的习惯走向未来,所以,就不遗余力地改正着他身上的每一个小缺点。可一直到今天,孩子也看不懂我的良苦用心。

可今天,我必须得想一个万全之策,既让全班同学知道老师言出必行,又不能真的撵王东回家,还要让他知道错误的严重性。怎么办呢? 我的眼睛紧紧地盯着王东,脑子里却在不停地想:怎么办呢? 焦头烂额是此刻我最最真实的写照。多么渴望此时的王东,在全班同学面前号啕大哭,让我们感受到他改正错误的决心,

---

① 本文曾发表于《新晨报》。

也好给我一个台阶下。可惜,这只是我的幻想,只是我的一厢情愿。孩子依旧噘着小嘴巴,一副事不关己高高挂起的模样。我心潮澎湃,总感觉一股怒火在升腾。我很清楚,此时的我最需要的是冷静!

安排其他的孩子背着故事,我陷入了沉思:我们的孩子到底怎么了?为师者的我和孩子之间到底缺少什么?

反思孩子。家长太看重学习,关注成绩。让孩子认为学习就是给家长学的,不是为了自己。每天为了家长,努力学习,造成了学习目标的缺失。渐渐地对学习失去了动力,没有了兴趣,找不到努力的方向。最后厌学。爸爸妈妈每天只看到别人孩子的优点和自己的缺点,每天还挂在嘴边提醒孩子,你是一个失败者。即使成功一次,又担心孩子骄傲,装作漠视,让孩子失去希望。而没有希望的生活是如此的苍白。当孩子拥有了小小的叛逆心理时,又怎会不这样呢?

反思自己。在孩子的眼里,我只是一位严厉的监督者,分数的高低与作业的好坏是我评判他们的标尺。孩子与我之间缺少了最基本的信任。没有了信任,没有自己成功的喜悦,孩子学习只靠老师的威严,孩子便本能地选择一次又一次的欺骗。

苏霍姆林斯基曾说过:"在学习中取得成就,这一点,形象地说,乃是通往儿童心灵中点燃着'想成为一个好人'的火花的那个角落的一条蹊径。教师要爱护这条蹊径和这点火花。"

我一遍又一遍地问自己,这样做了吗?今天,我输了!但我相信,以后的我会和孩子共赢。

第三篇

教育随笔,记录生活点滴

教师的时间好比一条大河,要靠许多小的溪流滋养它。

——苏霍姆林斯基

1．把爱献给孩子

——读苏霍姆林斯基《给教师的一百条建议》有感

转眼十多年过去了。我清楚地记得，那是一个秋天，经过校长一次又一次地谈话，我迫不得已放下心爱的美术教学改教语文。思绪混乱，一筹莫展，是当时最真实的写照。看到我痛苦的样子，身为教师的父亲微笑着递给我一本苏霍姆林斯基的《给教师的一百条建议》，并意味深长地说："如果人们把武林秘笈称为宝典的话，这就是我们的教育宝典。特别是你面对的是一群孩子。"

从此，我拥有了一本教育秘笈。它为我开出了一个又一个的"药方"，医好了我教学过程中的一个又一个"疑难杂症"。

夜深人静的时候，细细品读这本书，就好像在聆听大师的教诲；放下书细细回味时，又会被他的睿智深深折服。于是，我情不自禁地被他高尚的人格所感动。便拥有了更多的收获和对自己工作的反思。同时，也让我深知：爱是教育的全部。

从此，我要求自己：要对得起自己教过的每一个孩子。无论他聪明还是笨拙；无论他懂事还是调皮，只要他曾经是我的学生，便是我永远的孩子。我就要教会他观察，让他爱上阅读，让他健康快乐，聪明伶俐，宽容豁达，乐观向上。所以，我和孩子们一起在书籍的海洋中遨游，并让他们知道："学生的第一爱好就应当是喜爱读书。这种爱好应当终生保持下去。"

每每接过一个新的一年级，我虽然不能像文中所说，对每个儿童的思维进行一年的研究，但我总会这样告诉我的家长："你们的孩子的智慧，取决于你们的智力兴趣，取决于书籍在家庭精神生活中占着怎样的地位。"因为这样的提醒，每一个家庭都会不由自主地关注孩子的阅读，使孩子尽快爱上阅读。

因为有了这样的阅读，我再也不会把孩子课堂上注意力不集中，归结为孩子自身的原因，我会因为家长批评孩子开小差而深深地自责。因为我知道，我没能让我的学生拥有这样一种内心状态——情绪高涨、智力振奋的状态，没能让他们体验到自己在追求真理，进行脑力活动的自豪感。

因为有了这样的阅读，当我面对班级里那些水平参差不齐的孩子时，当我面对一个又一个的棘手的问题时，便不停地告诫自己："每个儿童就是一个完整的世界，没有重复，各有特色。"进而会不自觉地尊重孩子们的个性发展。因为有了尊重，那些棘手的问题便不再棘手。

因为有了这样的阅读，我更理解了宽容是一种美德这句话的含义。不再以个人的眼光去取舍,唯独偏爱那些乖孩子,排斥那些笨孩子、脏孩子、调皮的孩子。宽容也使我处事变得更加理性,时时处处了解孩子的心灵,看到并感觉到他们的个人的世界,使自己的工作以人为中心,造就一种民主的教育、生动活泼的教育。这不正是现代教育所提倡的吗?

真的,一百条建议,就是我前进路上的一百个法宝,如阳光,照耀我前行的路;如雨露,滋润我的心田。

真的,穿越时空与大师同行,我领略到的,不仅仅是教育的智慧,还有更多的人生哲理。

手捧这一卷书,不仅让我感动,更让我深思……

2. 所有的梦想都会开花
——《栗蓬》阅读有感

一边拜读程芳老师的新作《栗蓬》,一边对其质量进行有意识的"审验",以确保孩子们读到一本符合其成长规律的好书。出乎意料的是,一开卷,我便爱不释手,欲罢不能,既因为新奇有趣的内容结构,也因峰回路转的故事内容。

《栗蓬》全书共有六部分,以世界非文化遗产——诸城古琴为引线,以李白的《秋风词》中前四句作为书的目录,讲述了诸城市障日山下的一个小山村里,因为父母援疆,留守男孩晖蓬与奶奶相依为命的成长故事。

晖蓬因为诸城古琴的穿针引线,从乡村来到了陌生的城里。一切都是新奇的,一切都是跟熟悉的乡村不一样的生活体验。他认识了新的伙伴,也发现了自身具有的舞蹈天赋。自卑的他慢慢找到了自信和快乐,但伙伴的诬陷却让他一次次逃避。程芳老师希望每一个孩子面对欺凌、困难和挫折时,都能像"栗蓬"一样,身上有尖锐的刺保护自己,勇敢迎击。所以,她匠心独特地将"栗蓬"作为本书题目。

障日山下,因为诸城古琴引来的乡村振兴项目——"大棚种植葡萄"遭遇了天灾,为寻求更好的葡萄深加工方法,晖蓬跟随扶持乡村振兴项目的大人去往新疆。他被新疆女孩小栗子、阿布杜拉等少数民族孩子在逆境中顽强求学的精神感动、鼓舞,特别是得知妈妈为接送新疆孩子上学献出了生命,爸爸也为新疆铁路建设呕心沥血,倒在新疆这片热土上,再遭遇困难时,他不再退缩,而是勇敢地面对,让自己长出了尖锐的迎击困难的如栗蓬般的尖刺,最终和新疆女孩小栗子一起实现了爸爸的遗愿——新疆沙漠通铁路。围绕晖蓬的成长故事,程芳老师刻画出一代又一代普通中国人的奉献精神和家国情怀。

儿童文学作家,天然带有一些特殊的精神气质,童真、善良、坚韧,具有丰富的想象力。程芳老师用她细腻的眼睛观察大自然,再用优美的语言描绘障日山下的一草一木、山山水水,并将古诗词巧妙地融入书中,形象而贴切地呈现出一幅北国小城的美丽风景画。捧读《栗蓬》,有如行走在春日暖暖的阳光里,有如奔走在绿意盎然的田园牧歌里,能把小读者迅速拉入自己的生活,从而沉浸其中,流连徜徉。

书中除了诸城古琴,还带入了白奶奶的中草药。无论是过去还是现在,白奶奶的中草药依然是无法替代的救治八方百姓的良药。包括全二爷爷的柳编、奶奶为晖蓬做的襻扣小褂,都成为稀缺或面临传承的难题。面对空旷和荒凉的乡村,程芳老师借用本书将美好描摹,希望这些非物质文化遗产和被遗忘、被丢弃的乡村能唤起孩子们的接纳和热爱,将我们土生土长的华夏文明和传统文化继承发扬下去。

本书用童稚化的语言将深奥的道理代入孩子的世界,用孩子的方式思考,用孩子的方式说话,也用孩子的方式解决问题。为了保护小兔子,晖蓬和比自己壮很多的砚强干了一架;和舞蹈班同学冬铎一起去了游泳馆,回来被诬陷偷了金老师的钱,为了"不出卖"冬铎,晖蓬选择了默默承受不白之冤。在《栗蓬》里,这样的场景和情节俯拾皆是,生动刻画了小男孩个性鲜明的人物特点,也深情记录了成长路上孩子的困惑和烦恼,并于故事中教会孩子如何克服困难、解决困惑与烦恼。《栗蓬》入肌入髓地着力描摹、刻画世人共有的童年时光,并从中发掘鼓舞和感动人心的爱、善良以及战胜自我的力量。读这样的作品,让人在体验阅读快感的同时,也能品味出人生的色彩。

《栗蓬》全书逐层展开,在连贯叙事的基础上,层层剥开谜团,为读者呈现一个又一个精彩的故事。每一章节都和前章哗然有别,却又浑然天成,组合成一个少年的成长史、成才史,也折射出现代乡村的变迁。

《栗蓬》真的是一部值得推广阅读的上乘儿童文学著作,她唯美、清新,有着直抵人心的精神力量。

3．教育孩子从爱开始

——读《正面管教》有感

第一次读到《正面管教》这本书，我的孩子已经读高二了。每读一遍，便多一些遗憾，为自己那些自以为是的教育方法，也为孩子曾经受到的那些委屈。

带着这些遗憾接过一群一年级的孩子，推荐给家长的第一本书便是《正面管教》。多么希望，自己曾经的遗憾，在这一群孩子身上，得以弥补。

因为教师这个职业，接触了很多的孩子和父母。我发现，优秀的孩子往往都有一个平和而安静的妈妈，她们不急不躁，却有自己的一定之规，教育孩子时有底线，讲规则。而班级中那些所谓的问题儿童，父母无一例外地把教育孩子当成一块儿特别大的心病，在他们的眼里，孩子浑身都是缺点，拖拉，不上进，写作业时注意力不集中，上课不认真听讲，回到家里跟父母对着干，偷偷摸摸打游戏，玩手机……除了批评和打骂，无计可施。可一个人的自律性恰恰来自他的自尊水平，这种严厉的教育方式只会使他的自尊水平大幅下降。自尊水平越低，他就越没有自律性。

我的儿子上大学后，明明感觉很优秀，却显得很不自信。一天，准备吃晚饭时，孩子往餐桌上端盘子，不小心打翻了餐桌上的水杯，我毫无例外地发起了火，声音很大。孩子一下子愤怒了，大声喊："天天抱怨不够自信，从小到大，从来不给犯错误的机会，一点儿事就发火！"我哑口无言，越想越后怕，孩子成长的路上我到底走了多少弯路？我的高压有没有给他留下了痛苦的阴影？

简·尼尔森的女儿玛丽曾经说过，如果你在管教孩子的过程当中感到痛苦，那么你的方法一定是错的。

如何才能做到既要有边界，又不那么严厉呢？第三条路就是正面管教的道路。《正面管教》一书的核心就是学会和善而坚定。如果我们能够给孩子带来一个和善而坚定的教养环境，让孩子清楚地知道父母是爱他的，并跟着父母学会在这个社会上生存的技能和与他人互动的方法，我们就达到了正面管教的目的。

那么如何判断一个教育方法是否有效？有哪些依据？简·尼尔森说，判断一个教育方法是否有效，最重要的是要看四件事。

第一件事，是不是做到了和善而坚定，就是让孩子感觉到了无条件的爱，但是又有确定的边界，让孩子感受到了安全感。

第二件事，就是有没有给孩子带来归属感和价值感。归属感就是我知道有人爱我，我的爸爸妈妈是肯定无条件喜欢我的。价值感，就是我觉得我是有价值的，我很重要。这两种感受对孩子来说是最重要的。

　　第三件事，就是教养的方法是否长期有效。那些靠严厉与恐吓才听话的方法是短期有效的方法。我们需要的是长期有效的方法，是让孩子慢慢自律起来的方法。

　　第四件事，就是通过自己的教养方式传递给他有价值的社会和生活技能以及良好的品格。

　　只有符合这4个特征才是一个有效的教养方式的标准。而其中最重要的就是父母能够做到和善而坚定。

　　春节回老家过年，邻居家的小孙女不知道什么原因发飙了，对着年轻的爸爸妈妈大喊大叫。爸爸很生气，扬起手来要打她，我正要向前拉一把，妈妈先一步拉过丈夫，居然说：“大过年的，别管她，随她吧！”我有些懵，如果说，爸爸的管理叫严厉，那妈妈的言语就变成了放纵。

　　反思夫妻俩的行为，我开始用《正面管教》中的方法思考：如果是我会怎么处理这件事？那一定是和善而坚定。我会转身先离开，为什么？我不能够要求孩子一定要学会尊重我，但是我可以要求我尊重我自己，当感受不到孩子对我的尊重了，我就需要冷静一下。一个人在情绪激动的时候，处理问题是没法做到和善而坚定的，所以可以先转身离开。孩子此时也会思考妈妈是不是生气了，等心态平和了，我会告诉孩子："宝贝，我很抱歉你刚才生这么大的气，我尊重你的感受，但是我不能接受你刚才的做法。今后每当你不尊重我的时候，我都会暂时走开一下。"

　　要确定这样一个规矩："今后每当你不尊重我的时候，我都会暂时走开一下。"这就是要告知孩子，我不能够接受你的这种做法，虽然我爱你。接下来要说："我爱你，我愿意和你在一起。当你觉得你能够做到尊重我的时候，你就来告诉我，我会很乐意和你一起找出处理怒气的其他方法。"

　　孩子无时无刻不在跟我们学习，如果我们能够表现出平稳的情绪态度，用建设性的方法解决问题，孩子很快就学会。

　　就如作者所说，一定要学会把错误当作学习的机会，孩子长大的过程难免会犯错。每一次犯错都有两种好处：第一是加强父母和孩子的关系；第二是让孩子学会经验，吃一堑长一智。

　　作为父母，我们对孩子有着无条件的爱，无论孩子出现了怎样的问题我们都会接纳他。时刻记住：这是我的孩子。有这个做前提，很容易就能做到温柔而坚定,这也是孩子成功最重要的基石。

老同事们都笑话我接过这群孩子后像个弥勒佛,只有我知道,我无时无刻不在践行《正面管教》一书告诉我的:温柔而坚定。我期待它带给我和孩子们更多的惊喜。

4. 生命的价值在于奉献
——再读《夏洛的网》有感

又一次陪伴孩子们读《夏洛的网》,不禁想起了六年前的那个冬天,因为几个男孩子间的一次"战斗",带领孩子们第一次利用书本诠释爱和友谊。

那一次,也经历了阅读、交流、观影三步,但现在回忆起来,似乎做得有些浅显。那一次的共读,我似乎也不够深入,只是感动:感动于夏洛与威尔伯之间平凡却真挚的友谊,感动于夏洛在动物们都沉沉入睡时仍然在为拯救威尔伯而努力。感动于夏洛那一声让所有人动容的悄悄的"再见"……这是一段刻骨铭心的友情、这是一段纯洁真挚的友情!这段谷仓中闪耀的友情,如同这间教室里,孩子们之间最真挚的友情。就如同威尔伯永远难忘夏洛,许多年以后,这纯真的同学情会是每个人心中最美好的回忆。所以,弥漫在字里行间中的点点滴滴,也将永远激起我们心中无尽的温情。

今天,再读这本书,我的感动,变成了感动它道出了生命的意义和价值。"他们不会再伤害你了,因为帮助你,让我短暂的生命更有意义和价值",这是夏洛对威尔伯说的一句话,这句话让我看到了夏洛对生命的思考和理解:只有爱别人、帮助别人,才会使自己的生命更有价值。作为一只蜘蛛,夏洛的一生可以只捕捉和吃苍蝇,本也无可厚非,但他却要提升自己生命的价值,他要用自己的爱的银线织成一张生命的大网,让爱的温暖普照人间,让爱的种子像蒲公英的种子一样散布在人们的心中,在那里生根、发芽、开花、结果。他的一言一行,正是要告诉我们生命应该是这样度过的:我们无法决定生命的长度,但我们可以决定生命的宽度,我们应该让有限的生命的每分每秒都发挥它应有的价值,让自己生存得更有意义。

亲爱的孩子们,你们很棒!你们懂得了生命的价值在于奉献,在于付出。给,永远比拿快乐!

读完这本书,或许你们会更加理解我们开展仪式课程的真正含义,正是让你们在爱自己、爱他人、爱生活、爱社会的过程中发现自己的价值,从而走向真正的自我教育。这也是阅读的真正意义。

5. 幸福源自良好的关系

家庭教育指导师培养人选的第二次培训,导师用了一上午的时间讲了孝悌的真谛,告诫我们要善待父母,接纳人生遇到的一切,构建良好的亲子关系。几位老师在交流时泣不成声,童年生活的阴影真的影响到了现在的生活,在和父母和解的路上,内心经历着一次次激烈的斗争,说服自己,悦纳自己,接受一切都是最好的安排。

由此,便想到了自己,我生活在一个姐妹众多的大家庭,我是最小的一个,从小被父母娇惯着,被姐姐们呵护着,也被管教着。记忆中,除去哭闹着老穿姐姐们穿小的旧衣服,印象最深的便是被姐姐们管教了。第一次见大姐发火,那年我六岁,却清晰地记得那一幕。因为长达半年的口腔溃疡,小小的我吞咽很困难,吃饭成了一件很难的事,父母也因此娇惯着我,只要我开口要的东西便千方百计满足我。那时候,大姐就在我们村后的初中上学,学校门口是村里唯一的一个小卖部。那天,我边玩边晃悠着去了小卖部,一下子就被柜台里那些被花花绿绿的纸包裹着的糖块馋坏了,便跑到学校,二话不说,拽起大姐便要求她去给我买糖。正是课间,姐姐的好朋友借了钱,以满足我的要求。买完糖的大姐课没上,气呼呼地拉着我回了家,母亲刚刚喊着:"别和她一样,她还小!"大姐便粗着嗓门喊:"惯吧!惯吧!看看能惯成什么样!"说完狠狠地摔门而去。我吓得哇一声大哭起来,从此,再也没敢随便要东西。

多年之后,母亲看到我和孩子吹胡子瞪眼,便骄傲地说:"还是孩子多好,大的管小的,小的格外爱听,我没想着和你叨叨过。"不知道是母亲智慧还是歪打正着,大姐一直是我们姐妹的榜样,从过去一直到现在,母亲挂在嘴边最多的话就是"问你大姐"。这不正契合了今天武校长的观点!在多孩的家庭里,一定要多关注老大,发掘老大榜样的力量,弟弟妹妹们自然而然就会模仿和学习,老大会成为他们成长路上的引路人。

我上初中时,大姐、二姐都上大学了,她们一直是我学习的榜样。后来,四姐考上大学,学的是英语专业,走之前给我布置任务,一个月给她写一封信,用英语写。不敢不写,又不会写,挣扎到月末,咬牙瞪眼写完那封信,便盼着她放假,她回来就不用写信了!每每别人羡慕我又穿上姐姐们买的新衣服时,我便咬牙切齿地说:"你们是光看着贼吃肉,就是看不着贼挨打!"

在痛与快乐中,我很幸福地长大了。也因为每次被姐姐们管教,母亲便偷偷地安慰我,反倒母亲成了我青春期最好的朋友。母亲的放手,成就了我们和谐美好的关系,大事小情总喜欢和她聊一聊。

寒假后开学,我明显地感觉到班级里好几个孩子不如年前积极肯干了,和家长沟通孩子的情况,无一例外说到孩子难管,天天陪着,天天打,亲子关系极差。聊到解决问题的办法,居然都想送到托管班,来个"眼不见心不烦",甚至开玩笑问我可不可以寄养几天。这让我很郁闷,却也没有好的指导方法。

今天,武校长以游戏筷子夹乒乓球时,以我们左手做的托住的动作为例,告诉我们,在教养孩子的过程中,家长做了太多的无用功。教养孩子要学习鹰妈妈,学习燕子妈妈,该放手时就要放手。这让我茅塞顿开,三年级的孩子正处于儿童叛逆期,他渴望独立,家长、老师却处处束缚。他需要我们以朋友的身份和他平等沟通,而不是居高临下地批评、命令。当我们放手让孩子自己试错,然后改变,我们只做把握方向的舵手,良好的关系就会形成,问题或许就能迎刃而解了。

6. 好习惯 = 好成绩

给四年级孩子监考,45个孩子的考场,转了一圈,便发现,这群孩子的书写习惯很差。数了数,只有不到10个孩子握笔姿势还算正确,其余的,内扣、折指、握笔往下、笔前倾,各种姿势应有尽有。趴着的,歪着的,更是数不胜数。又转了一圈,看了看孩子们的字,只有12个孩子的字写得很好,剩下的真是不大敢评价。

突然记起,这群孩子是第一批参与语文习惯检测的娃,当时下了大力度纠正写字姿势,提升书写质量,这帮孩子的书写检测成绩排名全市第一,为何仅仅过去一年半的时间,就发生了如此大的变化?而且,同样的现象也发生在三年级孩子身上,我常常抱怨是因为分班,但我也真的不敢保证不分班,我班级的孩子就能将良好的书写习惯保持下去。怨疫情两次停课,可过去的时间这么久,放在这么小的孩子身上,还真不至于。

考试时间过半,翻看试卷,越是习惯好、写字好的孩子,看起来答题越快,这是亘古不变的真理。那些习惯不好的孩子,心浮躁,自然也答不好试题。

既然好习惯=好成绩,既然老师们对这个道理都心知肚明,为何孩子们会成为现在这个样子?

我反思,还是功利!

这几年,当学校把对教师考核的重点放到学科成绩上之后,当各级各类荣誉的评选都与班级考试成绩挂钩之后,当职称晋升有了明确的条件之后,老师们坐不住了,疯狂内卷的背后,受罪的还能有谁?老师卷,导致家长卷,最后卷孩子们。这一个个变成考试工具的小孩子便糊涂了,我到底为谁而学?在分不清主次,想不明白为谁而学的情况下,哪有动力可言?

教育的目的到底是什么?仅仅是分数和高考吗?教育承载的幸福完整的教育生活呢?

在大环境的裹挟下,我们走着走着就忘记了初心,一味地抱怨现在的孩子不好、家长不好,该是这个时代的悲哀。

依然觉得,做教师还是得多一份爱,多一份宽容,多一份柔和,多一份沉静,这样,世界才会更加明媚。

7. 见自己 见天地 见众生

电影《一代宗师》里有这样一句话:"习武之人有三个阶段:见自己,见天地,见众生。"细思量,这又何尝不是自己近30年专业成长的感悟。

见自己:在切磋琢磨中求精

见自己,就是要自知,要在不断自省的过程中正确地认识自己,面对自己,从而塑造自己。

有幸成为名班主任建设工程人选后,我常常问自己,我的治班理念够先进吗?我的班级建设策略够科学吗?我的课题研究水平够高吗?如何突破自己固有的经验再上一个台阶?在不断的追问中促使自己深刻地反思,愈发发现自己与"成为教育家"的培养目标,相距甚远。在回答杨秀治教授提出的"教育家和教育专家的标志分别是什么"这一问题时,突然意识到直到今天,我努力的终极目标依然是做"常人不能为"的事,而不是构建"常人不能有"的思想。

没有思想,便没有努力的方向。所以,这些年即使一直行走在自己的舒适圈里,却感觉"很累,很焦心,拼命走,到头来却发现做的是原地踏步"(管建刚语)。

见自己后,就要真正地做自己,决定自己如何作为。"如切如磋,如琢如磨"是子贡自勉的话,它更应该成为我们做学问的座右铭,在切磋琢磨中,精益求精。

见天地:在告往知来中求通

"不看大地,永远不知道自己的渺小;不见汪洋,永远不知道自己的肤浅;不见高人,永远不知道自己的不足。"见天地,就要接受自己的渺小与不足,从而修正自己。

当一群培养人选聚集在一起,就发现"天外有天,人外有人"。无论是宋长英老师的课程涵育学生心灵,高兵的"六小"赋能学生成长,王玉兰的"三思"班级管理经验,还是董有忠的"微管理",梁杰的"对话"文化建设,王玉金的"经济课程",毛桂玉的"传统游戏",都让我真切地感受到每个人都在自己的领域有着深入、系统的钻研和极具创造性的观点。

这么多优秀的人在做着如此有追求的事,我便逼迫自己不断修正自我,在告往知来中,举一反三,向着更高的境界行进。

见众生:在止于至善中求真

真正的"教育家",除了见自己、见天地,更要见众生。郑丹娜导师的"全接纳,慢引导",不仅接纳所有的生命,还接纳所有的感受,作为教师,当他从容地面对众生、接纳世间一切时,便收获了如阳光般灿烂的生命。

微笑接纳孩子们犯下的每一个错误,把它看作成长的机遇,此时的我们谦和、淡然,这样才能给孩子最好的教育和最智慧的引导。

8. 居家学习有妙招

寒天催日短,冬日渐浓,面对复杂的疫情形势,我们只能蜗居家中,开启又一次的居家学习之旅。

隔屏相见,线上管理,鞭长莫及,如何才能让我的娃娃们无须扬鞭自奋蹄呢?经历了最初的迷茫,祭出我的大招,让娃娃们居家也精彩,才是我的风格。

第一招

二年级的娃娃们,网课时间安排得很少,每天20分钟的视频推送,时间自主确定。这样的居家学习,得有多少可用的时间啊! 这可不能浪费,放出大招,延续班级阅读特色,刻不容缓。

居家之前,娃娃们刚读完罗尔德·达尔的《了不起的狐狸爸爸》,正计划开始《列那狐的故事》,这下可热闹了,快递一停,各种版本蜂拥而至。不同的版本,不同的内容,收集起目录,差别如此之大,如何下手? 第一次面对一本书傻眼了!

困难往往与机遇共存。导读课好说,选取了每一个版本里都有的内容作为重点,激发起娃娃们的阅读兴趣,同时借不同版本的目录,不同作者对同一个寓言故事的不同解读,让他们切实了解了"一千个读者就有一千个哈姆雷特"这个本身有些晦涩的道理。不得不说,这是一个意外之喜。不同的版本,也引发了不同的交流,同样的内容,不同的表述,阅读推进课的交流颇有些辩论会的感觉,小娃娃们,你不让我,我不让你,居然也能推拉几个回合。不同的版本,就有了不同的结局,对于列那狐的未来,都有些期待,阅读也在娃娃们创作的续写故事中热热闹闹地结束了。

第二招

不知不觉,居家一周结束。看看娃娃们的作业,开始有些浮躁了,和爸爸妈妈日夜相对,生出相看两厌的感觉很正常。明明互相爱着,一不留神那些伤害的话却会脱口而出。经验之谈,写信是最好的交流方式。

我的信抛砖引玉,告诉娃娃们:"无论如何,我们养成的规矩不能破,我们努力培养的'当日事当日毕'的好习惯不能破,特别是现在,每天睁开眼睛,就能通过计划表,了解一天的任务,这就更需要你分配好时间,利用好时间,高质量完成当天任务。"

我告诉爸爸妈妈们:"有人说,网课学习就是一场家长间的较量。对也不对!归根结底还在孩子,但我们用心与不用心,差别还是非常大!打开视频墙,总能看到盯着屏幕出神的孩子;回答问题时,不知道从哪儿说起的孩子;批改作业时,和在学校里判若两人的孩子……但网课过后,又总会有一群孩子异军突起,发生天翻地覆的变化;还有一群孩子,无论在哪里,都一如既往。孩子还小,就像一株小小的幼苗,给我们的都是希望。就期待您,为他灌溉、施肥,陪伴他长大,长成他希望的样子。"

大招一出,家长们纷纷给娃们写信,恩铭妈妈说:"不管遇到什么困难,你的对与错、你的心情和感受,妈妈都会帮你走出泥潭并体会你的感受,妈妈是你的坚强后盾,妈妈爱你胜过任何人!"在这样的交流中,我看到了美丽的未来。

第三招

"寻找最美朗读者"是我们从进入一年级就一直在做的,不过,现在的"云上"寻找,让娃娃们更有成就感。观众从49人,变成107人,甚至更多,每一次的出场,都有些小明星出场的感觉。对比一年级的"云上亲子诵读",进步之快,让我欣喜。娃娃们的诵读,成了我闲暇时最美的陪伴。

居家很枯燥,也很无奈,娃娃们隔屏喊向我的那句"老师,我想你了"让我动

容,亲爱的娃娃们:

> 我坚信,
> 那些没有见面的日子
> 你们
> 都在蓄力生长
> 一路向阳
> 那些点滴积攒的努力似日出
> 将会
> 越来越闪耀

9. 明月清风是我家

刚开始,我并没有发现河岸边的梧桐树。

清静的小路逶迤至远方,凌霄花怒放,衬托着蔚蓝的天空和清澈的河水,渲染出层层的红云,如梦如幻。一家三口在晨曦中漫步,心里有种说不出的幸福和宁静。儿子总是调皮的,从小生活在钢筋水泥中,对大自然那种由衷的向往总是遮掩不住,每一片绿叶、每一朵红花都是他所陌生的。

"爸爸,那种圆叶子的叫什么?"

顺着儿子的声音看过去,两株茂盛的梧桐树正在以一种不屈的姿势,倔强地从坚固的岩石缝隙中冲出来,傲然地挺立着。每一片叶子都绿得油黑发亮,包含着无尽的力量,与春天翩然共舞,似乎也在享受这个静谧的早晨。

眼前的两棵树,让我震惊!它生存的环境是多么的恶劣。上够不到赖以生存的土地,下够不到肥沃的河床,歪着身子,从坚硬的石缝中钻出来,就开始了自己的生命之旅。不怨天、不尤人,靠自己对生命的渴望,执着地生活着。让看着的人不由得生出希望,生出力量。

生活中的许多片段,就如花影,氤氲成一幅幅朦胧的画,定格在记忆深处。感觉留存下来的,多是遗憾、多是愤慨、多是不如意,于是心生不满,甚至厌倦生活。在这种情绪之下,心难安,夜难寝,一颗心浮躁着、悬挂在半空中。

遥望着晨光中的梧桐树,我思索:让自己心安真的如此困难吗?心生的烦恼到底为什么?

想起寒山子曾说的:"秋到任他林落叶,春来从你树开花,三界横眠闲无事,明月清风是我家。"这不正是我需要的潇洒吗?是啊!我就活在当下,我就必须适应这个社会,在最平常的生活中,把心专注,做个好老师,让跟随我的孩子,快乐、进步;做个好妈妈,让儿子感到幸福、感到快乐;做个好女儿,让父母心安、幸福;做个好老婆,让自己所爱的人有所牵挂。我还有何求?

把眼光放长远看,我的那些烦恼真的很重要、不可解决吗?或许并不尽然。真正停不下来的,还是自己的那颗心!追逐那些虚无飘渺的东西,在追逐中才有了一颗烦恼的心。

佛学中有一个"石头狗"的譬喻,说人就如狗一样,常常费尽心力追逐一块别人丢过来的无用"石头"——那"石头"可能是一个眼神、一句话或一个期待……

看看自己,不正如此吗?在追逐中烦恼,在烦恼中抱怨,在抱怨中浮躁。不肯随遇而安,不肯战胜自己,任由自己在追逐中让生命黯然失色。

看看树,想想自己,明月清风是幸福,烟火市井是幸福,忙碌工作又何尝不是一种幸福?

10.去点亮每一盏灯

说实话,学校的童诗教学轰轰烈烈地进行了这么久,我却一直局外人一样地在观望着。在我的眼中,孩子们的诗更多的是在父母帮助下的成人化的作品,感觉中只是把作文的格式变了个样,竖起来了而已。我不会指导孩子写诗,自己试着写了写太难,便放弃了,不去引导学生,也不难为自己。

雪野老师的到来,更让我觉得诗不是写出来的,它需要灵感偶发,更需要孩子的眼中充满好奇。而我们的孩子,已经木讷了,眼中那份不合时宜的成熟让人有些心酸。

今天,走进这所不起眼的学校,突然从内心萌发了让孩子写诗的冲动,不为别的,只为让孩子的生命如诗般绚烂,能在自由的心性中长大。

前往平山小学的路上,江南小景时时出现在眼里,一处处水塘,一片片芦苇,在细雨中随风摇曳。别样的风景,别样的心情。走进这所乡镇小学,不大的院落,因诗而光彩夺目,不大的院落,处处透着精致。

围墙上、树荫下,孩子们的诗犹如湛蓝天幕中耀眼的星星,点亮了这所小小的学校。走进课堂,从孩子们上课的第一个瞬间,内心便多了比较。读书的声音,思维的灵活,语言的流畅,教师的水平……感觉孩子的回答充满着无限的想象力,思维的灵活性和跳跃性远远高于北方孩子。当孩子们用自己的思想说话时,心里问自己,是因为诗吗?

三分钟的创作时间,走进孩子,字不算美,但足以看出孩子丰厚的想象力和观察力源自生活。诗意的表达,除去教师有效的引领,更多的是孩子丰富的想象力。那样的作品,除去惊讶,更多的是羡慕!

　　孩子,就是蔚蓝天空中的朵朵白云,缤纷花园中的朵朵花儿,他们需要诗的滋养。孩子的心,真的如同张张白纸,等待我们去描绘。

　　带孩子走进诗吧!"做有诗意的人,享受诗意人生。"孩子的心会因此而细腻,生命也会因此而灵动。因为诗,孩子的眼里才会出现生命,才会有细雨微蒙时的悸动,有阳光灿烂时的欢欣,有蛛网萦绕时的惊奇,有喇叭花爬满篱笆时的感叹!

　　诗,真的只有扎根在孩子的心里,才能丰富他们的生活,点亮他们的生命。而我们,用心做吧!点亮孩子生命中的每一盏灯。

11. 善待老师

　　我不知道该用怎样的语言来形容这个孩子,直到今天上二年级的他写的字依然不能看清,发音依然含糊不清,让人无法与之交流。但我知道,即便这样,这也是一个家庭的宝贝,是父母的期望。所以,我一直在尽一切努力,不让这个希望破灭。

　　但那天,孩子妈妈极不冷静的一个电话,让我的心冰冷到了极点。当妈妈质问我为什么体育课上孩子还要受到批评时,我感到非常可笑,极力让自己的心情保持平静,我说:"67个孩子,不用说外堂课,就是内堂我们还得好好组织,所以,批评是在所难免的……"

　　放下电话,我为自己难过,为我们所有的老师难过……

　　"师者,所以传道受业解惑也。"但今天,我们为师者却步履维艰。我记得少年时老师就是自己心中的天,父母经常在自己的耳边重复:好好听老师的,不然揍死你!即便是最最顽劣的同学,在老师面前也是毕恭毕敬的。但今天,我们的师道尊严却已不再存在。家长们动辄和学校打起官司;媒体不断宣传哪个孩子因为老师的一句话,就自杀了;校园里出现了心理暴力……我知道这是社会的进步,但我也知道,从此之后,所有的老师胆战心惊,唯恐自己手下的几个孩子有丁点儿是非。

　　我一直以为,学校应该是一个美丽的地方,这里有欢声笑语,有鸟语花香,孩子们就像棵棵小树苗壮成长。因为在成长的过程中需要阳光,需要养分,而且在这期间也难免会长出一些多余的枝杈。所以,才需要我们这些辛勤的园丁,把这些树杈修剪掉，使他们长成参天大树。

我觉得每一个有良心的老师都知道该如何去教育这帮孩子，而且我也深信今天的老师所付出的远比任何一个时代的老师都多。虽然我们只问耕耘，却也需要尊重。在我们的手心里呵护着的这些宝贝，是每个家庭的希望，所以大家都小心翼翼。我不知道，为人父母者，是否想过，终有一天，他们也要自食其力，也要成为这个社会的顶梁柱。我们就这么捧着，舍不得他受到批评，舍不得他在外面受一点点委屈，长大后，他能正视挫折吗？他能在失败之后重新站起来吗？

我们慨叹社会让孩子们的心理发生了变化，早恋、自杀、抑郁……为何不从我们自身找找原因。在成长的过程中，为人父母者作为孩子的第一任老师，为孩子做出榜样了吗？为孩子的人生之路指明前进的方向了吗？在孩子最最需要帮助的时候，是否推给老师而不闻不问了？我们的家长学历高了，但观念没变，直到今天，还依然以为学习是老师的事。只看到了孩子受到了丁点委屈就要告到校长那里去，却从未想到今天的竞争，只靠孩子在学校的时间学习是远远不够的。避重就轻，会使孩子落后于别人。

我不仅是一名老师，更是一名妈妈，所以，我理解天下父母的心。我也期待天下的父母善待老师，让孩子更加阳光地成长。

12．痛并快乐着

借用白岩松的一句名言"痛并快乐着"作为自己的心路历程。这也是我将师、女、妻、母这四大身份重叠于一身后的最大感受。

身为女儿，却没有太多的精力去照顾体弱的父母。相反，孩子病了，自己忙了，还要将照顾孩子的重担压在父母的身上，作为女儿自认为不合格。身为妻子、母亲，却又时常地把工作中的烦恼转嫁到他们身上；在儿子最需要自己的时候，却不能在他的身边，不称职。唯独作为一名教师，虽无能，却日夜把工作牵挂在心。

常记着母亲的一句话：现在，家家都只有这么一个孩子，全家的希望都寄托在这一个孩子身上，工作时一定要上心。母亲的话，总使我感到肩负重担而压力巨大。

其实，生活在自己的大家庭中，理应感到幸福，却时常不满足；而在工作中，那种缘于内心的快乐却那么简单。当你笑意盈盈地上完一节课，铃声响起，孩子们围在你身边时，感到快乐；当你批改着作业，一双双稚嫩的小手为你轻轻敲背的时候，感到幸福；当你半天没到校，一进教室，孩子们立刻喊着老师来了时，又感到无端的满足。哪怕课堂上孩子们一句精彩的回答,家长一句浅浅的赞誉,都让身为人师的我们感到无比的快乐。课堂上的声嘶力竭、课下的苦口婆心似乎都值得!

说实话,作为一名一线教师,无论执教年级的高低,我们都日复一日地重复着同样的工作,甚至闭上眼睛就能看到自己退休的前一天在干些什么。既然这样,我们就换个角度吧!怀着快乐的心情工作,只有这样才能在工作中感到快乐!

在生活中我时常这样提醒自己:

1. 做一个自己快乐并给别人带来快乐的人,这是快乐的源泉。
2. 深深地爱自己的孩子,爱自己所教的学科,这是快乐的基础。
3. 用平常心做好平凡事,这是快乐的途径。
4. 用智慧而不是习惯来从事我们的工作,这是快乐的关键。

13．汲取孔子教育智慧,提高自身育人水平

从教的这些年,我读过很多遍《论语》,听过很多讲述《论语》的书,也带领学生背过很多遍《论语》的片段,还总是引经据典给孩子们讲述对话背后的故事,告诉他们做人做事的道理,以至于觉得自己已经在活学活用孔子的教育智慧了。

但走进孔子博物馆,走进孔子的一生,才真正懂了司马迁"高山仰止,景行行止,虽不能至,然心向往之"的感叹。

在《论语·先进篇》里有一个故事:有一次,孔子讲完课,回到自己的书房,学生公西华给他端上一杯水。这时,子路匆匆走进来,大声向老师讨教:"闻斯行诸?"孔子看了子路一眼,慢条斯理地说:"有父兄在,如之何其闻斯行之?"子路刚出去,另一个学生冉有悄悄走到孔子面前,恭敬地问:"闻斯行诸?"孔子马上回答:"闻斯行之。"冉有走后,公西华奇怪地问:"由也问:'闻斯行诸?'子曰:'有父兄在。'求也问:'闻斯行诸?'子曰:'闻斯行之。'赤也惑,敢问。"孔子笑了笑说:"冉有性格谦逊,办事犹豫不决,所以我鼓励他临事果断。但子路逞强好胜,办事不周全,所以我就劝他遇事多听取别人意见,三思而行。"

面对不同的学生给出不同的答案,为每个人找到最适合自己的方法,这才是"因材施教",仅仅这一点,就够我用一生去努力、去实践。

刚刚接手的班级里有两个比较特殊的孩子,虽然刚刚升入三年级,但一个家长已经陪读半年,一个在操场上游荡了一年。改变他们!这是我见到这俩孩子的第一反应。这段时间,我关注他们,表扬他们,肯定他们,也看到他们有了一些进步,能坐在教室里听课,不用家长陪同了,能按时完成老师的要求,很多人夸奖我

有办法,能在短时间内改变他们。我知道,我只是做到了尊重他、看到他,并没有激发起他内在成长的动力,因为我依旧看不到他眼里的光,这才是我最大的担忧。孔子的因材施教,是源于对子路和冉有的了解。而我在教育的过程中,还是在利用方法解决问题,没有真正地深入到孩子的内心,引导他们发现自己的兴趣和才能,然后获得进步,所以,我的"因材施教"只是理论,并没有真正去践行。

在唯"分数论"、唯"名次论"的今天,我也常常忘记自己的初心,忘记自己到底要什么,而只是一味地"卷",一味地焦虑,和家长一起,逼迫着孩子上学学知识,课后补特长,一刻也不得闲。我们都舍不得慢下来,都在努力地改变孩子,想当然地认为只要学就会有收获,而忽略了孩子的生理和心理特征,也忘记了改变这个世界最有效的方法,不是去改变别人。如果有捷径的话,捷径就是改变自己,每个人把自己的事做好,这个世界就好了。

作为一名教师,我更要改变自己,做一个像孔子一样终身学习的人,以此影响学生、影响家长,让他们追随我,向着做最美的自己努力。践行"古之学者为己,今之学者为人",在至圣先师的引领下,成为担当国家和民族使命的"国之大者"。

14．我们是朋友

非常喜欢这个小故事:从前,有一个脾气很坏的男孩.他的爸爸给了他一袋钉子,告诉他每次发脾气或者跟人吵架的时候,就在院子的篱笆上钉一根。第一天,男孩钉了37根钉子。后面的几天他学会了控制自己的脾气,每天钉的钉子也逐渐减少了。他发现,控制自己的脾气,实际上比钉钉子要容易得多。终于有一天,他一根钉子都没有钉,他高兴地把这件事告诉了爸爸。

爸爸说:"从今以后,如果你一天都没有发脾气,就可以在这天拔掉一根钉子。"日子一天天过去,最后,钉子全被拔光了。爸爸带他来到篱笆边上,对他说:"儿子,你做得很好,可是看看篱笆上的钉子洞,这些洞永远也不可能恢复了。就像你和一个人吵架,说了些难听的话,你就在他心里留下了一个伤口,像这个钉子洞一样。"插一把刀子在一个人的身体里,再拔出来,伤口就难以愈合了。无论你怎么道歉,伤口总是在那儿。要知道,身体上的伤口和心灵上的伤口一样难以恢复。你的朋友是你宝贵的财产,他们让你开怀、让你更勇敢。他们总是随时倾听你的忧伤,你需要他们的时候,他们会支持你,向你敞开心扉。

是啊!朋友是每个人的世界里最独特的风景,是天空里最耀眼的星星!于是,友谊便成了世界上最单纯的最美好的东西。人生聚散无常,但真挚的友情却可以带来几许温暖、几多温馨。

真正的友情,如一缕明丽的春风,伯牙与子期"高山流水遇知音"的友谊境界,让世人称颂不已,李白的"桃花潭水深千尺,不及汪伦送我情"成为千古传颂的情谊诗篇,鲁迅与瞿秋白、马克思与恩格斯更是古今中外的真正友谊典范。

"君子之交淡如水"。真正的友情,是朋自远方来的笑,是天涯若比邻的心境,更是患难见真情的感动。当阮恒颤抖举起生命小手,朋友,便成了山间清澈见底的小溪;当中国国际救援队浸透衣服的汗水洒落在异国他乡,朋友,便成了林中长青的大树。

于是,朋友便跳出个圈,跨越国界,迈向大洋彼岸,架起中非那抹友谊的彩虹。

于是,那个不知名的少年,用那小小的木雕,诠释礼轻情义重的友情真谛。

地球,我们共同的家园,虽然我们肤色不同,语言不同,但我们都有一个共同的愿望,那就是让世界充满爱,让人间充满信任,充满理解,只有这样,人类的明天才会更美好!

15. 学习,是对自己负责任的修行

决定学习心理指导师的学习之前,我在心底问过自己很多遍,这么大年龄了,还学吗?为什么学?能坚持到最后吗?虽然被老公泼了无数盆冷水,我还是调好闹铃,准时走进了会场。或许,这才是内心的声音。如果说人生就是一场修行,不断学习,便是对自己最负责任的修行。

在学习上,我一直是一个慢热型的人,往往需要过去一段时间,才能慢慢吸收所学要领。所以,我就特别佩服那些老师一说接着就迅速反应的同学,我这一辈子大约永远也不会有这样的高光时刻。好在,我一直是一个听话的人,对领导安排的事一定要认真完成,被任务驱动着,以完成任务为目的,不间断地学习,也有了一些收获。但这样的被动学习,往往会让人感觉到累,感受不到学习的快乐。

导师一次次谈到教育要直指内心,只有走心,才会有思考。就像今天金士杰的短片,一下子戳中了我的内心,"下一个十年,你要在哪里?下一个十年,你会在哪里?"这些一遍遍叩击着我的心灵。掐指一算,再有七年,2 500多个日夜,我就要离开学校,离开孩子们,从此,职业生涯戛然而止。一种莫名的恐慌涌上心头,那一刻,我流汗了!虽然嘴上喊着快退就好了,但真正要进入倒计时之时,不慌是不可能的。

2021年暑假,儿子考上大学离开家的那一刻,我曾经规划过我的第二个春

天,和老公相约每周爬一次山,每晚锻炼1小时,每周打一次扑克,一月读一本书……我们畅想了很多,但终究没有敌得过疫情,没有敌得过琐碎工作带来的疲倦……稀里糊涂过了半年,我入选山东省优秀班主任工作室主持人,转过年又主持了诸城市家庭教育名师工作室,又被确定为2022—2025年齐鲁名主任建设工程人选,生活节奏一下子发生了变化。以"培养当代教育家"为目的的培养过程让我手忙脚乱,无论是工作室主持人还是建设工程人选,都有一个严格的考核标准,为了达到这一目标,无头苍蝇一样跟着任务追逐,却忘记了自己的初心,被动工作、学习让自己很累,心也很疲惫,甚至有种"德不配位"的感觉,常常埋怨,常常烦躁,甚至还有深深的挫败感。

很长一段时间,常常问自己,这是我想要的生活吗?我能够胜任荣誉带来的责任吗?今天,在会场,这段视频让我反思自己,痛苦的根源在于没有认真规划自己的职业生涯,特别是近三年的职业规划,一味为了完成省厅的培养任务而学习、工作,而不遵从自己的内心,按照自己的规划一步步前行,人生便变成一团乱麻。

感谢今天的学习,让我先反思"未来三年,我要去哪里?我要如何到达?"。借助省厅搭建的平台,珍惜导师的指导,真正将实践与理论相结合,完成自己的三年规划,不急不躁,情绪平和地读书、写作,进行课题研究,我坚信,我终会到达理想的彼岸,遇到最美的自己。

16. 雪中随想

记不清有多久没有像今天这样静静地享受雪带来的美好了。

我情不自禁地伸出手去,雪花好像柳絮一般慢慢地飘到了我的手心,想好好观察它时,它却调皮地走了,只留下一滴水珠在我手中,这大概是它送给我的见面礼吧!

雪还在飘飘洒洒地下着,我迫不及待地带着儿子步入恐龙公园。飘飘然从天上落了下来的雪花,像芦花一般,像蒲公英带着绒毛的种子一般,在空中飘飘悠悠地飞着,然后再轻轻地落下来。远处的山,近处的树,便悄悄地躲在这一片洁白中了。这使我不禁想起两句诗:"忽如一夜春风来,千树万树梨花开。"

雪中的公园一片静谧,逶迤的小路、静静的湖水,在雪的掩盖下,分不清彼此,放眼望去,看到的只是一片白。岸边的垂柳依旧静静地站在那里,纹丝不动,遒劲的枝干上因为有了白雪的点缀,无端地多出了一份高雅。站在河岸边,心就莫名地沉静了许多,于是,眼中所见便处处是景。

雪还在下着，不徐不疾。沿着园中小路欣赏着、赞叹着，那一簇绿色的叶子就这么进入了我的视线。该怎样形容这一团的绿啊！在层层白雪的覆盖下，一片片叶子绿得晶莹，绿得剔透，充满着生机，让你不得不为它叫好，更妙的是，那高过花叶的星星点点的红色，在这灰茫茫的天幕中，如晶莹的宝石，如出征的战士，举着鲜红的火把……

儿子大喊一声："妈妈，这是花骨朵！"还真是！在如此严寒的冬季，花儿依旧顽强地战胜了自己，战胜了自然，笑对茫茫白雪、猎猎寒风。突然就想到了新教育中的那句话：无限相信教师和孩子的潜力。还真应该这样，无限相信我们的能力，就会迸发出无限的潜力。连小小的植物都能做到，更何况人呢！

雪还在下着，但公园里的人陆续多起来了，孩子们的欢笑声为这片寂静增添了活力和生机。我也跟随着儿子加入了他们游玩的行列，皑皑白雪上便多了我们深深的足迹。

这洁白的雪啊，虽然带来了不便，但人们还是喜欢雪，因为洁白无瑕，更因为纯洁无比。

17．忆童年

站在温暖的阳光下，看着校园里一群群、一簇簇的孩子，眉飞色舞地喊着什么，出拳、伸手，聚精会神地玩着，那么卖力、那么入迷。我不由得感慨万千，往事便悄悄涌上心头……

那时的我也只有这么大。每天上学时，那五块命根子一样的小石头，便早早地放到布袋里。破书包里跳绳、布毽子更是缺一不可。那时的我们，不用花钱，有多少快乐的游戏啊！"跳大绳""打毽子""抽陀螺""翻绳""踢毽""放大炮""跳房子"……应有尽有。

一下课，大榆树边，三个一群、五个一伙，各忙各的，整个校园一片沸腾。老师们休息好了，慢悠悠地来到榆树下，拉起长绳，敲几下石钟，"铛、铛、铛……"的声音便萦绕在整个校园里。铃声中我们迅速跑进教室。顷刻间，整个校园安静下来。擦擦额头的汗，仰起红扑扑的脸蛋，瞪着一双双渴求知识的眼睛，静静地等候着老师。这时的校园，静谧而又美丽。

那时，家家户户的日子都穷。我们家姐妹多，我又是最小的一个，总拾姐姐们穿旧的衣服穿。那小小的布袋经不住岁月的流逝，装几次小石头便磨碎了。每次哭泣的时候，母亲便变戏法一样找出同花色的花布给换上，心里那个美呀！就如同穿上了一件新衣服。不知那时,为何将那变化多样的五块小石头叫"bó gū",是不是因为玩耍时它发出鹁鸪一样悦耳的声音,无从考证。但它却是我童年所有的荣耀和骄傲。

记得那时村西的小河里,有许多奇形怪状的石头,总是不顾蚂蟥有多少,奋不顾身地跳下水去挑选那些最适合砸成"bó gū"的石头。不论手指上砸出来多大的血泡,也从来没吭过一声。什么"大把、小三、小俩、单个",什么"斤一、斤二、斤三……",什么花样都有。现在回忆起来,那么多动手的游戏,是否歪打正着开发了大脑的智力?

四姐最喜欢和别人比赛,我家西边的场院是赛场。可四姐那时的身体弱,几个回合下来便大汗淋漓。每每这时,场院里便响起清脆的叫声:"小五儿,快点儿!"无论此时的我正在干什么,总是迅速地放下手中的一切,赶到场院里参与比赛。可要强的四姐,只要我输给别人总是劈头盖脸地批评我,让我在快乐的同时,总有些许的落寞。

忆童年,心底荡漾着的是盈盈的笑意;忆童年,岁月留下的是深深的思念;忆童年,我的那段无愁无恨无怨天真又欢欣的岁月……

18. 有梦想谁都了不起

我有幸走进金茵小学,进行了为期一天紧张而又快乐的学习生活。

春风拂面,杨柳依依,院墙上开得正浓的爬墙梅,无端地为金茵小学平添了几分魅力。每到一所学校,我总是习惯性地和自己的学校进行比较,孩子的习惯养成、校园文化建设甚至学校的卫生……凡是自己的眼睛能看到的一切,都会默默地对比。说实话,除去满园的绿色和小班额的教学让我心生羡慕,其余的,我觉得我们美丽的文化路小学毫不逊色。心里带着些许的遗憾度过了整整一个上午。下午,真正地聆听了常丽华老师和小蚂蚁班《在农历的天空下——杨柳与送别》一课,又听取了《小蚂蚁教室的故事》,那种心灵的震撼是无法用语言表达的,只能借用这句话来表达我的感受:"有梦想谁都了不起!"

四年前第一次聆听常老师《在农历的天空下》,心中就跃动着说不出的激动和兴奋。今天,真正地走进小蚂蚁课堂,又平添了一份震撼和感慨。

当36只小蚂蚁齐唱《送别》时,那美妙的声音就把我深深地感动了。而随着课的深入,这群小小的孩子,一次又一次让我震惊,甚至热泪盈眶。单是那美妙的读书声,就让我羡慕不已,清脆又不浮躁,悦耳却不张扬,和着优美的乐声,如同天籁之音。再看小蚂蚁们的作文,更是自叹弗如,从字数到行文,从选材到用词,处处涌动着一种自然之美。这些可爱的小蚂蚁,在老师的带领下,在属于自己的蚁窝里快乐地成长,幸福地生活。

这是一群幸运的孩子,遇到一位如此优秀的老师;这是一群幸福的孩子,遇到一位如此执着的老师。听着常老师的课,看着那一页页饱含着她自己心血的幻灯片,心里不止一次地涌现出一个问题:"是什么使常老师如此忘我地执着工作?"再听她的报告,看着她和孩子们一次又一次地远足,欣赏着她为孩子们精心制作的班服,聆听着她深情的告白,心里豁然开朗:是梦想!是勇气!正因为有了梦想和勇气,常老师才创造出一个又一个的奇迹。

我想,正是因为梦想在不远的前方召唤着,所以常老师才会通过自己的努力拼搏,一步步地实现自己心中的梦想,实现自己的人生价值。反思自己,前怕狼,后怕虎,有梦想,却只靠幻想来实现。于是,梦想就成了一纸空谈,所有的梦想在羡慕之后,在开始之时,就被劳累、被麻烦、被无所谓打得一败涂地。于是,我轻松地放下自己的梦想,又成了一个平凡的人。

其实,我知道,不懈努力是实现梦想的唯一渠道。亲爱的同志们,共同努力吧!有梦想谁都了不起,如果还能毫无保留地为实现梦想而努力,你就会更加了不起!

做个了不起的人吧!别愧对属于我们自己的生命!

19．清晨遐想

早晨,沿着河边小道晨练。树上的鸟儿叽叽喳喳地叫着,晨风中的树林,透着寂静。抬头仰望阳光正透过树叶间的林荫照射下来,像繁星在空中闪烁,有些刺眼,却十分晶莹美丽,透着不可捉摸的静谧。我喜欢这样的时刻,一个人漫步,任无边的思绪悄悄地涌上心头。快乐时,让心跳与风共舞;烦恼时,让风吹走忧愁;郁闷时,看看蓝天,看看绿树,心情就会无端地好起来。

看着河边晨练的人群,没人逼你,没人督促,却早早地出来,哪天不住外走,就是心事。眼前的一切让我想到孩子们,昨天中午,接到圆圆妈妈的电话,孩子不舒服,不想去学校了。这种状况持续了好几周,中午醒来,就不想去学校。放下电话,我立刻反省自己,是我给孩子压力太大?是学校生活让孩子厌倦?抑或别的原因?一个下午,看着空空的座位,心里就有些酸楚。

做教师这么久了,要求完美,吹毛求疵,有时候,自己都觉得难受。难免对孩子就有些要求高,一高就严格,一严格就容易厌倦。这两天,学校活动多,内心深处总是觉得既然孩子参加了,就一定要以最好的姿态参加。眼里看到的孩子需要改正的太多,就忍不住提醒、要求,我累,可能孩子也烦。

费尽心思将班级评价与经济课程结合在一起,希望用有效的评价激发起孩子们内在的动力,可走着走着,却变成了经济处罚。"胡萝卜加大棒"的做法只能在短时间内起到激励孩子的作用,要想激发孩子的内在动力就必须让孩子在自主、自律的过程中形成自主管理的能力。

看着眼前的三里庄水库,风从水上吹过,留下粼粼波纹;抬头看看天,阳光从云中穿过,留下丝丝温暖;岁月从树林走过,留下圈圈年轮,可是,我呢? 30 年的职业生涯,留下了什么? 到底要如何带领孩子改变目前的困境,真正走上自我教育、自我管理的路呢?

注定一生要从事这份职业,我有什么理由不去努力打造一间让孩子们喜爱的教室? 让孩子因为我的努力爱上学校、爱上学习。

天空收容每一片云彩,不论其美丑,所以天空宽阔无边。大地拥抱每一寸土地,不论其贫富,所以大地广袤无垠。海洋接纳每一条河流,不论其大小,所以海洋广阔无边。

那么,我呢? 50 个孩子,每一个都是独特的个体,都是一朵绽放的花,都是家庭的希望。为什么到了学校,就要用分数来衡量他们? 我是否需要坚持自己的初心,带领他们享受真正的教育美好。

只有这样,才会让孩子爱上学校,就像晨练的人们,在每天清晨醒来的时候,就迫不及待地要奔向自己的目的地。

20．在写与反思中成长

当一年又这么从手边悄悄溜走之后,在静静的黑夜里,便无端地感到害怕,我的生命真的就要这样走完吗? 骨子里还没有感觉到老,但镜子中的自己,却已面目全非。怕老,不仅仅怕是年轻的容颜不再,更怕日渐苍老的心。

自己都弄不懂每天在忙碌什么,但日子真的就这么一天天走过。闭上眼睛想想,今年,我收获了什么? 还真有,成都之行,为我打开了生命中的一扇窗。当我坚持着用笔书写我自己的思考和发现时,真的,我感觉我的心沉静了许多。站在教室里的时候,我会悄悄观察孩子的表现,当我给孩子们解决完一个矛盾的时候,我会问问自己,这样做行吗? 我会悄悄地把我自己放在孩子的角度去思考这个问题,当这一切悄悄发生变化的时候,我突然发现我真的能理解孩子了。可真正地把和孩子之间的故事变成文字的时候,在这个再思考的过程中,我蓦然发现,原来这些话说出来很不合时宜,原来这里我处理得太过粗糙!从这里看,写作的确是一个反思再反思的过程,这对自己的教育实践有一定的教育作用。

在写的过程中,突然发现得感谢我们身边的问题孩子,正是他们的存在,才给我们反思自己教育行为的机会。这些孩子,带着各自家庭的烙印来到学校,在成长的结点上困顿、彷徨。此时,我们是简单地指给他们方向,还是教给他们辨别方向的方法;是电闪雷鸣般地批评指责,还是理解包容;是唤醒他们自身的生命力和创造力,还是拖着、拽着他们前进。因为写,这些突然就成了我眼中的问题,让我一次次地思考。

《圣经》中的一个故事,讲出一个道理:"凡事都有定期,天下万物都有定时。"故事说,曾经有位猎人,有一天发现上帝的使徒约翰坐在地上,和一只养熟了的鹧鸪游戏。这位猎户好生奇怪,为什么一个生活这样严肃的人,会把时间如此浪费。使徒约翰抬起头来反问他说:"你背上的弓为什么不把弦扣上?"猎户回答说:"如果弓老是扣上弦,弓就失掉了弹力。"这位严肃又十分慈祥的使徒约翰微笑地说:"我和鸟儿鹧鸪游戏,理由也是和你一样。"这个故事向我们讲明一个道理:我们一定要学会放下工作,坐下来静思。消去心灵上的皱纹,去到海滨或者山间度假,不是人人都办得到的,我们总有做不完的事,总是十分忙碌,必须学会忙里偷闲,做片刻的休息。

当我们真正静思以后,那种在自己心中修篱种菊的宁静才会出现。新的一年,我将向着这个目标努力!

第四篇
教学心得,照亮教育之路

一辈子做教师,一辈子学做教师。
———于漪

1. "四爱"育人,唤醒生命的主动性

一、对教育理解的新启发

带着近三十年的教育实践,再次走进《教育学》,将理论和实践相结合后,更深入地理解了教育的本质。理论的学习促进了自我的反思,更对教育,特别是对自我教育的理解有了全新的认识。

这些年,在班级管理和对学生培养的过程中,一直通过班本课程的开展提升学生的生命品质,帮助他们实现自我管理的目的。但结合着理论学习再去观察和分析自己的教育实践,愈发感觉对教育目的的理解有所偏差。近30年的实践中,更多地关注如何让学生学会自我管理,而不是引领学生在成长的过程中实现自我教育的目标。仔细分析自我管理和自我教育的区别,自我教育是"在教育引领下的有意识的自为、自觉、自强的过程",[①]强调的是自主性和全面性的提升。而自我管理则侧重于行为的制约和自我控制,是对自身目标、思想、行为等方面进行管理的过程。一个重自身修养和综合素质的提升,一个重自我奋斗目标的实现,虽然都能促进个体不断发展和完善,但自我教育从人的发展的视域看,"表现为:他们在教育者的影响下,在积极参与社会生活和交往活动的基础上能动地进行自我认识、自我发展和自我建构"。[②] 当学生拥有了这样自我教育的能力,这才是成功的教育。正如苏霍姆林斯基所说:"没有自我教育就没有真正的教育。"

从自我管理到自我教育,首先需要作为教师的我的理念的转变,这种转变不仅仅是教学方法和策略的转变,更要对教育的本质、规律和目的重新理解和认识。

二、对教育规律和本质的理解

既然"一切教育本质上都是自我教育""是有目的地引导受教育者能动地学习与自我教育以促进其身心发展的活动",那么,教育的首要任务就是"促进年轻一代体、智、德、美、行(实践智慧与能力)的全面发展,使他们从生物人逐渐成长为社会人,进而成为适应与促进社会生活各个方面发展需要的人"。[③] 作为培养人的活动,教育就要尊重人具有的能动性、可塑性和创造潜能等特点,就要遵循人特殊

[①] 王道俊,郭文安.教育学[M].7版.北京:人民教育出版社,2016:45.
[②] 王道俊,郭文安.教育学[M].7版.北京:人民教育出版社,2016:41.
[③] 王道俊,郭文安.教育学[M].7版.北京:人民教育出版社,2016:13.

的身心发展和成熟的规律，还要遵循教育自身的规律性和发展的连续性，推动教育理论和实践的不断进步。

首先，要重新认识学生在教育过程中主体地位的重要性。作为教育对象，学生在参与教育活动的过程中，有受动的一面，但同时，作为学习的主体，他们又有能动的一面。"相较而言，我们更需要注重学生能动的一面，因为教师的引导与传授只是学生搞好学习的外在条件，学生真正要把知识学到手，还需要经过他们主动地观察、思考、理解、运用、反思和提高才能实现。如果教育活动没有学生的积极参加，不发挥他们的主观能动性，那只是教育者的独舞，不可能有好的效果。"① 所以，在课堂上，我们扮演着知识传授者的角色，一味包办代替的做法必须要做出改变，要从"教"转变为"导"，因为"教育活动的实际效果归根到底必须落实到受教育者的自愿学习、自我建构和自我实现上。教育者的教育活动，只能引导和促进受教育者的发展，不能代替受教育者的发展。随着受教育者的学习的自觉性和知识、能力的不断增长，他们的能动性在教育活动中起的作用将日益加大，逐步趋向自觉、自为、自律与自主"。② 当我们了解了学生的发展规律，就能创新教育活动的方法，从而引领学生走向全面发展。

其次，要真正树立以人为本的教育观。这就强调在教育的过程中，教师关注的不仅仅是知识的传授、学生的考试分数、班级考核的成绩，而是把学生的全面发展、个性发展和可持续发展作为教育的核心。这就对教师提出了更高的要求，既要尊重学生的个性发展，又要激发学生学习的兴趣和动力，引导他们学会自主学习和自我管理。因为"树立以人为本的教育观，还意味着肯定人是自我教育、自我发展的主体。……教育必须尊重人在自我教育、自我发展中的主体地位。教育的艺术和教育的成效，在很大程度上取决于启发、培养、引导、激励和发挥人的自我教育、自我发展的能动性"。③

最后，教师要不断提升自己的专业素养。作为教育活动过程中的领导者、设计者、引导者，只有不断学习，才能提高自己的教育水平、教育智慧和教育艺术，才能灵活地运用各种教育方法来激发学生的学习兴趣和动力，才能在遵循前人宝贵经验的基础上继续发展和前进，从而引领学生在受教育过程中不断发现自我、完善自我，最终实现自我教育的目标。

---

① 王道俊，郭文安.教育学[M].7 版.北京：人民教育出版社，2016：18.
② 王道俊，郭文安.教育学[M].7 版.北京：人民教育出版社，2016：18.
③ 王道俊，郭文安.教育学[M].7 版.北京：人民教育出版社，2016：68.

三、我的教育主张和教育理想

教育主张:"四爱"育人,用仪式课程唤醒生命主动性
教育理想:让每一个学生"眼里一直有光,心中永远有爱"

坚持"育人为本,德育为先"的教育思想,在"眼里一直有光,心中永远有爱"的教育理想的引领下,我大胆实践、不断创新班主任工作的方法,研发班本课程,用班级仪式课程助推学生的生命成长,形成了"四爱育人"的教育模式,坚持用仪式课程唤醒生命主动性,鼓励每一个学生自主自能成长。

叶圣陶先生主张"教是为了不教",苏霍姆林斯基认为真正的教育是自我教育,由此可见,自我教育的重要性。而教育的最终目的就是实现自我教育,成长为体、智、德、美、行全面发展的人。一个"全面发展的人",必须要在三个方面形成健全的能力:一是处理好人与自我关系的能力,对自我生命有正确的认识、建构、反思和提升,这也是"爱自己"的能力;二是处理好人与社会关系的能力,要在社会交往中,学会理解他人,尊重他人,宽容他人,主动"关爱他人"的能力;三是处理好人与自然关系的能力,引领学生走向生活,融入社会,悦纳世界,拥有"爱生活"和"爱世界"的能力。

培养具有"四爱"能力的全面发展的人,成为班级立德树人的核心目标。以学生喜爱的仪式活动为切入点,用"班级仪式课程"助推学生成长,唤醒生命的主动性,并在这个过程中不断增强"自我教育"的能力和动力。

班级仪式课程,作为班级德育活动的主要实施方式,围绕着"爱"这一核心育人目标,构建了班级仪式课程体系:爱自己的成长仪式课程,爱他人的常规仪式课程,爱生活的节日仪式课程,爱世界的共读仪式课程。

在不同的年段,培养的目标也有所侧重,和谐发展,螺旋上升,让仪式课程成为优质的滋养,帮助学生走向真正的"自我教育",成长为全面发展的人。

明确培养目标,提炼出二十四个关键词,"感恩、尊重、热爱、友善、快乐、自信、诚实、谦卑、专注、有序、坚持、守时、团结、互助、勤奋、创新、智慧、规则、责任、担当、勇敢、忠诚、宽容、公正",这既是课程选材的基本内容,又是培养全面发展的人的达成目标。本着"教育即生活,生活即教育"的教育哲学,研发出二级课程,成长仪式课程下的生日仪式课程、故事妈妈课程;常规仪式课程下的课前仪式课程、课堂仪式课程、收纳仪式课程……;节日仪式课程下国家节日课程、传统节日课程、班级节日课程;共读仪式课程下的选书仪式、开启仪式、结束仪式……

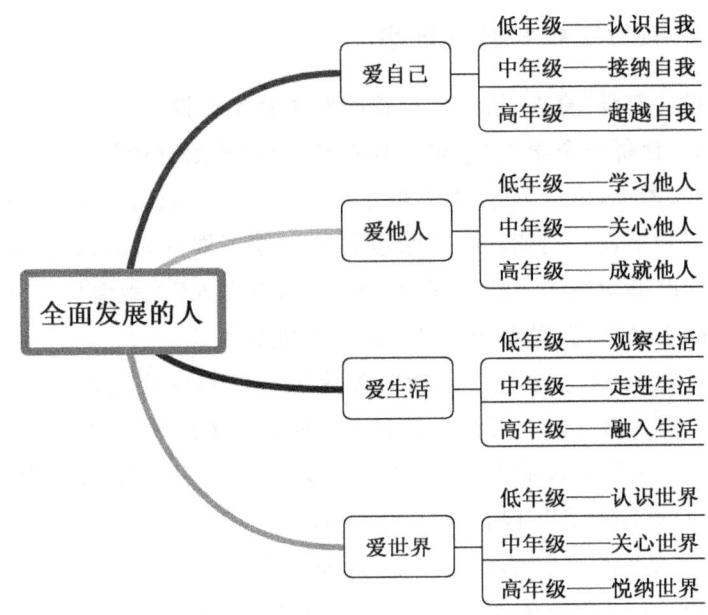

图 4-1 "四爱"育人阶梯上升

将成长仪式课程指向尊重与热爱,启迪学生自省,促使每一个独特的生命得到成长、发展和完善;将常规仪式课程指向细节与习惯,以他人为榜样,改变当下的自己,唤醒自我发展的意识;节日仪式课程指向责任与担当,引领学生走向社会,培养生命的责任感;共读仪式课程指向创新与超越,发现生活的意义,让生命在阅读和经历中超越。

以"仪式课程"为载体,紧紧围绕"四爱"育人目标,抓住"自我教育"这条主线,开展了一系列的班级活动,班级逐步形成了独具特色的文化生态,班级生活成为"主动生长,自我塑造"的理想样态,在逐渐遇见最好的自己的路上,"四爱"育人的模式也逐渐形成。

四、困惑和问题

实践的过程也发现了很多问题:1.育人目标不够明确;2.课程内容对学生成长意义不大,流于形式;3.依然存在课程实施流程不够严谨的问题。

2. 影响小学生学习动机的原因及解决策略

一、研究目的

1. 对影响小学生学习动机的原因进行探讨和研究,教师可以更深入地了解学生的学习需求和心理状态,并针对性地提出提升学习动机的方案,帮助学生找到学习的乐趣和动力。

2. 聚焦学生学习动机的探讨和研究,可以帮助教师改进教学方法和策略,不断优化教学实践。

3. 对影响学生的学习动机进行研究和探讨,我们会更加关注学生的心理健康和全面发展,帮助他们建立积极、健康的学习态度,提升自身价值,有效激发学生的自我效能感和内在的学习动机。

二、研究对象

诸城市文化路小学 3.8 全体学生。

三、研究方法

(一)文献法

本次研究主要通过学术期刊网、知网等查找相关文献,学习庞维国教授的《学习心理学》,找到研究的理论基础,初步构建出研究思路。

(二)问卷法

问卷法是本次研究的重点研究方法,结合班级现状,设计了针对学生的 19 个问卷题目,发放了 50 份调查问卷,收回 46 份,得出了现状的具体问题。通过对调查问卷的分析,得出相关数据,为研究策略的提出打下了坚实的基础。

四、原因分析

依据 Ryan 和 Deci 的自我决定理论、Weiner 的归因理论、班杜拉的自我效能理论,问卷设计的问题突出了对学生内部动机和外部动机的多维度评估,设计的问题突出了四个方面的考量:对学习的直接兴趣(学习兴趣)、对学习目标的落实(自我监控)、对学习方法的选择(学习策略)、对学习结果的归因(成就归因)。问题的设计具体、明确,以便更好地反映问卷个体的情况,并为他们的学习行为提供一个正确的导向。

经过对问卷的深入分析和不断改进,最终确定了 19 个题目,从学习动机、自我控制能力、学习策略运用能力、自我评价能力四个维度进行了调查。遗憾的是,学习动机包括内部动机和外部动机两个方面,受到外部因素的影响很大,没有对教师进行问卷调查,是本次研究的一大缺失。针对学生的问卷,对自己所教授班级的 50 名学生进行发放,收回 46 份,证明本次调研具有准确性和可靠性。

五、调查结果分析

(一) 学生学习动机的分析

学习动机是直接推动学生进行学习的一种内部动力,是激励和指引学生进行学习的一种需要。学生的学习受多方面因素的影响,其中主要是受学习动机的支配,但也与学生的学习兴趣、个人的价值观、学生的态度及外来的鼓励紧密相联。内在兴趣强,就会产生内在动力。

所以,对学生学习内部动力的分析,共设计了四个题目:

第一题通过对自己取得成绩的原因分析学生学习的内在动力,有 18 名同学选择取得好成绩的原因是因为热爱学习,说明这 18 位同学学习的内部动机较强,24 位同学选择是为了得到老师、家长的夸奖,同学羡慕的目光,可见,外部的激励同样可以起到诱发学习动机的作用。这就提醒我们,不只是只有内在兴趣的孩子才会好好学习,对于中年段的孩子,外在动力非常重要,我们学会鼓励和赞赏孩子。

*你想要取得好成绩的原因是:

我喜欢学习	18份(39.13%)
想要得到老师的夸奖	3份(6.52%)
想要得到家长的夸奖	1份(2.17%)
会收获到同学羡慕的眼光	0份(0%)
不仅可以得到老师、家长的夸奖,还能收获到同学羡慕的眼光	24份(52.17%)

第二题依据韦纳的归因理论,个体通常把自己经历过的事情的成败归结为如下六个原因:能力、努力程度、任务难度、运气、身心状况、外界环境。从调查结果看,38 位同学选择成绩的取得与自己是否努力有很大关系,7 位同学认为自己学

习基础差，共占比97.83%，只有一位同学将原因归因为不够聪明，可见，对于中年段的孩子，已经意识到自己的成功要归因于自己的努力和学习的能力。这就提醒我们，在教学过程中，要对学生的学习行为给予积极的评价和回应，这样有利于激发学生的学习动机。

根据动机行为与目标的远近关系，学习动机又可以分为近景性动机和远景性动机。近景性动机，与近期目标相联系。问卷的第三题，20个同学选择首先完成最感兴趣的作业，占比43.38%；15位同学选择容易完成的作业，占比32.61%。第四题有40个学生选择一直为实现理想而努力奋斗，占比86.96%。可见中年段学生，因为年龄的特征，喜欢优先考虑距离自己较近，容易完成的目标，但同时他们又清楚地知道要设定较为长远的学习目标，这种间接的远景动机让学生开始考虑自己理想、信念和个人前途，这就提醒作为教师的我们，不仅要关注学生学习的兴趣、教学设计的新颖，更要关注学生的心理特征，让每个学生感受到自己未来的使命，有利于激发学生的学习动机。

*你认为影响你学习成绩的关键原因是：

不够聪明	1份(2.17%)
不够努力	38份(82.61%)
学习基础差	7份(15.22%)
老师	0份(0%)

*完成家庭作业时，你首先选择的作业是：

最难的作业	11份(23.91%)
最不喜欢的作业	0份(0%)
容易完成的作业	15份(32.61%)
最感兴趣的作业	20份(43.48%)

*你会为了实现自己的理想而努力学习吗？

一直都是	40份(86.96%)
离长大还很远，以后再说吧	3份(6.52%)
理想和成绩的关系不大	1份(2.17%)
我不知道自己的理想是什么	2份(4.35%)

（二）学生自我控制能力分析

学习动机从来源上可以划分为两大类：内在动机和外在动机。外在动机是在外部刺激的作用下产生的，是为了获得某种奖励而产生的动机。内在动机是由个体的内部需要所引起的动机。研究表明，具有内部动机的学生渴望获得有关的知识经验，具有自主性、自发性；具有外部动机的学生的学习具有诱发性、被动性，他们对学习内容本身的兴趣较低。所以，内部动机支配下的行为更具有持久性。

对于学生来说，如果学习动力来自需要，他们就会通过主动学习使自己的需要得到满足，产生积极的学习动机，自我效能感随之提升。这种内在的自我驱动能力有助于学生自我监控能力的形成。

问卷关注的是学生能否合理规划学习时间，制订学习计划，进行自我监督三个方面，调查结果显示，78.72%的学生能够主动完成作业，但只有65.96%的学生能够在规定时间内完成作业，21.28%的学生需要在家长的催促下才开始写作业，10.64%的学生必须要有父母的陪伴才能按时完成作业。可见，中年段的学生自我监督能力存在显著差异，对学生内在学习动机的培养是新学期的工作重点。

*放学回家，你什么时候开始写作业？

我自己主动完成作业	37份(78.72%)
需要父母的催促才开始写作业	10份(21.28%)
父母催促后依然不愿意开始写作业	0份(0%)
先玩够才开始写作业	0份(0%)

*你会制订每天的学习计划吗？

每天列计划	18份(38.3%)
经常制订	7份(14.89%)
偶尔制订	20份(42.55%)
从不制订	2份(4.26%)

*你能在规定时间内完成老师布置的作业吗？

总是按时完成	31份(65.96%)
父母陪着就会按时完成	5份(10.64%)
作业简单时会按时完成	10份(21.28%)
边玩边写，导致无法按时完成	1份(2.13%)

*课堂上,你听课的状态是:

带着预习的问题去听讲	15份(31.91%)
认真听讲,并做笔记	26份(55.32%)
边玩边听	1份(2.13%)
需要老师的提醒才能认真听讲	5份(10.64%)

调查结果同时显示,中年段的学生不会合理地规划自己每天的时间,缺乏制定计划的意识,需要教师的正确引导。而调查同时显示,自主学习能力强的学生,在制订计划方面表现出更强的能力;而能力较弱的学生,在自我监督方面表现出的能力就比较弱。

由此可见,自我控制能力和学习动机之间是一个相互促进的关系,自我控制能力的提升能激发学生的学习动机,而学习动机的提升又反过来提升学生的自主学习能力,这种良好的循环使学生在学习的过程中不断进步和成长。

(三)学生学习策略运用能力的分析

学习策略是学习者为了提高学习效果和效率,有目的、有意识地制定的学习过程的复杂方案。根据目标设置理论,学习动机与目标紧密相联,学习策略是学生实现学习目标的手段,具有不同学习动机的学生,在学习策略的选择上也有所不同。具有外部动机的学生倾向于运用机械的学习策略,具有内部动机的学生会更加主动地去探索,运用更有意义的学习策略去达成学习目标。

为了更好地了解学生学习动机与学习策略之间的关系,共设置了6个题目,调查结果显示,78.72%的学生在学习的过程中遇到困难会迎难而上,68.09%的学生会通过自己的努力找到解决问题的方法,这些同学自主探究的能力就很强,剩余31.91%的学生会直接寻求帮助,学习的主动性不够强。由此可见,大部分学生具有高成就动机,但剩余的30%多的学生也不可忽视。一个人的成就与自我效能感成正比,而自我效能感就需要学生在成功的过程中一小步一小步地建立起来。

在调查课前预习的第十题中,可以发现61.7%的孩子会主动预习,以便课堂上带着自己的思考去学习,虽然调查结果高于平时上课时学生的表现,但剩余38.3%的学生能够完成老师布置的预习任务,可见,中年段的学生经过三年的学习,已经有了预习、复习的意识,但为了更好地培养学生自主学习的能力,还是将此习惯进行巩固与强化。

在调查问卷中,特别提到了数学纠错本和语文阅读的方法,这是基于对本班实际情况的考量。48.94%对数学老师建立数学纠错本这种总结学习策略缺乏正确的认识,只有21.28%的学生将本学期课堂上经常使用的思维导图帮助理解和记忆的方法运用到自己的阅读过程中,这些可以有效提升学生创造性思维和分析性思维的学习策略,三年级学生学习和运用起来还是略有困难。这也导致让学生列举用所学知识解决生活中的问题时,只有两名同学能够列举出来,在情境中学习,却不能将所学知识运用到情境中。这再次提醒我们,要关注新课标的理念:让每一个学生在学习中经历知识的诞生和使用过程,让探究和创造成为每一个学生的学习和生活方式,让每一个学生创造着长大。

* 遇到有挑战性的学习任务时,你的做法是:

积极应对,迎难而上	37份(78.72%)
先尝试一下,不会就算了	6份(12.77%)
太难了,我不想难为自己	1份(2.13%)
老师还讲,我等待老师的讲解	3份(6.38%)

* 学习新课之前,你会进行预习吗?

我会提前预习,以便带着问题去听讲	29份(61.7%)
只要老师布置预习作业,我就预习	18份(38.3%)
预习作业,老师检查不严,糊弄一下就好了	0份(0%)
反正老师还讲,不用预习	0份(0%)

* 遇到难题时,你的做法是:

先反复思考,不会再去请教	32份(68.09%)
先问父母和老师,请教后再做	11份(23.4%)
先和同学讨论,再做	4份(8.51%)
抛在一边,等待老师讲解	0份(0%)
选项2	0份(0%)

* 数学老师带领你建立的纠错本,你是如何使用的?

遇到同类型的题目,我会先到纠错本上查找错误的原因	24份(51.06%)
等到复习时,我会拿出来再翻阅一下	13份(27.66%)
复习时,妈妈会提醒我看纠错本	8份(17.02%)
老师的作业,用完后就不用管了	2份(4.26%)

*阅读的过程是思维不断升华的过程,你在阅读时会怎样做?

我会和老师一样,边阅读边画思维导图,以便帮助理解记忆	10份(21.28%)
我会在阅读的过程中,提出问题,带着问题再去阅读	21份(44.68%)
我会邀请父母和我一起共读,便于讨论故事中的有趣情节	8份(17.02%)
读完就好了,我只记住了其中我感兴趣的情节	8份(17.02%)

*你运用自己的所学知识解决过生活中的问题吗?

解决过	41份(89.13%)
从来没有	3份(6.52%)
请举例你解决过的问题:	2份(4.35%)

(四)学生自我评价能力分析

美国心理学家班杜拉的自我效能感理论是人们对自己是否有能力从事某项具体任务的主观评价。所以,高自我评价的人对自己的能力和价值有着积极的评价,自我效能感也相对较高。低自我评价的人则会因为消极的评价导致自我效能感相对较低。自我效能感影响着人在面对困难时的态度,自我效能感高的富有自信,愿意面对挑战和困难,即使失败,也会对自己做出客观的评价,也更容易产生内在学习动机。而自我效能感低的学生更多依赖外部刺激来维持学习的动机。

调查显示,55.32%的学生是为了实现自己的理想而努力学习,31.91%的学生为养成良好的学习习惯而努力,他们的自我效能感就很高,能够坚持自己的行为,通过不断努力实现自己的目标。可见,三年级学生的自我效能感相对较高。即使在经过努力仍然失败的情况下,他们依然会选择找人倾诉,或者自我安慰,这都是自我效能感高的表现。

100%的学生在意自己的成绩,并会对自己的成绩进行分析,可见,三年级的学生已经能够非常清楚地了解自己的学习情况,并清楚自己的优势和不足,所以,带领孩子进行积极的自我反思非常有必要。调查同时显示,三年级学生非常在意他人对自己的评价,可见,及时提供有效的反馈会增强学生学习的信心,并有效提高学习动机和动力。问卷最后一题因为对归因模式中的积极归因和消极归因的概念理解不够,导致题目的设计失去了分析的意义。

*你认为自己认真学习的原因是：

实现自己的理想	26份(55.32%)
争当四好少年	5份(10.64%)
养成良好的学习习惯	15份(31.91%)
爸爸妈妈看得紧	1份(2.13%)
老师要求严格	0份(0%)

*你会关注自己的成绩，并分析原因吗？

关注并每次分析原因	20份(42.55%)
关注成绩，经常分析原因	16份(34.04%)
关注成绩，偶尔分析原因	11份(23.4%)
不管分数，也不分析原因	0份(0%)

*你在意老师、家长、同学对你的评价吗？

非常在意	34份(72.34%)
比较在意	11份(23.4%)
很少在意	0份(0%)
从不在意	2份(4.26%)

*当你努力学习却回报很少的时候，你会：

自我安慰，失败乃成功之母	30份(63.83%)
找同学、父母倾诉，尽快调整学习	17份(36.17%)
运气不好，不怪自己	0份(0%)
不在意，无所谓	0份(0%)

*你不愿意学习的原因是：

学习任务太重，压力太大	16份(34.04%)
老师上课不够生动，呆板	1份(2.13%)
爸爸妈妈期望太高，我达不到他们的要求	10份(21.28%)
爸爸妈妈不关心我的学习	1份(2.13%)
成绩太差，跟不上	9份(19.15%)
选项2	10份(21.28%)

六、解决策略

针对影响小学生学习动机调查结果的分析,依据三年级学生的生理特点,对如何培养和激发学生的学习动机,保持学习的持续性和高效性,提出以下建议:

(一)有效激发内部学习动机,培养学习的兴趣

爱因斯坦说:"人的内在兴趣不一样,学习的动力就不一样,我认为对于一切情况,只有热爱才是最好的老师。"由此可见,当学生对学习的内容有了兴趣,就会主动求知,努力探究,兴趣成为驱使他们学习的强大的内部动力。要培养和激发内部的学习动机,就要从兴趣开始。

(1)设定具体的目标和期望,明确努力方向

阿特金森在他的成就动机理论中提出,动机与目标紧密相连,目标特征对一个人的学习动机影响很大。对三年级学生来说,树立的目标不能太远,一个遥远的蓝图对学生的影响不大。要呈现给学生近期的具体目标是什么、需要怎么做,完成后能马上看到效果。所以,阿特金森提出:"任务难度中等时,成就动机最强;任务简单,高成功率,反而不利于增强动机;任务太难,成功率低,也不利于维持动机。"在教学过程中,当教师设置一个个具有挑战性但可实现的小目标,让学生跳一跳,摘到桃子之后,就会感受到学习的快乐,产生获取知识的愿望,慢慢地,就会产生持久而主动的学习动力。

(2)采用多样化的教学方法,激发学习兴趣

新课标强调学生的主体性、创造性和实践性,这就需要教师采用多元化的教学策略,激发学生的学习兴趣和学习的积极性。在教学过程中,既要关注到学生的个体差异,让每个学生得到发展和提升,又要将课本知识和学生实际生活紧密相连,提高学习的实效性。像问卷中数学纠错本的使用、阅读方法的迁移都需要教师做出正确的引导。

新课标强调在情境中教学、项目式教学、合作式教学、生活化教学,这些都是进行跨学科学习和研究的方法,能够培养学生的实践能力和合作意识。另外,教师有目的地组织丰富多彩的实践活动,将课堂上学到的知识加以运用,来解决实际生活中遇到的问题,在加深对知识的理解的同时,再把实践中遇到的问题带回到课堂,激发学生的学习兴趣和创造力。

(3)建立积极的自我概念和自我效能感,提升学习信心

自我效能感和内在学习动机作为最关键的两个动力系统,对学生学习动机的

提升起着重要的作用。自我效能感从何而来?第一,客观地认识自我。了解自己的优点和能力,形成恰当的自我效能感。第二,获得成功的经验。学生在学习上获得成功,就能获得满足感,不断积累成功的经验,就会产生进一步学下去的愿望,自我效能感就在一次次的成功中建立起来。第三,榜样的示范非常重要。榜样既可以是身边的同学,也可以是社会上的模范人物,让学生看到成功的可能,从而提升学习的信心。

(二)有效激发外部学习动机,提升学习的积极性

我们强调内在学习动机的重要性,但也不是只有内在学习动机强的学生才会成功,外在的动力同样可以激励学生不断前进。课堂上,教师适当提供的外部诱因,对学习动机的提升起着重要的作用。

(1)利用学习结果的反馈作用,强化学习动机

让学生及时了解自己的学习结果,例如家庭作业的评价等级、考试成绩,课堂表现的反馈……都有助于学生调整学习策略,改进学习方法,强化正确的学习动机。下学期继续在家长群里对每日听写的满分进行表扬,对每天说写冠军的优秀作文通过公众号进行推广,经过一年的尝试,这些及时的反馈,一方面让学生看到自己的进步,享受到成功的喜悦,另一方面又起到了榜样示范的作用,将学习态度进一步强化。

(2)构建积极的评价机制,增强学生自信心

他人积极的评价也是提升学习动力的重要因素,特别是小学生,来自家长、教师和同伴的积极评价会让他们感受到被尊重和被认可,从而增强他们学习的动力和自信心。在日常教学过程中,注重评价的适时性、过程性、艺术性等特点,结合教师评价、同伴互评、自我评价等多种方式,形成多元互动的立体评价机制。采用表扬、鼓励等正面评价的方式,激发学生的积极性和自信心。用好学生成长记录册,将家长的每日反馈改为每天发现孩子一个优点,促进学生持续进步。将合作小组评价继续下去,新学期依然采用小组评价的方法,将小组合作和互助进行下去,既提高学生的集体荣誉感,又能培养小组合作的能力。

(3)适当利用外部奖励和惩罚,保持学习动力

虽然内部动机是学习动机的主要驱动力,但作为辅助手段的外部动机可以帮助学生,特别是小学生保持学习的动力。在小学课堂上,一朵小红花、一次口头表扬都可以成为激发学生学习兴趣和动力的手段。但奖励和惩罚要因人而异,对内向的学生,采用奖励的办法更有效;对外向的学生,采用惩罚的办法有时候更能提

高其学习动机水平。另外，将奖励的形式拓展为提供一次演讲机会、表演一个节目、推荐一本书、换一次同桌、邀请家长到学校讲述一个成长故事等，会给学生带来额外的动力，让他们保持更浓厚的学习兴趣。

简而言之，对小学生学习动机的培养和激发措施是复杂的，在教学过程中要根据班级实际采取有效的措施，但最终目的只有一个，那就是如何从"不想学"转变为"我要学"。

3. 学习任务群视域下小学语文"一核两联三环"教学模式探究

——以五年级上册第六单元《父爱之舟》为例①

《义务教育语文课程标准（2022年版）》（以下简称"义教新课标"）提出，以"学习任务群"组织与呈现义务教育语文课程内容，通过"六大学习任务群"推动语文教育的变革，最终指向学生的核心素养发展。立足学习任务群，笔者在小学语文教学中尝试以"一核两联三环"的教学实践范式，引领语文实践活动，提升学生的语文核心素养。所谓"一核"，即围绕"一个核心大任务"，构建基于单元整体的结构化教学设计，有序指导教学；"两联"指的是通过知识的整合、拓展与迁移，将零散的知识、有效的学习资源联结起来，并通过真实情境与学生经验、现实生活等联结起来；"三环"指的是课堂教学的基本流程，主要由"理解文本学得方法—迁移阅读习得方法—语言表达运用方法"三个环节的活动组成。

《父爱之舟》是小学《语文》（五年级上册）第六单元的一篇回忆性散文，全文以梦的形式呈现往事，描写了作者和父亲在一起的一个个生活场景，字里行间饱含着作者对父亲的无限思念。接下来，本文将以《父爱之舟》为例，运用"一核两联三环"的教学模式，探究学习任务群视域下的小学语文教学策略。

一、立足单元整体，确定核心大任务

"大概念是学科核心素养的'化身'，是学科本质在单元中的'投影'，它是我们进行大单元教学设计时所期待达成的'最高目标'，是指引整个大单元教学的'灯塔'，它决定了大单元教学设计的起点和最终归宿。"②而"核心任务是大单元教学

---

① 本文曾发表于《语文建设》。详见：王增霞.学习任务群视域下小学语文"一核两联三环"教学模式探究：以五年级上册第六单元《父爱之舟》为例[J].语文建设，2024(18)：69-72.

② 章巍.大概念教学15讲[M].北京：中国人民大学出版社，2023：143.

最外显的特征。有了核心任务,大单元教学才更像一个有机的整体。在核心任务'裹挟'下,学习者会主动学习单元中的相关知识与技能。"①学习一个新的单元或文本,首先需要确定大概念,然后依据大概念和学习目标等制定核心大任务。

《父爱之舟》一课的单元主题是"舐犊情深",语文要素是"体会作者描写的场景、细节中蕴含的感情";习作要求是"用恰当的语言表达自己的看法和感受"。单元主要学习目标是:①认识32个生字,会写27个字和39个词语;②能通过课文描写的场景、细节,想象画面,体会其中蕴含的感情,感受父母和子女之间的爱;③能联系生活实际,说出自己成长中新的认识和感受;④能用恰当的语言,借助场景和细节表达爱。

依据单元人文主题、语文要素、文本内容以及课后习题、交流平台等,结合五年级学生的认知水平,可以提炼出单元大概念:舐犊之情是流淌在血液里的爱和温暖,这种爱有不同的表达方式。

在单元大概念的统领下,依据单元学习目标,笔者将单元核心大任务确定为:"再现场景品细节,感悟父母之爱,表达人间真情,评选真情传递者。"依据核心大任务,确定《父爱之舟》的任务为"从场景、细节中体会父母之爱",在文本学习的基础上拓展阅读《背影》,达成三个子任务:①聚焦重点场景,探究品读细节,理解深切的父爱;②迁移阅读《背影》,习得表达方法;③运用场景细节,抒写身边的爱。

二、根据教学提示,实现两个联结

《父爱之舟》的内容组织与呈现方式属于文学阅读与创意表达群。义教新课标提示:"根据学段学习要求,围绕多样的学习主题创设阅读情境……在主题情境中,开展文学阅读和创意表达活动,引导学生感受文学之美、表达自己的独特感受,促进学生的精神成长。"②依据这个基本的教学提示,教师可以着重从两个方面建立联结,创设主题阅读情境。

(一)根据内容,联结相关文本

《父爱之舟》的主题是"父爱",作者从"父亲缝补棉被"的段落,联想到了"后来我读到朱自清先生的《背影》时,这个船舱里的背影也就分外明显"。关于"父爱"的联结阅读,可以首选朱自清的《背影》,再选《挥手——怀念我的父亲》等文章,引

---

① 章巍.大概念教学15讲[M].北京:中国人民大学出版社,2023:144.
② 中华人民共和国教育部.义务教育语文课程标准(2022年版)[S].北京:北京师范大学出版社,2022:28.

导学生进行群文阅读,从作者描写的生活场景、细节中,体会深沉的父爱及作者无限的思念。另外,课文中的一些词语由于年代久远或不同地域的原因,学生理解起来有一定难度,为此,在学生自主学习的基础上,随着学习进程的推进,可以相机联结出示"鲁迅的乌篷船""姑爹的小渔船"等图片以及"初小""高小"和作者的成就资料等,帮助学生进行整体性"关联",提高思维能力。

(二)联结生活

建构主义认为,学习总是与一定的社会文化背景即"情境"相联系的,在实际情境下学习,可以让学习者充分利用自己原有认知结构中的有关经验去同化和索引当前学习到的新知识,从而赋予新知识以某种意义。

《父爱之舟》的新课导入,在学生明确了学习任务的前提下,用多媒体营造真实情境:出示作者吴冠中画像,教师加以解说:"情以物迁,辞以情发。今天,著名画家吴冠中先生搭乘着他的《父爱之舟》,走进了我们的课堂,和我们一起从场景、细节中感受如山的父爱。"然后播放动画,一艘小舟从睡梦中缓缓地行驶出来,舟内装载了"旅店、庙会、凑钱、难忘、枕边"等词语,画面定格。接下来,引导学生化身小吴冠中,根据课前预习,理解积累词语,并借助其中的关键词语,浏览课文,概括出作者描写的主要场景:卖茧买枇杷、住旅店、逛庙会、背"我"上学、凑钱供"我"上学、送"我"去师范、缝补棉被等。再把这些场景按照一定的顺序串联起来,归纳出课文的主要内容,理清作者的行文线索。这样的导入设计,学生直观理解了作者以梦的形式来架构文章的特点,让文本与图画情境高度融合,有时间、地点、有人物、有活动,学生头脑中很快就建构起了"场景"的概念。

学习《父爱之舟》,在品读印象深刻的场景过程中,还需要运用多种学习方式,筛选、组合一些有价值的课程资源,调动学生的学习、生活经验,激活学生的思维,提升学生参与探究学习的兴趣。譬如,品读逛庙会场景,可将当下的社会生活素材引入实践活动,将"万花筒"与现代儿童玩具作对比,再补充时代背景,加深理解父亲竭尽所能的爱;理解课后习题"新滋味"的含义时,引导学生化身小吴冠中,捧着父亲粜稻卖猪的钱,设身处地去感受那份五味杂陈的内心活动,对父亲的感激与心疼、对家庭境况的担忧、不能为家庭分忧的愧疚等,然后带着这些独特的感受反复朗读课文,让文字所蕴含的深情与美感自然抵达学生内心,浸润学生的精神成长。

三、分项推进实施,提升核心素养

《父爱之舟》的最终目标是引导学生学会"表达人间真情"。可以设计"学法、习法、用法"三个层层递进的实践活动,"学法"体现在精读课文、学得方法中;"习法"体现在略读《背影》等拓展文章的练习方法中;"用法"体现在课后小练笔,由阅读引发的语言文字表达中。

环节一:理解文本学得方法

义务教育新课标第三学段的"阅读与鉴赏"目标中指出:"阅读叙事性作品,了解事件梗概,能简单描述印象最深的场景、人物、细节,说出自己的喜爱、憎恶、崇敬、向往、同情等感受。"[①]《父爱之舟》写的都是生活中的平凡小事,却以小见大,字里行间表达出了父爱的宏大。文章描写的场景很多,而课堂时间有限,学生不可能面面俱到地探究学习每一个场景,因此笔者采用了"精读点拨重点场景—自学探究其他场景—回归整体领悟课题"的学习策略。

(1)精读点拨重点场景

在充分尊重学生阅读喜好的基础上,选取"逛庙会"这个典型场景,提出问题,指导学生品读:

默读课文,进入'逛庙会'场景,圈画出最令自己感动的父爱细节,发挥想象,批注上自己体会到的感情。

汇报提示:想象场景画面并思考:我找到的语句是_____,我通过这个细节想到了_____。我感受到这是一位_____的父亲。

学生汇报交流,教师重点引导"热闹的庙会"和"清贫的生活"对比朗读,补充"二十世纪二三十年代民不聊生"的时代背景资料,然后引导学生体验"去偏僻的地方吃凉粽子、吃热豆腐脑和糊万花筒"等细节,想象补白父亲和"我"当时的心理活动,从而真实探究到本文表达上的最大特点:对父亲的描写,既没有语言描写见长,也没有心理描写,而是运用了朴实无华的词语,白描父亲的行动,虽然"家里很穷,但父亲却倾尽所有、竭尽全力给'我'温暖的父爱",所以作者最后说"这些成为我童年里最珍贵的礼物"。

(2)自学探究其他场景

这部分主要运用品读"逛庙会"段落中梳理出的学习方法,让学生抓住重点句段去自主学习、合作探究场景描写中蕴含的父爱:

运用品读"逛庙会"场景中学到的"找场景—品细节—想画面—悟真情"方法,默读课文其他部分,找出自己感触最深的一到两个场景,想象画面并思考:我感触

---

① 中华人民共和国教育部.义务教育语文课程标准(2022年版)[S].北京:北京师范大学出版社,2022:12.

最深的场景是_____，我勾画出的关键语句是_____，我通过_____这个细节，想到这是一位_____的父亲。

学生自主合作探究学习结束，分小组展示从父亲背"我"上学、凑钱交学费、缝补棉被等不同的场景、细节里体会到的浓浓父爱，让学路与文路同频共振。

大多数学生对"凑钱交学费"场景印象深刻，他们从枭稻、卖猪等细节，想到了父亲张着沙哑的嘴唇在集市上叫卖的画面，想到了父亲拖着疲惫的身躯烈日下锄禾、割稻的景象，甚至想到了父亲挨家挨户、低声下气地给"我"借钱……在学生想象活跃之际，教师抛出问题："假如你就是吴冠中，正捧着全家节衣缩食、四处拼凑、枭稻卖猪得来的钱去缴学费，心里会想些什么？""从不同的哭中，你又体会到了什么？"连续两个追问，引发学生深入地思考、讨论，从而明白："我"从以前那个爱撒娇的儿童，瞬间成长为了一名懂得父亲不容易、懂得生活艰辛的少年，"我"对贫寒家庭中父亲依然支持"我"读书充满感激。所以下文"我唯一的法宝就是考试，从未落过榜"。吴冠中是一个懂得感恩的孩子，好好学习是他对父亲最好的报答。

(3) 回归整体领悟课题

这部分重在归纳总结，完善学生的知识体系、逻辑体系和价值意义体系。解答课后思考练习题"课文为什么以'父爱之舟'为题"。再次浏览回顾全文，找出串联全文内容的叙述线索："我"上初小，父亲借用姑爹那只小渔船送我；"我"上高小……"我"上师范……我上艺专，姑爹的小渔船仍然是那么亲切，那么难忘。然后结合吴冠中先生的毕生成就，想到这只小舟伴随了"我"的成长，表面上指渔船，实际上是父亲的爱，是作者的人生之舟。作者以"父爱之舟"为题，是化抽象为具体的写法。再联系文章结尾的一句话，反复朗读"我什么时候能够用自己手中的笔，把那只载着父爱的小船画出来就好了"，引导学生发现，那一艘小船，不仅载着"我"求学的童年回忆，还载满了父亲所有的爱，那是一种可以用文字来表达，却画不出来的情感。

环节二：迁移阅读习得方法

叶圣陶先生说："语文教材无非是个例子，凭这个例子使学生能够举一反三。"

抓住课文与课外文本的联系点，全面辐射，巧妙迁移，构建"群阅读"生态，是义教新课标的要求。在阅读交流《父爱之舟》的"缝补棉被"片段时，我们引入了朱自清的《背影》，引导学生运用前面的阅读方法"找场景—品细节—想画面—悟真情"，品读"父亲过铁道买橘子"的片段：

默读《背影》（节选）片段，想一想，你看到了一个怎样的场景？画出最令你感动的细节,小组内互相谈一谈自己的体会。

学生读出了朱自清先生独特的写作场景(背影):父亲把儿子送上车,已经关照得无微不至。忽然看见有卖橘子的,便执意去给儿子买橘子,身体肥胖,过铁道很不容易,但他宁愿受累也心甘情愿;找出了父亲的行动细节"攀、探、缩、倾"等动词以及"蹒跚、慢慢、努力"等修饰语;还联系上下文,从父亲年事已高、行动诸多不便等特征,体会到了深挚的爱子之情。

环节三:语言表达运用方法

阅读吸收是思维的内化活动,是知识的输入,其最终目的是让学生找准语言发展的生长点,抓住时机,立足表达的需要,迁移写的训练,学会语言表达。其中模仿《父爱之舟》的表达方式,进行小练笔,既是知识的输出,又是检测阅读效果的最好手段。

当吴冠中和朱自清两位先生的父亲形象深入学生内心之时,我们话锋一转:父爱是深沉的、伟大的,每一份沉甸甸的父爱都承载着对儿女成长的期盼。我们的父亲也是这样的,请联系自己的生活实际,描述一个自己与父亲相处的场景,能写出他说了什么、做了什么、流露出什么神态(也可以写自己与母亲或其他亲人相处的场景)。

这样的小练笔充分激发起了学生的生活体验和内心真实感受,以读促写,学生进一步认识到了大概念"舐犊之情,是一份流淌在血液里的爱和温暖",有效促进了学生核心素养的提升。同时,为本单元的后续学习,完成子任务"联系生活,畅写爱的感悟"奠定了习作基础。

总之,"一核两联三环"引领语文实践活动,是核心素养导向下的大单元教学的一种有效方法。在核心任务统领下,营造真实情境、联结课内外资源和生活经验,引导学生在语文实践活动中,感受文学语言和形象的独特魅力并尝试创作文学作品,能够有效地提升学生的核心素养。

4. 关注教学目标,打造高效课堂
——青年教师赛课有感

我有幸担任青年教师赛课的评委,聆听着年轻教师成长的声音,我明显感觉到了课堂教学的改变。关注教学目标,提高课堂的实效性,成为每位参赛教师的追求。虽然很多课堂还略显生涩,但理念的改变是最激动人心的。

一、从人文性向工具性回归,关注教学目标的达成度

评课之初,便确定以"一节好课的标志就是确立正确的课堂教学目标,并且目标达成度高"为标准。怎样才能确立正确的教学目标?这就要求教师不仅要备好教材,还要备好学情。既要在课程目标、单元目标、课时目标的引领下充分挖掘教材内涵,又要根据学生认知水平斟酌教学内容的取舍、教学问题的设置,最后确定出教学目标和教学重点。

在听课的过程中,感觉年轻教师在备教材时,挖掘还是不够充分。像三年级习作课《我的植物朋友》,教材点出"写同一种植物的同学还可以一起交流"。遗憾的是,很少有教师关注到这一点。习作课的最后一位赛课教师,通过创设情境,调动多种感官习得观察方法,重视学生语言的发展,效果很好。可惜,确定教学目标时忽略了"试着把你的观察和感受到的写清楚"这一最重要的任务,没有将习得的方法落实到写作中。可见,只有教学目标明确了,教学才能沿着正确的方向推进,才能做到胸有成竹。

但值得欣慰的是,所有赛课教师都能设计出与教学目标相匹配的评价任务,并在任务中落实语文教学人文性与工具性相统一的特点。无论是习作课还是精读课,都能关注到语文实践能力的运用,创设各种语言运用方式,让积累的词语句段在新的语境运用中焕发活力。虽然把控课堂的能力不是那么成熟,导致有的课堂目标的达成度不够理想。

但有了这样的理念,再经历一次这样的赛课,青年教师的研究能力一定会有一次突飞猛进的变化。我想,这才是赛课的最终目的。

二、从"如何教"向"如何学"回归,关注学生的学法指导

当评课的标准放到关注教学目标的达成度上,赛课教师不再关注教学方式的花样,而是真正思考学生学到了什么,用什么方法学。

无论是习作课《我的植物朋友》,还是《开满鲜花的小路》,老师们都能积极地创设情境,激发学习兴趣。特别是习作课,老师们精心准备各种植物,调动学生的多种感官,全面地观察,有条理地描述。第二位讲授习作课的教师,在描述风信子的样子时,多次引导学生想象,风信子的根像什么,摸摸叶子,数数花瓣,像什么,给学生插上想象的翅膀,把风信子的样子写得栩栩如生。这样不仅培养了学生的观察能力,还提升了想象和表达的能力,一举多得,并巧妙地变记录卡为写作提纲,架起了观察与写作之间的桥梁。

从"如何教"回归到"如何学",让学生在简单实在的语文学习中迸发智慧、形成能力。

三、从华丽向朴实回归,关注教师的专业成长

为了展示真实的课堂,本次赛课,强调不提前见学生,这就杜绝了以往赛课那种表演式的、把学生当作工具的课堂。参赛教师必须要吃透教材,对课堂上生成的资源及时关注,要有良好的应变能力,并及时做出评价。为教学设计的环节必须要服务于教学、服务于学生,并切切实实带给学生成长,这才是朴实的、精彩的课堂。就像《开满鲜花的小路》一课,四位参赛教师板书时无一例外地使用简笔画和动物板贴进行补充,用图画帮助学生理清故事中出现的众多人物,降低了目标中"借助插图讲故事"的难度,让学生跳一跳便能摘到果子。

这种教学能力的形成,离不开一遍遍地磨课,磨课是让课堂出彩的关键。磨课的过程,就是一个不断追求完美的过程,一次次否定自我,一次次超越自我,在不断发展的过程中,让自己的专业能力不断提升。这对年轻教师来说,是成长,是锻造,是一笔宝贵的财富。

这才是赛课的最终目的。

5. 放手,我们最好的选择

——记我的一堂美术课[①]

这是一个阳光灿烂的下午,第一节课是一年级的美术课。同往常一样,今天又该学习新课了,要讲授的内容是《繁忙的交通》,这是一节单纯的记忆绘画课,和旧教材一册第12课《城市真热闹》的内容近乎一样。所以,我没做太多的准备,简单地看了一遍教材,我就拿了《美术资料》,因为里面有一段关于城市交通的内容,可以信手拈来。

铃声响起,我刚走进教室。"报告!",王超急匆匆地走进教室。"怎么才来?""我爸送我的时候,路上出了车祸,车都走不了了。交警叔叔忙了半个多小时,路上的车才走开。"王超连忙解释。

我点点头,让他走进教室。教室里的其他孩子却交头接耳地谈起来。就在我要整顿纪律的时候,教室里传来一个孩子清脆的声音:"老师,我能模仿交警!我

[①] 本文曾发表于《新晨报》。

会指挥交通!"我抬头,看见了王志伟满含期待的脸,也看到了其他孩子兴奋的脸。就在那一刹那,我改变了想法,就把这一节课交给孩子吧!"你能做几个动作给大家看吗?"听到我这么说,王志伟立刻跑到讲台上,郑重其事地做起来。别说,还真像那么回事!同学们都为他鼓掌。

王志伟很兴奋,接着说:"老师,让同学们扮演交通工具,我来指挥交通吧!"孩子们立刻高兴起来。很快,小汽车、摩托车、自行车、行人在十字路各就各位了,各个路口的红绿灯也到位了。王志伟站在中间,郑重其事地指挥着,超车的受罚、步行过马路不走人行横道线的受批评,闯红灯的摩托车与小汽车相撞……台下的小观众也不停地参与意见,帮着小交警治理交通。在游戏中,学生显得十分自由与主动,大胆地讲出自己的感受,并进一步丰富和了解了交通知识。游戏结束,我们共同总结出:路上的车越来越多了,安全至关重要,主要看你是否遵守了交通规则。交通安全意识自然渗透在美术课堂中。

在以往的教学中,讲解这一课是为了培养学生的创造性思维,我都要让他们展开想象,未来的汽车与道路会是什么样的?今天,孩子们想象的空间得以拓展。道路变成了可以随意加宽的可变道路,汽车加上了气囊飞上了天,连人行道都变成了可升可降的……最令我激动的是:一个被我忽视的问题被孩子提了出来。孩子们幻想制造出和电动自行车一样不冒烟、不加油的小汽车。在孩子们的提醒下,我们提到了环保。环保意识就这样被融入了美术课堂。

开始创作了,我们一致通过,选择了教材中的创作集体作品。想象的空间得到拓展,而表现的方式更是多种多样的:同学们有的用彩色纸剪或撕出所需要的图样后进行剪贴,有的用水彩笔、油画棒直接进行绘画,有的选择独立完成,有的选择与好伙伴合作完成……学生在开放的教学环境中情绪高涨,进行着灵感的撞击、美的交流,体验美的愉悦。

作品完成后,效果令我十分满意。忙碌的人群与汽车,敬业的交警,幻想中的汽车与道路……

就是学生的这一句话,就是这一节课,使我深深体会到:以学生为主,解放教师长期被束缚的双手,是多么的重要。新课标、新教材确实把我们带到了一个全新的环境。假如这一课我依然让学生按照我设计的老路子走下来,那么可以想象,它只能是平平淡淡的一节课。

看来,只有创设宽松的学习环境,学生才能放飞自己,放飞自己的想象,放飞自己的情感。让孩子在自己创设的宽松愉快的生活情景中,主动充当角色,让他们尽情尽兴地玩,在玩中学,在玩中悟,为他们提供一个活动和休息的自由空间。

在这种情景中,孩子处于一种自然发展的状态,他们无所顾忌,无拘无束。自由选择、自由活动、自由表达、自由创造,主动积极地把自己的内心世界表现出来,在这种自由的氛围中,必然能迸发出创造的火花。

6. 激发"说"的兴趣,提升"写"的能力

——用儿童诗引领低年级说写训练的实践

一、为什么?

说话和写话是小学一、二年级一项重要的语言能力训练。但教学中,学生常常无话可说,究其原因:其一,对自己的生活熟视无睹,不知道从何说起;其二,有了话题,却不知如何表达;其三,教师总是提出过高的要求,导致学生失去说的兴趣。

如何激发学生"说"的兴趣,进而提升"写"的能力,成为低年级语文教学研究的重点。

【政策依据】

《义务教育语文课程标准》(2022年版)对第一学段的"表达与交流"提出了要求:对写话有兴趣,留心周围事物,写自己想说的话,写想象中的事物。在写话中乐于运用阅读和生活中学到的词语。纵观一、二年级语文教材,可以发现:一年级侧重于"说"的练习,从说一句完整的话到说一段完整的话,慢慢过渡到鼓励学生说出自己的想法,说出自己的观察;二年级则从"说"向写开始过渡,从复述故事到补白故事,从练习按一定逻辑顺序说到练习仿写,进而写出自己的观察。不难看出,低年级说写教学遵循着:从说起步,说中写,学会写,有梯度地进行训练。

二、是什么?

在教学过程中,我发现学生对教材中浅显的儿童诗、童话非常感兴趣,几乎不需要太多的学习,就能模仿着说出富有韵律、充满想象力的句子。可见,儿童的语言,是最接近诗的语言。正如著名儿童诗作家金波先生曾经说过的那样:"儿童是天生的诗人。"

我尝试用儿童诗引领孩子进行说写训练,效果明显优于课堂教学的说写,因为它具有以下三个特点:

开放性:用儿童诗引导孩子进行的"说",是完全开放的,是激发孩子创造思维

的,它帮助孩子把平时看不见的美好而生动的画面呈现在眼前,它寻找的是想法,而不是标准答案。我们的课堂,无论是师生对话,还是生生对话,大部分都是在寻找标准答案。但儿童诗引领的"说"是孩子对生活的理解,与自己的生命相联系,是完全开放的。

创新性:用儿童诗引领说写,有助于打开学生思路,激活他们的创新思维。读诗时,将自己的想象和作者的想象进行对比,孩子就会发现,一个异想天开、与众不同的想法放到诗句中会产生多么美好的效果。这样的语言与他们的心灵没有距离,是他们心灵的歌唱。

全体性:"说"的目的是激发"写"。说写的目的是让每一个孩子都通过"说"来激发写的热情,提升写的能力。所以,激发所有孩子说的兴趣,是训练的关键。区别于我们日常课堂上教学活动的参与,大多以优秀生为主的现象,读儿童诗时,诗歌的语言像一把魔杖,轻轻一点,就可以看到孩子们跳跃的思维,天马行空的想象。

这样的"说"真正落实到了每一个孩子身上,让他们敢说、能说、想说。有了说的主动性,有了表达内心想法的方法,写的主动性就会慢慢培养起来,自然而然地完成从说到写的过渡。

结合孩子的认知特点,我对儿童诗引领学生说写的策略、内容、形式、评价等进行了系统的研究,归纳出了"读、写、画、编"的教学策略。

三、怎么做?

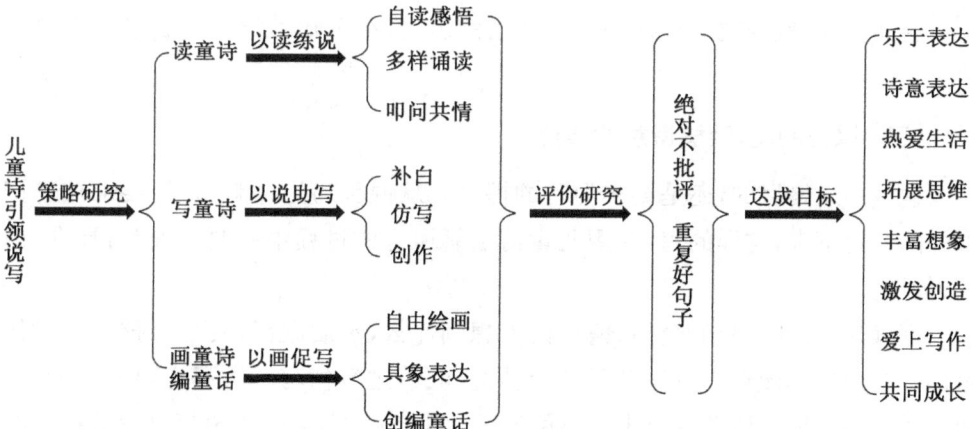

儿童诗的语言具有独特的魅力,生动、形象、准确、简练,富有独创性、具有画面感,特别能激发孩子们读和说的兴趣,有助于打开思路,激活他们的创新思维,

对培养语感和表达能力有着重要的作用。

（一）以读练说，搭起说写的桥梁

读儿童诗，是每日晨诵的主要任务。而学习新诗则是晨诵的重要环节，每读一首新诗都要经历这样三个环节：

（1）自读感悟，练习读正确、读流利，初步理解诗歌。

（2）形式多样的诵读，变换各种形式读，如个体读、示范读、角色互读、叩问读、对读等，让孩子通过一遍遍地读，读出自己对诗的理解。

（3）综合运用，让诗歌真正深度滋养心灵。

如何在形式多样的诵读中，进行说的训练呢？最简单的办法就是叩问。在诵读中进行叩问，将诗歌与孩子的生命进行编织，进行思考，通过叩问激发学生以自身生命体验来思考，引导学生在诵读中理解，用朗读表达自己的理解。问题引而不发，只是促进孩子思考，让诗歌与自己的生命体验结合起来，这首诗就变成了有着自己独特内容的诗歌了。

读的过程，也就变成了理解与表达的过程，变成了加上自己的体验再表达的过程。这样自然而然就搭起了由读到说的桥梁。

这样的体验，在诵读生日诗时尤为明显。生日诵诗时，我会把孩子照片连同诗一起呈现，而且，对读的过程，一定会改变人称，看似简单的你和我的互换，却让孩子看到了别人眼中的自己，然后，下定决心我做这样的自己。这样的读，就是把别人的诗歌变成自己的诗歌的过程，更是把别人的肯定、赞扬和期许变成自己的愿望、决心与行动的过程。

这样，诗歌就变成了与孩子共鸣共情的表达，在不知不觉中变成了孩子自己的语言。

（二）以说助写，唤醒诗意的表达

说写的最终目的，还是要实现写的提升。从说到写的过渡，就是要求孩子把说的内容写下来，这样的写，在用儿童诗引领说写的过程中主要表现为：补白、仿写、创作。

诵读儿童诗时，我们会猜，猜猜诗人想到什么，然后进行补白，给孩子们创作童诗一个合适的起点。再让孩子仿照诗的句式，进行仿写。仿写也要循序渐进，第一次仿写先根据诗歌内容出示具象的图片进行引领，第二次仿写再发散孩子的思维，进行创作。这样的方法能充分发挥孩子的想象力，调动已有的生活经验，融进自己的情感，丰富诗的内容；以我之心，体察诗人之心，以我之情，感悟诗人之情,产生共鸣的同时,练习着说,提升着写。

不断复述,不断运用,二年级的孩子不但想说,还非常会说。读完《我在长》,孩子们写出:

我在长/从前不知道/我在长/时时刻刻都在长/走出家门/我在长/坐在餐桌前/我还在长/温暖的春天长/炎热的夏天长/我长得/又高又壮

所以说,孩子是天生的诗人,年龄越低,想象越丰富,随着年龄的增长,他们的理性思维日渐成熟,想象力也会慢慢减弱。但有了读诗的习惯,经常读诗,孩子的想象力就会越来越丰富,他们会去想别人想不到的,说别人说不出的,这样的奇思妙想才让人惊喜。风吹小树,林诺便记下了他的观察:风喝醉了/走在路上/东倒西歪/一头撞到了树上/小树被他撞得不停点头/可是风为什么不喊疼呢

当孩子用诗来诉说生活,表达情感,就达到了用儿童诗引领说写的目的——唤醒儿童诗意的表达。

(三)以画促写,激发写作的主动性

儿童,天生就喜欢画画,不会写字时,他们就会用图画来表达自己的感情。对于孩子来说,他们受年龄的约束,视野还不够开阔,生活经验也不够丰富,用画面拓展孩子的思维,激发想象力,非常有必要。诵读儿童诗时,通过激活贮存在学生脑海中的相似经验,用涂鸦的方式表达自己的感受。当孩子根据想象画出诗的情境,就更容易理解作者的心境,进而拓展诗歌内容。

边画边写,跟着画的内容写,随着写的进程画,把一首儿童诗,慢慢拓展成为一个有趣的童话故事。这样的说和写,重在丰富学生的想象思维,激发书面表达的兴趣,让学生体验到成功的喜悦。

四、取得成效

用儿童诗引领孩子说写,十分契合小学低年段学生的写作特点,坚持诵读,孩子对语言文字的敏感度变高,表达也更加灵活。我所带班级的孩子参加各级各类征文比赛获奖,创作诗歌、诗配画发表在《当代小学生》《诗教》等刊物上。冉霖从五年级开始创作小说《青春里的点点滴滴》,一直持续一年半的时间,到毕业时,已经接近五万字。这带动了新宇写《渔夫和船的故事》。在不断实践的过程中,用儿童诗引领低年级说写训练的实践也在各级各类会议上做展示并进行经验推广。

2016年7月,我们自编自导班级叙事故事,在全国新教育年会上做了展示。

2018年6月,我的论文《"图文合一"的教学实践与研究》获山东省省级教学

成果一等奖。

2022年7月,我在全国第36届新教育说写教学研讨会上执教公开课,并做经验介绍。

2022年7月,我在新疆库尔勒,为骨干教师执教日常诵诗示范课,并做经验介绍。

2023年3月,我为陕西安康的骨干教师做《用儿童诗叩开说写的大门》报告。

2023年4月,我为河北任丘骨干教师做儿童诗引领说写的培训。

2023年5月,我在第七届"童喜喜说写课程"大会上,做经验介绍。

五、下步打算

说话和写话是学生积淀语感,学会表达情感的一个长期的过程,说写教学要遵循孩子的认知特点,循序渐进地进行。但在实践过程中,存在选诗太过随意,导致内容安排没有层次;指导方法重模仿,导致学生的思维无法发散;评价时过度重视语言的表达,忽视了有效反馈的作用。基于以上问题,下步打算如下:

(一)建设儿童诗引领说写的班本课程

从课程的视角对诵读内容进行规划,由浅入深安排儿童诗教学的内容,通过丰富有趣的练习,完成由简单地写到生动地写,厚积薄发。

(二)抓住"说""写"过渡的关键期

多为学生创造说写的时机,重在提高想象能力和表达能力,不要为说而说、为写而写,鼓励孩子说出自己的感受,勇敢地写出来,落实好从说到写的过渡。

(三)激发引导,正面反馈

坚决落实"绝对不批评,重复好句子"的评价方法。提出意见时,要有示范性、正面性,启发学生说出新思路,给予学生积极的反馈,推进从说到写的过渡。

7. 让课堂充满活力
——听美术课有感

孩子们无论在怎样的环境,信手涂鸦都可以带给他们无穷的快乐,他们喜欢那种天马行空、任思绪飞扬的绘画方式。但在有的美术课堂上,孩子们却表现出了无兴趣。为什么生机盎然、充满活力的美术课堂会在孩子们的面前变得黯然失色呢？连续听了几节美术课，我发现了一些问题。

美术课堂学习现状：

现状一：过多的家长为开发孩子的智力，将孩子早早地送到美术培训班，于是，孩子被太多成人化、模式化的东西束缚手脚而失去了自我个性，没有自己的观察思考的方式，只会用学过的公式生搬硬套。

现状二：教师课前准备不够充分，导致课堂学习形式单一，失去了美术课堂应有的面目。

现状三：在教学中，技能、技巧的追求垄断了课堂，并将此放在教学目标首位，用它作为衡量美术学习的标尺，于是，在这样一种教学动机的指导下，孩子们就跟在老师的后面去模仿，到底他们观察到了什么、感受到了什么，一切很难找到答案。

现状四：部分家长与孩子对美术学习的重视度不够，导致美术课堂的纪律远不如其他学科，孩子的学习欲望远不如其他学科。

尹少淳老师说："美术是最具有人性意味和最具综合性质的人类活动之一。"那么，如何使学生在每一堂课中兴趣盎然，通过美术教学活动去唤醒他们的生活感受，引导他们用艺术的形式去表现自己内心的情感，真正做到新课标提出的：让课堂焕发出师生的生命活力，这值得我们每一位美术教师去深思。

《小学美术新课标》指出：兴趣是学习美术的基本动力之一。应充分发挥美术教学特有的魅力，使课程内容与不同年龄阶段的学生的情感和认知特征相适应，以活泼多样的课程内容呈现形式和教学方式，激发学生的学习兴趣，并使这种兴趣转化成持久的情感态度。应将美术课程内容与学生的生活经验紧密联系在一起，强调知识和技能在帮助学生美化生活方面的作用，使学生在实际生活中领悟美术的独特价值。

所以，在美术教学中，更应注意研究儿童心理，尽量创设情境，运用多种手段激发学生的学习兴趣，使学生在一个愉悦宽松的环境中积极主动地参与，在贴近学生生活的教学情境中，使学生迅速进入学习角色，引导学生兴趣盎然地学习，这样不仅能激发学生浓厚的学习兴趣，还能收到事半功倍的效果。在听课的过程中，我得出以下浅见：

一、用教师的激情，点燃学生学习的兴趣

美术课不同于其他课程，语文课可以用诗意点燃，数学课可以用智慧获得掌声。而看似简单的美术课，其实是最需要老师用心对待的一门学科。

一堂好课，不仅需要教师幽默的语言、高超的驾驭课堂的能力，更离不开教师对教材的把握，离不开教师充分的备课。

每一节美术课，在吃透教材的情况下，都会有一个闪光点。这一个闪光点，可能是一件有创意的教具，也可以是一个幽默的小故事，更可以通过动画片甚至是数码相机、实物投影等来完成。

比如《草丛中》一课，加放一段教参配套的《蚂蚁王国》；《变形的魅力》一课，用数码相机与电脑软件配合，表现出变化的现象；而《蹦蹦跳跳》一课，可以用一件精美的教具来吸引学生……一切都可以让学生产生无限的遐想。

总之，我们的课堂要关注的是所有孩子的成长，而不是一两节公开课，所以，我们要加强自身的学习，充实我们的课堂。当我们用心对待每一节课时，我们就会激情迸发，在我们的感染下，孩子们的热情就会点燃，那么，孩子们又怎会没有学习的兴趣呢？

二、巧用游戏，激发学生的学习兴趣

古人云："教人未见意趣，必不乐学。"兴趣是最好的老师，是学习者成功的源动力。

在听《繁忙的交通》这一课时，扮演小交警的孩子就对老师提建议，让同学们扮演交通工具，他来指挥交通。孩子们的参与度很高，小汽车、摩托车、自行车、行人在十字路各就各位了，各个路口的红绿灯也到位了。小交警站在中间，郑重其事地指挥着，超车的受罚、步行过马路不走人行横道线的受批评，闯红灯的摩托车与小汽车相撞……台下的小观众也不停地参与意见，帮着小交警治理交通。在游戏中，学生十分自由与主动，大胆地讲出自己的感受，进一步丰富和了解了交通知识。游戏结束，大家共同总结出：路上的车越来越多了，安全至关重要，主要看你是否遵守了交通规则。交通安全意识自然渗透到了美术课堂中。

最令人高兴的是，孩子们的想象力非常丰富，幻想制造出不冒烟、不加油、不费电的小汽车。在孩子们的提醒下，老师提到了环保。环保意识就这样被融入了美术课堂。

孩子们在开放的教学环境中情绪高涨，进行着灵感的撞击、美的交流，体验着美的愉悦。

三、重视运用多媒体，激发学生的学习兴趣

根据心理学的有关理论，人的兴趣首先产生于新奇事物和它独特形式的刺

激。在美术课堂上,如果能合理地利用好各种电教设备,会达到事半功倍的效果。

在美术课教学中,教师事先总要做大量的示范作业,有时时间和精力又不允许。有了扫描仪,这个难题就好解决了。我们可以找到大量的图片,通过 CAI 演示,让学生欣赏。先体会、感受,然后再进行临摹、训练。这样的作业才多姿多彩,不拘一格。

在低年级教学中,如一些色彩教学,我们可以播放一些儿童喜欢的动画画面,增强色感,指导配色学习。在想象画教学中,启发和引导学生的想象非常重要,我们可以播放一些动画片来引导。如学习一年级的想象画《吹泡泡》,可以播放动画片《小飞象》片段,儿童既高兴又启发了想象,整堂课自始至终都有趣味。这样的课,孩子自然爱上,而重点、难点又在欣赏中解决了。

在美术教学中,手工课所占比重很大。运用实物投影仪,学生通过画面,能清楚地看到教师整个演示过程;同时,优秀学生也可以上台尝试作业或演练,或将作品通过投影仪进行展览,并让学生自己讲解、自我评价,充分发挥学生的主观积极性和能动性,充分挖掘学生的潜能,使手工课真正成为学生自己动手作业的课。在教师的引导下,让学生尽情地展示自己的才能,提高和扩大手工课的教学效果。

让数码相机进入课堂,并用于课堂教学,可以收到许多意想不到的效果。在学习《好吃的水果》一课时,老师把孩子们吃水果时的动态、情景拍下来,播放到大屏幕上,就激发起孩子们极大的兴趣。学习《变化的魅力》一课时,我们不能把哈哈镜直接搬到教室,却可以用数码相机与 photoshop 里面哈哈镜软件相配合,将身边活生生的同学进行变形,让孩子们在惊奇与快乐的状态下进行观察与体验。

电化教学作为一种先进的教学手段,在教学中必须应用得法,才能收到良好的效果,而不至于牵强附会。把电化教学引入课堂,集中了学生的注意力,提高了学生的观察能力,激发了学生的创作情感,这才是教学的最终目的。

四、加强合作学习,激发学生的学习兴趣

今天的孩子,缺少了太多的沟通与交流,在浮躁的社会环境的影响下,变得自私、冷漠。学校教育是培养孩子团结合作的最佳途径。

孔子云:"独学而无友,则孤陋而寡闻。"合作的教学过程是教与学统一的相互影响、相互依靠、共同激励、竞争提高的过程。教学组织形式采用"同桌合作""小组合作"以及"男女生合作"的形式,增加学生与学生之间、学生与教师之间交叉活动的自由空间,允许窃窃私语,允许寻求教师、同学帮助。

在教学中,我们常常会发现这样一些情况:有的同学想象力很丰富,但动手能

力较差;有的同学制作精细,但思路狭窄。如果让这两者有机结合,取长补短,则是最佳的组合了。即使两者水平相当,在合作中也能得到启发,所谓"三人行,必有我师"。

五、用有效的评价,激发学生的学习的兴趣

要使学生在愉快的学习情境中进行积极主动的学习,就要使学生在整个学习过程中获得自信。老师除去运用亲切的眼神、细微的动作、和蔼的态度、热情的赞语,让孩子感到老师时刻在关注着他,还要善于运用物质评价对学生的学习行为作出积极正面的评价,形成你追我赶的竞争氛围。

在教学过程中,合理运用有效的评价机制,全方位关注学生,显得至关重要。对表现好的学生及时用小印章进行奖励,10个印章换取一个苹果贴画,5个苹果贴画换取一张喜报。对取得阶段性进步的孩子,用展示并张贴作品的方法让孩子感到荣耀。当孩子看到自己经过努力取得的学习成果和进步,就会获得学习成功的情感体验,从而激发孩子们探索新知的欲望。

在听课的过程中,我有了一个深切的感受,那就是:当我们用思考、情感、创造、游戏的光芒来照亮孩子的学习时,那么学习对孩子来说就是一件有趣的、引人入胜的事情。

8. 小学写字课"三三"教学法的实践与研究

一、研究背景

写字教学是小学语文教学的重要组成部分,它贯穿于小学语文教学的始终,培养学生良好的写字习惯,是小学阶段的重点,也是难点。虽然我们已经非常注重起始年级习惯的培养,但在课堂上,学生写字姿势不正确的现象,依然比比皆是。培养良好的写字习惯是一种长期行为,绝不能一曝十寒。这就要求教师持之以恒,做到反复抓、抓反复。在写字教学中激发学生兴趣,注重方法指导,让学生逐步养成热爱汉字、尊重汉字的态度,在感受汉字形体美的过程中逐渐养成良好的书写习惯。

二、实施策略

针对学生存在的不良写字习惯,我在教学过程中不断思考和实践,总结出"三

三"教学法,进行写字教学指导,学生书写效果不错。

(一)"三个一"定规范

传统的"一尺一寸一拳头",对一年级学生来说太抽象,所以,我把一尺用一臂代替。学生年龄小,手部小肌肉还没完全发育好,手劲不足,按"一尺一寸一拳头"的标准,手离笔尖一寸,小手就会不自觉地捏着特别靠近笔尖的地方,导致捏不住笔,但要找到削铅笔的刨花上面的位置就容易多了,发力点也适合学生书写。所以,将传统的三个一改为"手离笔尖一刨花,胸离课桌一拳头,眼离本子一小臂",这样更形象直观一些,操作性也强。

解决笔杆斜靠在虎口处这一常见的问题,我采用画线的方法。初次执笔,在每个孩子的食指根部画一道和铅笔倾斜度一样的斜线,始终保留,只要提笔写字,就很自然地找到笔杆斜靠的位置。

(二)"三个圆"定手型

这里的三个圆,指的是拇指食指捏个圆,手掌中心握个圆,两臂之间抱个圆。这三个圆是确定书写时手型的关键,它又极容易变形,是培养写字姿势的难点。特别是手掌中心握个圆,学生一写字,小手一用力就聚在一起。所以,开始执笔时,给每个学生的手心里,团一团卫生纸,就像握着一个小鸡蛋一样,这样就能解决前两个圆的问题。针对手腕内弯的问题,用抱西瓜的动作解决,左手扶住本子,右手写字,手腕不要弯曲,要和手臂在一条直线上,时刻提醒学生,怀里好像抱着一个圆圆的大西瓜。

(三)"三个关注"定效率

第一,关注教师的示范。教师的范字不仅起榜样示范作用,更是指导孩子观察的过程。所以,教师书写范字之前,一定要多写多练,关注细节,找到最适合学生的指导方法。

第二,关注学生的书空。书空是识字与写字之间的桥梁。讲完一个生字,动笔之前,让学生起立,书空一个大大的字,一边说笔顺,一边书空,通过加长笔画书写加深对字的认识,这是一种很适合低年级学生的学习方法。

第三,关注评价。学生写字的过程,是我们纠正写字习惯和及时评价的过程,学生在书写时能得到老师正面的积极引导,是提高书写兴趣的最好办法。好习惯的养成极其不易,又具有反复性,所以,学生写字时,要不停巡视,及时评价,反复强调和落实,让学生明确要求,在实践中不断强化,让学生在潜移默化中,养成良好的写字习惯。

三、成果及成效

（1）"三三"教学法重在激发学生的写字兴趣，调动学习的积极性和主动性。在教学过程中通过生动讲解、直观演示、及时评价、个体指导等方法，使学生在整个写字过程中感受到成功与愉悦，促使学生的字越写越好、兴趣越来越浓，逐步养成热爱汉字、尊重汉字的态度，养成良好的书写习惯，提高书写质量。

（2）教师在探索写字教学方法的过程中，不断实践、反思、再实践、再反思，科研能力得到提升和发展。在训练手段和方法上不断创新，逐步改善教学模式，课堂效率和学生书写习惯都有显著改变。

（3）我所带班级的学生书写水平、书写习惯在同年级明显高于其他班级，两名学生参加"潍坊市中小学生硬笔书法大赛"均获得二等奖的好成绩。

9．相向而行，无痕衔接

作为一名一年级的语文老师兼班主任，针对一年级的教学现状和小学教师期待孩子进入一年级时应具备的能力，我谈一下理解。

起步阶段的教育，重点在于保护孩子探索世界的好奇心，让他们在玩中学，在喜闻乐见的游戏活动中学习。新修订的义务教育课程方案为促进学段间的衔接，将低年级入学适应明确作为一二年级的教育教学工作，特别提出要合理设计小学1至2年级课程，注重活动化、游戏化、生活化的学习设计，减缓坡度，降低难度，增强学习的趣味性和吸引力。这就让孩子从幼儿园进入小学，开始从游戏生活进入正规学习，变成一件水到渠成的事情。

孩子进入一年级，到底要学习哪些内容呢？细读一年级上册的语文教学目标，我们会发现，孩子要用开学后一个多月的时间学会汉语拼音，用半年的时间认识常用汉字300个，会写其中的100个；掌握汉字的基本笔画和常用偏旁，并且能够按笔顺规则写字；要爱上阅读，并能够与他人交流自己在阅读过程中的感受和想法；还要积极地参加讨论，敢于发表自己的意见。

这些看似简单的内容，对于一个只有六岁的孩子来说，不是一件容易的事。在和孩子们共同生活的过程中，我发现那些识字量大、具备流利的语言表达能力、有持久专注力、善于倾听的孩子更能适应学校生活，并能很快脱颖而出。

那么，低年级的孩子最需要具备哪些能力呢？

一、具有较强的识字能力,大量识字

进入小学,识字多的孩子具有很大的优势。首先,帮老师分发作业的机会多。识字多的孩子能早早叫出同学的姓名,很快就会结交一群朋友,融入班集体中。另外,识字多,阅读量相对就大,理解能力也就更高,在课堂上的学习领悟就快人一步,随之而来的就是敢举手回答,更容易建立起自信心。

所以,建议幼儿园能利用学龄前这段时间,引导孩子大量识字。识字的方法很多,通过阅读识字是最常用的方法,但对孩子来说,最有趣的还是在生活中识字。进入一年级后,我们还会用这种方法识字。①利用姓名牌、姓名卡片识字,练习音节拼读。②通过画我的一家、标注父母姓名识字。③通过认识生活中常见物品分类识字,比如,认识厨房中的十件物品,并标注音节和名称。④认读上学路上的广告牌、店铺名称。

如果这些识字的课程和活动放到学龄前,不仅会为孩子进入学校打好基础,更会引发孩子自主阅读的兴趣。

这样的识字活动,需要家长的帮助和支持。之所以强调是识字而不是写字,其实是想告诉家长们,过早让孩子学习写拼音、写字,是我们非常非常不赞成的一点。

学前的孩子年龄小,手部小肌肉还没完全发育好,手劲不足,如果按"一尺一寸一拳头"的标准,手离笔尖一寸,孩子捏不结实,这时候让孩子写字,孩子会不自觉地捏着特别靠近笔尖的地方,导致执笔姿势不对。而错误的执笔姿势,是会影响书写速度的。等入学后,孩子的不良习惯已经形成,特别难改。一年级书写不是问题,但写字姿势是老师们最最头疼的问题,不写字,姿势非常正确,一动笔,各种错误姿势层出不穷。

对拼音的学习也是同样的道理。小学一直都是零起点教学,那些"零基础"的孩子,对于上学基本上都是很好奇的,开始可能有些吃力,但很快就能适应。所以,正确的做法是多读、多认,但一定要少写。

二、具有流利的口语表达能力

初入学的课堂上,很少能听到孩子完整地说出一句话或者一段话。

(1)不会进行完整的口语表达。这个问题绝大部分孩子都存在,要经过老师在课堂上反复训练才会知道怎样完整地回答问题。

(2)说话声音小,胆子小。我们在课堂上不断提醒要大声朗读,大声回答问题,一个学期结束之后,有一半的孩子能达到要求,剩余的孩子还是需要提醒才会大声发言。

所以,那些说话时声音响亮、大方得体地表达自己的观点、说话完整有条理的孩子最容易脱颖而出,成为班级的焦点。

如何培养孩子的口语表达能力,我的建议的还是阅读。

(1)阅读绘本,通过复述故事内容,培养孩子口语表达能力、倾听能力和专注力。幼儿园都很重视绘本阅读,绘本描绘的都是贴近孩子生活、孩子喜闻乐见的、具体的场景和生动的故事。这样的阅读让孩子在不知不觉中从生活的玩耍过渡到了书本故事。建议在幼儿园读绘本故事时,要有猜读和想象的过程,然后再让孩子用自己喜欢的方式复述,或者进行角色表演,这样,孩子就会自然地熟悉文字表达,熟悉书面语言,也会培养他们专注倾听的习惯。进而,有效学习就在潜移默化中产生。

(2)大量诵读童谣和儿歌,让孩子在游戏和吟唱中学习语言。建议家长带领孩子走进大自然时,要学会引导孩子观察、想象。一片有洞的树叶,可能是小鸟留给蚂蚁的信;叶片上错综复杂的脉络,可能是大树爷爷留给松鼠的藏宝图。当家长和孩子的交流变成有意识的引领时,孩子会更加敏感地关注周围事物,对世界产生浓厚的好奇心,专注力也会有所提高,这时,你会发现每个孩子都是小诗人。

三、具有良好的运动能力

幼小衔接时期,无论是幼儿园教师,还是家长一定要多带孩子运动,如跑跳、拍球、踢球、跳绳等,提高孩子的身体协调力和运动能力,让孩子有运动的意识。一进入小学,对跳绳就有考核,所以我们要有意识地培养孩子的运动能力。

四、具有良好的规则意识和自理能力

幼儿园的学习和生活,孩子对老师、家长的依赖性很强,进入小学后,孩子要自己整理书包、摆放桌肚内的文具、自己打扫教室卫生。所以,提高自理能力成为幼小衔接阶段很重要的一环。建议幼儿园加强孩子整理与收纳、清洁与卫生的习惯,也建议家长放手让孩子真正做到自己的事情自己做。

另外,小学强调规则意识,孩子要遵守校规、班规和老师的要求。如果孩子没有规则意识,就很容易掉队,甚至慢慢地会游离在班级的边缘。规则意识建立得越晚,孩子越难适应,甚至会出现反叛的行为。所以,规则意识一定要从小建立,家长要做好榜样,为孩子做示范,教会孩子如何适应和遵守规则。

所以,幼小衔接,一定是相向而行,学前阶段循序渐进发展孩子的能力,到小学一年级慢慢走向正轨,在幼儿园与小学生活之间,形成梯度发展,真正实现无痕衔接。

10. 幸福像花儿一样绽放

——诗意美术课堂初探①

如诗如画,品诗赏画,这是古诗教学追求的美好境界。反之,在美术课堂中创设一种诗意的境界,更能在"随风潜入夜,润物细无声"的过程中,让学生对课堂产生一种期待,让学生感受到一种耳目一新的新奇、一种无法抗拒的吸引。

一、诗中有画,有了画的诗就有了感情

传统的美术课堂上所说的"诗中有画",多是以诗配画,透过画面看到诗中的景物、人物。教学时或图文结合,或给诗绘画。但在具体的上课过程中,我们不难发现,这样的课很容易陷入临摹的境地。而我们的最终目的无疑是要让学生看到一首诗,立刻就有一个独特的发现,展现出与众不同的画面。

在听了几节语文老师的童诗课后感触颇深。因为有很好的引导,语文课上的孩子读诗时更能读出画面感,这让我大受启发。于是,在美术课堂上,边读诗,边绘画,寓诗意理解于绘画当中,就收到了很好的效果。

如在执教一年级下册《花儿朵朵》的时候,我将儿童诗穿插其中。上课伊始,我出示一朵铃兰花,并引导孩子说:"这么美的花,真想给她配首小诗!"孩子们七嘴八舌,给画面配上这样的小诗:

铃兰花

小铃铛

叮叮当当

在读的过程中,有的孩子读得欢快,有的孩子读得可爱,我却读得很悲伤,让孩子们感受到花也有自己的感情,并思考如何表现花的感情。讨论之后,孩子们就会发现:不带颜色的花儿让人感觉忧伤,带颜色的花儿则显得高兴、快乐!给花儿画上表情,花儿就快乐了;加上蝴蝶、蜜蜂等,花儿同样快乐;甚至为花儿加上动

---

① 本文曾发表于《山东青年报》。详见:王增霞.幸福像花儿一样绽放:诗意美术课堂初探[N].山东青年报,2014(103).

作,也能表现出快乐的心情。

做好这样的铺垫后,出示金波的诗《一朵花是一个家》,读后让孩子思考:这是一个怎样的家?温暖、快乐、富有等,优美的词语从孩子们嘴里迸发出来。我适时问孩子:"诗人笔下的花的家是这样的丰富多彩,你能画出你心中花儿的家吗?"

因为有着这样的想象,因为有着这样的诗歌的浸润,花儿便活灵活现、生气勃勃地呈现在学生想象当中。学生尝到读诗的乐趣,品出诗句的味道,一切便顺理成章地通过美丽的画面表达出来。于是,这美丽的画面也就拥有了美丽的感情。

二、画中有诗,有了诗的画就有了灵魂

"画中有诗"真正实践起来要比"诗中有画"困难得多。我也越来越真切地感受到,孩子的年龄越大,呈现给我们的美术作品越来越没有鲜活的感觉,不仅缺少创造性的语言,更缺少自己独特的感受。追根求源,孩子需要深入生活、了解生活,需要一颗敏感的心灵、善于观察的眼睛。诗与画是姊妹,是同胞兄弟,它们有一个共同的母亲,即是生活。如果没有环境的启发、感情的激励,作出的诗或画,必然是无病呻吟或枯燥乏味的。

基于以上认识,春天来了,我便带学生到校园寻找春天。三叶草上的一滴露珠、竹林里新生的竹笋、梨树上雪白的花朵、金黄的连翘和迎春,在孩子们的眼里都焕发出了勃勃生机。

"老师,连翘和迎春是一对双胞胎,春姑娘都分不出她们谁是谁。"

"蝴蝶一定有个秘密,要不,它怎么会一会儿飞到桃树下,一会儿躲进樱花丛中。"

……

走进自然,听到了春天的声音,尝到了春天的味道,拥有了自己对春天的独特感受,抓住这激动人心的一点进行描绘、描述,画面就拥有了灵魂。更重要的是,慢慢熏陶,突然发现,美术课堂越来越静,孩子们学会了思考、学会了等待。越来越多的孩子想别人想不到的,说别人说不出的。独特的观察、独特的想象、独特的表现,让美术课堂如诗如画。

当然,诗意的语言、艺术的表现,不是人人都同时具备的,需要我们慢慢引导。就像放风筝一样,孩子到达不了的高度,依旧需要我们来提升。

我相信在这样的美术课堂里,幸福会像花儿一样绽放!

11．一个议题，一份收获①

修订后的《美术课程标准》突出了"综合"和"探究"，并特别提及了"综合"的具体内容和层次——"了解美术各学习领域的联系以及美术学科与其他学科的联系"，并指出"学会以社会议题为中心，将美术学科与其他学科融会贯通的方法"的具体教学方法。

以《美术课程标准》为出发点，我对自己的教学有了新的思考和认识。

小学中高年级的学生，那种源于内心的对美术的热爱已经渐渐淡化，美术课堂不过是放松自己的一种方式，虽然美术课是孩子们嘴里的"好课"，但这个"好"不过是可以无拘无束地玩而已。如何让孩子爱上美术学习，并深深地陶醉其中呢？

一个好的故事，需要一个长长的线索；一本好书，需要跌宕起伏的情节；那么，一节好课，就必须让孩子产生学习的欲望。可对美术课，孩子的欲望何在？在实践中，我发现确定一个议题，通过搜集—整理—感悟—表现四个步骤，将画与写有机结合，在画中感悟，在写中升华，不但有效地调动了孩子的积极性，还在孩子积极参与的过程中，让孩子真正成为议题的主人，从而有力地促进了孩子的语言文字表达能力和绘画造型能力。

学习湘教版五年级下册美术第一课《家乡美》的时候，我采用以议题为中心、将美术学科与其他学科融会贯通的方法完成了本课教学，收到了极好的效果。

家乡，对孩子来说，既熟悉又陌生。熟悉的只是自己经常去的地方，却没有深入了解。所以，上课前的周末，我布置学生深入诸城的大街小巷，寻找自己眼中最美的景色，用照片或文字记录下来。从搜集到资料的那天开始，孩子们便对课堂有了一份深深的期待，他们迫不及待地想要展示自己的成果，想要和同伴比一比谁的发现更美。

终于迎来了那节期盼已久的美术课，我知道，每个孩子的内心都无比期待展示自己的成果。所以，我决定，让孩子们做个小导游，用整整一节课的时间展示自己的照片，并配上优美的文字带领同学们游览这美丽的静止风景。高高举起的小手，流利的表达，足可以看出当他们身临其境，当他们带着思考和问题去观察时，与平时的走马观花截然不同。当他们畅所欲言推介诸城，并在优美语言中描述时，

---

① 本文曾发表于《山东青年报》。详见：王增霞. 一个议题，一份收获[N]. 山东青年报，2013(55).

爱诸城、爱家乡的情感便得到了深化。

该制作自己的宣传刊了，小组成员献计献策，恨不能把自己最美的一面展现出来。封面的设计，照片的编排，文字的编写，图片的装饰，孩子们争先恐后，小组合作的气氛达到高潮。从未见过他们如此用心，也从未见过他们在美术课上如此主动。相机里，孩子们聚精会神的眼睛，面红耳赤的争吵，让我感动。有了这样的积淀，画家乡便水到渠成了，大家合力制作的那本小书，俨然是诸城的一个小小缩影。

当我提出，是否可以把创作过程中的感受和体会写成日记，与家人、朋友分享时，孩子们居然愉快地接受了。一篇篇《美丽家乡》的文章出现在我的办公桌上，翻看着这些优美的文字，我知道，这是同学们爱的结晶。当我在美术课上诵读这些文章时，那一张张欢快的笑脸告诉我：孩子在老师的评价中体会到了家乡美带来的满足感，这种满足感给予学生的不仅仅是一时的心情愉悦，还有自我表现的信心。

至此，一个议题结束，搜集—整理—感悟—表现，在这样的学习过程中，孩子们收获着，我也在悄悄成长着。

12．与你赴一场浪漫的约会
——风信子班的阅读故事

莫言老师在获得诺贝尔文学奖演讲时说："我是一个讲故事的人。"风信子班的阅读历程就由一个个精彩的故事构成。

第一篇章　共读，靠近你

我的教育信念的真理之一，便是无比相信书的教育力量。

——苏霍姆林斯基

第一次将这句真理运用到实践中，还是在2013年的春天，风信子班真正意义上的共读生活也开始于此。那时候，我们刚刚接触到新教育实验，刚刚意识到阅读的重要性，晨诵课、导读课、推进课、交流课，一下子打开了我们的视野。我迫不及待地想要尝试、想要开始，正在我和同级部的老师商量阅读书目的时候，班里发生了一件事。

那天是2013年2月26日，初春的晚上，非常冷，6:35，我接到了班里政辉爸爸的电话。他非常愤怒地向我诉说了孩子被打的事情，我们班的建和小辉两人连续两个下午在放学后堵着正辉打,撕破书包,甚至还用红领巾把正辉绑在站牌上,让他无法回家。

处理的过程很顺利,两个孩子和家长诚恳地道歉、认错,表面上,似乎已经和解。我知道,在四年级男孩身发生这样的事情,仅仅靠表面的和解是远远不够的。这群10岁左右的孩子,正处于成长过渡期,有些叛逆,又有些敏感。他们交往的重心已经从家庭转移到了学校,同伴之间的关系和友谊成为影响孩子精神的重要因素。如何和同伴相处,是我们必须要重视的问题。

用什么方法传递给孩子们这个信息呢?共读,成为首选!《夏洛的网》成为我们第一本共读书目。这次的读,是第一次真正意义的共读。虽然我还不太会指导,但我们重视交流,每天读完后全班交流,交流自己的感动、伤心、难忘和佩服。我们彼此之间开始有了共同的话题,小叶在主题帖里写自己的阅读感受,一帮孩子悄悄跟上,交流的阵地由线下发展到线上,主题帖里热闹非凡。大家依然意犹未尽,我们又一起观看了电影《夏洛的网》。

有了这样的深度阅读,孩子们对同伴间的友谊有了重新的认识,夏洛对威尔伯无私的爱与奉献震撼着他们的心灵。建、小辉、正辉不知什么时候,又变成了好朋友。天天共读,天天交流,热闹的场面将校长也吸引了进来,将自己的《读〈夏洛的网〉有感》发在我们主题帖上。孩子们共读的劲头更足了。

共读,让我们第一次拥有了共同的密码。在假期中瑞涵发现了一个很大的蜘蛛网,立刻传到主题帖中和大家分享。孩子纷纷命名,绕来绕去,离不开的依旧是"夏洛的网"。也因为有了这样的阅读和交流,孩子们开始珍惜这份相聚的缘分,龇牙咧嘴的现象还真是少了很多。

如果说这一次的尝试是惊喜,那么后来靠阅读解决问题便变成了方法,许多靠说教无法解决的问题在阅读面前迎刃而解。紫翔老是养不成刷牙的习惯,牙齿被虫子钻洞了,疼得不得了,胖胖的小手捧着胖胖的小脸,眼睛里噙着泪水,委屈地站在我身边。我们陪着他一起读《小熊不刷牙》,全班孩子都跟着受到教育,养成了良好的卫生习惯。

一年级入学,我们让大卫、小阿力、阿诺,一起陪伴孩子度过入学适应期。

孩子们初入课堂,有好多孩子不敢举手回答问题,我们便一起读《在教室说错了没关系》。冬雪班的家驹,老是在教室里拿别人的东西,一块儿橡皮、一支笔,偏激的妈妈甚至把孩子送到派出所门口,吓唬孩子。我给孩子讲了个老掉牙的故事:我们每个人心中都住着一个小天使和一个小魔鬼,小天使喜欢帮助别人,喜欢做好事。小魔鬼喜欢做坏事、欺负别人。它们经常在一起打架,打得很厉害。我问他,你想知道最后谁赢了吗?我告诉他:如果你经常和小天使一样,做好事,小天使就会赢;要是你经常像小魔鬼一样做坏事,小魔鬼就会赢。这个故事特别具有疗愈效果,后来,家驹经常跑到我的教室告诉我,王老师,今天一天我都是小天使。这就是阅读的作用,它不是说教,不是批评,不是讲道理。

我更加坚定地相信,少年的自我教育是从读一本好书开始的。

——苏霍姆林斯基

第二篇章 悦读,爱上你

我认为一个非常重要的教育任务,就在于使读书成为每个孩子最强烈、精神上不可压抑的欲望。

——苏霍姆林斯基

风信子教室里最重要的任务是使读书成为每个孩子最强烈的欲望。一年级的整个上学期,我们的午读都是在阅读绘本中度过的。区别于幼儿园的听老师和妈妈读,对每一本绘本,我都会和孩子一起,从封面开始阅读,了解作者,猜测故事内容,激发孩子们的阅读兴趣;再引导孩子仔细观察,发现细节。共读《狼大叔的红焖鸡》时,"狼大叔跑回家,冲进厨房"这幅配图就很有意思,孩子们观察完后,我接着提问:狼大叔家的厨房里都有些什么?为什么要画上这么多厨具呢?有了前面的观察与猜测,孩子们很快就会明白,这是狼大叔让母鸡变胖的主意。继续读图,并引导猜测,狼大叔会怎么准备?通过环环相扣的问题,引导孩子仔细看图,不断培养孩子的观察能力和口头表达能力,孩子也在猜测的过程中更好地融入故事情节中。孩子们很快便知道了爱的力量的伟大。当孩子们对文本的理解能力得到提高,就会更加热爱阅读、热爱生活。

下学期,我们开始从绘本慢慢向桥梁书过渡,《小猪唏哩呼噜》是我们的第一次整本书共读。导读课刚刚结束,就因疫情按下了暂停键。居家期间,大量的时间反倒丰富了我们的阅读形式。听、说、读、写、做、演,一系列的游戏活动,让孩子真正体验到了:我读书、我快乐、我成长!

孩子们通过精彩的诵读体会故事中不同的人物形象,和妈妈合作,把自己喜欢的故事情节演出来;在家长的帮助下,绘制出思维导图,制作成手抄报。最让人惊叹是两个孩子居然用橡皮泥把故事中一个个生动有趣的小动物形象捏出来,让它天天陪伴着自己,奔驰兄弟俩一起阅读,却创作出了不同的续写故事。

居家学习结束之后,我明显地感觉到,孩子们的自主阅读能力有了很大的提升。我们迫不及待地进入了《一年级的大个子二年级的小个子》的阅读中。苏霍姆林斯基说:"阅读应当成为吸引学生爱好的重要发源地,学校应当成为书籍的王国。"

我想,不仅仅是学校,班级更应该成为书籍的王国。

第三篇章　选读,钟情你

你周围有一个书籍的海洋,应该严格地挑选阅读的书籍和杂志。

——苏霍姆林斯基

每次孩子们过生日,家长们都会咨询我,给班级买些什么样的书,为孩子挑选书籍真的是一件很难的事。特别是当你周围有一片书籍的海洋,更应该严格地挑选阅读的书籍和杂志。

有时候我们自认为很好的书籍,可能孩子根本不感兴趣。去年冬天,我向孩子和家长推荐了刘健屏先生的《今年你七岁》这本书,因为故事的时间发生在20世纪80年代中期,主人公刘一波的一年级正好和班级中一半的二胎家长时间吻合,而且小说是以一个爸爸的口吻描述的,对家长而言,既有对过去的美好回忆,又会对自己的育儿过程产生启发;而孩子在这样的亲子阅读过程中,既能看到一个一年级孩子成长过程中经历的好奇与困惑,还能听到自己父母一年级的故事。可事实证明,这样盲目推荐是错误的,这种日记体的文章,因为故事性不强,孩子不喜欢,家长也就失去了和孩子共同阅读的兴趣。后来读到《朗读手册》中的这段话:"当大人读书给孩子听的时候,有3件重要的事同时发生:(1)孩子和书之间产生一种愉悦的联结关系;(2)家长和孩子同时从书里学到东西;(3)家长把文字以及文字的发音灌输到孩子的耳朵里。"我才真正觉悟到推荐书目的根本。

有了这次失败的教训,我不再轻易出手,而是把推荐权放给孩子,让孩子用自己喜欢的方式介绍读过的书。这既是课标的要求,也是引起阅读兴趣的最好方法。学习喜喜老师在"家庭好书展"活动中介绍的方法,在班级开展"我最喜爱的童书"评选活动,活动分为四步:第一步,交书;第二步,选书;第三步,说书;第四步,全班评选,并确定阅读书目。

第一步,交书。要求每个孩子提供一本参赛图书,并郑重强调仅一本。评选结束马上带回,有了这样的要求,孩子才会千挑万选,选出自己最喜欢的一本书。

第二步,选书。要求所有孩子将书摆放在自己的桌子上,我围着教室走一圈,就会发现有很多书是重复的,有很多是不适合孩子现在阅读的。这样,很短的时间就能从中选出三到五本适合孩子阅读的书。

第三步,说书。把选出的书放到展台上,投放到大屏幕,邀请书的小主人到前面为大家说书,围绕书的内容、阅读收获两个方面介绍。对书目重复的,则由孩子们自己推荐说书人。

第四步,孩子们投票选择自己喜欢的好书,根据票数的多少每次评选出三本我最喜爱的童书,确定为我们后面的阅读书目。《小猪唏哩呼噜》和《大个子小个子》就是通过这样的方式选出的。

疫情结束后,我们又开始了"家庭好书展"活动,通过家长的参与,亲子共读被推向了一个新高度。

孩子们到高年级后,我喜欢通过"文学圈"的方式进行阅读。这样的方式很适合高年级的孩子,不仅扩展了他们的阅读面,还通过漂流读到了更多的书。凡尔纳所有的作品我们都是通过这样一种形式阅读的。凡尔纳既是科学家中的文学家,又是文学家中的科学家,许多的科学创造源于他的作品。所以我们就以"展开想象的翅膀飞翔"为题进行了阅读。

每位同学带着自己读过的凡尔纳的作品,小组同学一起,采用说来听听、分享快乐的方式进行。因为凡尔纳的很多作品都被拍成电影,所以通过看电影、说书名引起同学们的兴趣,让读过这些书的同学说说自己选择读这本书的理由,谈谈自己喜欢的内容和情节。让没读过的孩子说说自己的期待。然后带着同样的阅读任务读自己的书,再进行交流。你的内容、我的内容各不相同,倾听的过程便有了自己的阅读目标,再采用漂流的方式进行交换阅读,极大地扩充了孩子们的阅读量。

课外阅读,用形象的话来说,既是思考的大船借以航行的帆,也是鼓帆前进的风。

——苏霍姆林斯基

我们的任务,便是让这风帆有更猛更足的劲头带孩子们驶向远方。

13. 在快乐的天空下成长
——我在拼音教学中的几点做法[①]

汉语拼音是学习汉语的必备工具,对学好汉语起着至关重要的作用。但是,在教学的过程中却发现诸多问题,导致孩子在学习拼音时提不起兴趣。

一年级孩子学习拼音的现状:

---

① 本文曾发表于《现代教育导报》。详见:王增霞.在快乐的天空下成长[N].现代教育导报,2009(5).

现状一：孩子在幼儿园中学得拼音比较多，有的甚至已经全部学会了，到小学后对拼音学习缺乏兴趣。

现状二：部分孩子来自不正规的幼儿园，学习的拼音发音不标准，到小学时，再纠正比较困难。

现状三：部分家长对孩子的期望值比较高，但是实际帮助孩子学习或者与孩子一起学习的时间很少，也有的家长文化水平不够，心有余而力不足。

现状四：在幼儿园尚未学习拼音的孩子，面对一个个抽象的拼音符号，束手无策，很难跟上进度。

现状五：孩子平时没有说普通话的氛围，发音时方言音比较明显。

《小学语文课程标准》要求教师要遵循学生的身心发展规律和语文学习规律选择教学策略。小学生生理、心理以及语言能力的发展具有阶段性，不同的教学内容也有各自的规律。汉语拼音是认读汉字字音的基石，是学习普通话的工具，更是低年级语文教学的一项重要任务。

建构主义教育理论认为，学习是有意义的社会协商，学习环境要由情境、协作、会话和意义建构四个要素构成。情境是意义建构的基本条件，意义建构则是学习的目的。著名教育家陶行知先生说："教学艺术就在于设法引起学生的兴味，有了兴味就肯用全部精力去做事体。"新课程特别强调学生要有主动学习的愿望，强调学生喜欢学习，有兴趣学习，从中感受学习的乐趣。

一年级孩子具有好奇好动的年龄特点，情绪易起易落，学习主动性受兴趣和情绪的支配，即高兴时记忆效果良好，反之则较差。

汉语拼音作为一种抽象的表音符号，在教学中，更应注意研究儿童心理，尽量创设情境，运用多种手段激发学生的学习兴趣，使学生在一个愉悦宽松的环境中积极主动地参与。在贴近学生生活的教学情境中，使学生迅速进入学习角色。引导学生在动口、动手、动脑中兴趣盎然地学习拼音，这样不仅能激发学生浓厚的学习兴趣，还能收到事半功倍的效果。我在实践的过程中，得出以下浅见：

一、以故事激趣

一年级孩子注意力保持时间短，但特别爱听故事，讲故事能最大限度地调动他们的无意注意，延长注意力保持时间，激发学习兴趣，提高学习效率。根据一年级孩子的以上特点，我特别注重了拼音教学中故事资源的开发。

在学习拼音的第一节课，我就用这样的故事引出：在我们美丽的中国，有这样一个大家庭，它由"声母""韵母""整体认读音节"三个小家庭组成，共有 63 个孩子,他们有一个共同的妈妈,大家都叫他"拼音妈妈"。我们说出的每一个字都是由拼音妈妈的孩子组成的。这63个孩子,有的需要大声呼出他们的名字,有的则要轻轻地呼唤。比如:a,就需要我们张大嘴巴,大声地呼喊它。就这样,从故事入手,一下子就把孩子引入到拼音王国中来。

整体认读音节,一直是拼音学习的重点和难点,在学习时更离不了在故事中认知、在故事中巩固。在学习整体认读音节 yu 时,为了让孩子更深刻地了解大 y 后面跟着的这一个是 ü 而不是 u,我就给孩子们讲了这样一个故事:有一天,单韵母 u 和 ü 在外面玩得正高兴,大 y 来了,也想和他们一起玩。小 u 非常高兴,热情地邀请他一起玩。可 ü 却不愿和他玩,而且高昂着头,戴着一顶骄傲帽。大 y 也不愿意了,开始给小 ü 讲道理,直到小 ü 心服口服,大 y 摘掉了他的骄傲帽,并决定从此要帮他改掉骄傲的毛病,于是让小 ü 紧紧地跟在自己的身后,从此不再分开。而小 ü 也谦虚了,见到大 y 就摘帽。这就组成了整体认读音节 yu。

ü 在拼音中地位非常特殊,也是极易出现问题放入地方。例如 j、q、x 与 ü 相拼,而不与 u 相拼,既是重点也是难点。所以,在故事中小 u 和小 ü 又走在了一起:j、q、x 出去玩,遇到了 u 和 ü,j、q、x 刚走过去,想和他们一起玩,小 ü 瞅了他们一眼,说:"去去去,离我远点!不和你们玩!"j、q、x 一听火了,要去教训他,小 ü 被大 y 教训过,不敢轻易地招惹这些声母宝宝,赶紧藏在小 u 身后,但他的帽子太显眼了,又被 j、q、x 抓住了,小 ü 一看不妙,赶紧摘下帽子,鞠着躬说:"我已经很谦虚了,不用再教训我,以后见到你们我就摘帽。"

为了让孩子们牢牢记住整体认读音节 zhi、chi、shi、ri、zi、ci、si、yi,我把孩子们最喜欢的孙悟空引入故事中,大大激发了孩子们学习的乐趣,孩子们能牢牢记住拼音。这样就在这潜移默化的过程中,孩子们既巩固了知识,又接受了有益身心发展的思想教育。

二、儿歌激趣

儿歌的特点是工整押韵,朗朗上口,浅显易懂,很适合儿童的语言特点。于是在拼音教学中,我们编写了一首首儿歌,让孩子们边读儿歌边拍手边识记,学起来既生动活泼,又易于识记。

在学习23个声母时,有的外形很相似,对于分辨能力较差的一年级学生来说,很容易弄混,我们就用我们的双手做出动作,编成儿歌,使抽象思维形象化,有助于学生记忆。例如:左拳 b 来,右拳 d,两拳相对 b 和 d。一个门洞 n,两个门洞 m,一根拐棍 f,伞柄朝下 t。这些儿歌的编唱不仅能引起孩子的兴趣,还让孩子在活泼的气氛中,牢记知识。

儿歌的编写不是老师一个人的事,在我的引导和启发下,学生的创作欲望很高,学生的作品生动活泼、富有新意。当我讲完大 y 和小 ü 的故事后,我和孩子们一起创作了儿歌:小 ü 很骄傲,头戴骄傲帽,眼睛往上瞧!大 y 捉住他,摘掉骄傲帽,从此小 ü 谦虚了,见到大 y 就摘帽。听完 j、q、x 和小 ü 的故事,我们又在原有的基础上将儿歌进行了扩充:小 ü 很骄傲,头戴骄傲帽,眼睛往上瞧!大 y 捉住他,摘掉骄傲帽,从此小 ü 谦虚了,见到大 y 就摘帽。J、q、x 发现了,也想摘掉小 ü 帽,小 ü 发现忙鞠躬,连声大喊:见到你们我摘帽,牢牢记住不会忘!j、q、x 高兴了,大声回答:还是小 ü 懂礼貌,我们从此不和 u 相拼。

在创编儿歌的过程中,学生的语言和思维能力同时得到了发展,并且初步尝到了成功的喜悦,增强了学好语文的信心。

三、活动激趣

让刚入学的孩子乖乖地在教室里坐 40 分钟,会导致他们产生厌学情绪。因此,在课堂上采用多种形式让他们"动"起来,是非常有必要的。例如"f t b p d q"这些声母学生很容易混淆,就采用教学生变魔术的方法,先拿出一把伞和一根铁丝,让学生看老师能变好多声母,看谁先学会。老师先示范,然后让学生上台来变,边变魔术边念出来我变了一个什么声母。

又如,刚学拼读时学生感觉困难很大,我就在课堂上组织学生进行插花,我在花盆上写上声母,然后拿出写有韵母的花,让学生把花插在可以互相拼起来的花盆里,插完之后读一读,还可以比一比看谁的花盆花最多。

学习完了拼音后,孩子们开始混淆,怎样让他们学会分类又成了学习的重点。于是,在教室的角落贴上韵母的家、声母的家、整体认读音节的家,让孩子们戴上头饰寻找自己的家。在不断找家的过程中,把这一知识点突破。

学生在积极参与中,调动起了自己的眼、耳、口、脑去完成活动中的各种要求,不仅使他们学得主动,而且使他们在活动中享受到了学习的乐趣。

四、用开放性的作业激趣

一年级的孩子刚进学校,对学习生活还没有完全习惯,所以对那些抄抄写写的作业很厌倦。为提高课后作业的实效性,充分发挥它的复习巩固功能,但又要保证小学生对它充满兴趣,我每个星期都会布置一些开放性的作业。例如:画一画,用学过的单韵母画一幅画;找一找,在哪里找到我们学过的拼音;做一做,做一张拼音卡或一些拼音词卡;读一读,找些有注音的书读一读等。通过这些作业,能使学生进一步加深对拼音的认识。

五、用童趣的评价激趣

要使学生在愉快的学习情境中进行积极主动的学习,就要使学生在整个学习过程中获得自信。我们除去运用亲切的眼神、细微的动作、和蔼的态度、热情的赞语,让孩子感到老师时刻在关注着他,还要善于运用物质评价对学生的学习行为作出积极正面的评价,形成你追我赶的竞争氛围。

于是,在教学过程中,我运用攀登英语的评价机制,全方位关注学生,对表现好的学生及时用攀登小印章进行奖励,10个印章换取一个苹果贴画,5个苹果贴画换取一张喜报。对取得阶段性进步的孩子,用打队旗的方法让孩子感到荣耀。当孩子看到自己经过努力取得的学习成果和进步,就会获得学习成功的情感体验,从而激发孩子们探索新知的欲望,激发孩子们勤于动脑的钻研探索精神。

在教学的过程中,在与孩子共同进步的过程中,更让我有了深切的感受,那就是:当我们用思考、情感、创造、游戏的光芒来照亮孩子的学习时,那么学习对孩子来说是可以成为一件有趣的、引人入胜的事情。

14. 我看还是像花瓣谷[①]

这是一个凉爽的午后,我站在讲台上,刚在黑板上写下"19",就听见阳阳小声而又清晰地读着"台湾的花瓣谷"。我侧过身子,瞅了他一眼,看他吐了吐舌头,不再说话,便回头写下了"台湾的蝴蝶谷"。我心里很生气,脑海里立刻闪过一个词"捣乱"。

因为课文有着较强的韵律美与画面美,所以,我设计以"读"贯穿全文,以"画"展示全文,带领学生入情入境,激发学生感受美、欣赏美乃至创造美。以"读、看、悟、背"代替教师的讲解,让学生做阅读的主人,我只起引导促进的作用,在轻松愉悦的气氛中,达到学习的目的。

课文的第二自然段主要写了蝴蝶谷名称的由来,这是本课时要解决的一个难点,为突破这一难点,我设计了多层次的、有目的的读,通过简笔画展示,让学生在读中悟、画中悟,最终达到背诵的目的。

---

① 本文曾发表于《现代教育导报》。详见:王增霞.我看还是像花瓣谷[N].现代教育导报,2008(11).

在黑板上画出层层叠叠的山峦、贴上花丛、树林、小溪,然后让孩子添画上一群群色彩斑斓的蝴蝶,从花丛上飞过,从树林穿过,从小溪越过,一群群聚在山谷。孩子们激动着,看着美丽的图画,我也有些自豪,站在教室的后面,惊讶地发现:黑板上色彩斑斓的蝴蝶点缀着山谷,真的像极了阳阳所说的"花瓣谷"。孩子思考了,甚至因为这份美的诱惑,还动手画过,所以才有如此的感受。

　　我情不自禁地看了他一眼,孩子低垂着头,沉默着,或许刚上课时的情形还影响着他的情绪,我的心中开始有了一点懊悔。通过黑板上的图,孩子们很快悟出蝴蝶谷的蝴蝶数量、品种之多、色彩之美,从而感知到蝴蝶谷的美丽与神奇。动手贴和画,更让他们轻易地体会出"飞过、越过、穿过、感到、聚会"所表达的勃勃生机。整个课堂在一片兴奋声中包围着。但是,阳阳情绪一直不高。我懊悔极了!

　　突破了本课时要解决的一个难点。看到孩子们高涨的情绪,我因势利导,问:"这漂亮的山谷还可以叫什么?让阳阳告诉我们好吗?"阳阳慢慢地站起来,漫不经心地说:"我看还是像花瓣谷。"接着便沉默了。

　　"我猜,你早画过这幅画!"我故意问他。他小脸上带着一份激动,使劲点点头。

　　我接着大声说:"花瓣谷!像不像?同学们!"

　　孩子们大声说:"像!"

　　"阳阳能坚持自己的想法,同学们都要向他学习!"真是孩子,小小的脸上乐开了花。

　　当我们齐读完"有的山谷里有几种蝴蝶,上下翻飞,五彩缤纷,就像谁在空中撒了一把五颜六色的花瓣,随风飘来,又随风飘去"这一句时,阳阳站起来,自豪地说:"老师,我觉着这一句描写得特别好!"我让他走上讲台,他指着黑板上的图情不自禁地讲了起来,把几个需要我解释的词语都说得很透彻。同学们禁不住为他叫好。

　　阳阳的主动带动了孩子们。当我引导他们根据黑板上的简笔画拓展想象,插上想象的翅膀飞到蝴蝶谷,看看除了壮观的黄蝶谷和瑰丽的彩蝶谷,你还看到了什么样的蝴蝶谷时,大家激动不已,纷纷将自己所看到的景象用"有的……有的……"这种句式表达出来。

　　整整一节课,孩子们激情昂扬,不由得让我想起爱因斯坦的一句话:"把学生的热情激发起来,那么学校所规定的授课,就会被当作一种礼物来接受。"

15．从"流程执行"到"生命对话"的觉醒

成都大学陈大伟教授发布了一则关于同事之间的教研活动要不要评课的短视频，他认为，同事之间无须评课，只要表达出自己的三个观点即可：

(1) 你学习到了什么？

(2) 你的思考是什么？

(3) 你发现了什么？

听完青年教师的赛课，也从以上三个方面表达一下自己的观点。

一、让方法在真实土壤中扎根

青年教师的创新在于将知识重新种植于现实的土壤，听过的几节课，所有的老师都能将文本的学习融入情境的设计中，让孩子置身于真实的情境中学会运用；能够将需要记住的知识变为能够运用的方法，每一位老师都能将课堂所学的知识利用学习单、小练笔进行及时的巩固。当知识成为解决问题的工具而非记忆的负担，教育便完成了从"授人以鱼"到"授人以渔"的转变。

二、让课堂成为生命成长的舞台

听课的同时，依然感觉老师们在备课时，陷入了"流程本位"的思维，将教学简化为知识传递的程序，而忽视学生作为生命体的成长需求。

佐藤学的理论强调"学习是相遇与对话的过程，是与客观世界对话、与他人对话、与自我对话"的三重奏。所以，教学的过程，就是一场对话的过程，师生之间、生生之间，在预设与生成的裂缝处，教师放下"教"的执念，真正看到学生生命成长的微光。

所以，教学绝对不是流程的完成、知识的传递。

当然，能够对学情、对文本、对课堂驾驭得游刃有余需要时间的沉淀，但青年教师一定要有这样的意识，敢于面对课堂危机，敢于放弃"标准化课堂"的幻想，敢于去倾听学生的声音，敢于打乱自己的教学流程……教育的真谛，往往在师生推心置腹的交流中自然流淌，在思想交锋的过程中渐渐明晰。

教育绝不是完成预设的流程，而是要见证每个生命拔节的声音。

三、到文本深处与学生心灵对话

最动人的课堂，一定是师生同频共振的课堂。

王崧舟老师多次谈到自己一节失败的公开课,因为没有听懂孩子的对话而懊悔,以至于专门去向孩子道歉。

听得见孩子的声音,听得见作者的声音,带领孩子走进文本,触摸到文字的温度,再走进孩子的内心,让学习照见生命的成长。年轻教师需要的不是完美的教案模板,而是永远对文本保持好奇、对学生保持敬畏的赤子之心。

正如佐藤学所说:"好的课堂不是'设计'出来的,而是教师与学生共同'呼吸'的结果。"

16. 管理的最终目的是实现自我教育

很喜欢这样的阅读分享,倾听导师和同学们的阅读感受,常常有种醍醐灌顶的感觉。特别是我们都是一线的班主任,每个人都在自己的班级里尝试着用不同的方法,解决班级育人的难点和痛点问题。分享的过程,每个人都会与自己的经历相结合,这样的实践更能给人以启发,听完分享,总会收获几个金点子,而且在班级里屡试不爽。

阅读《班级管理课》的过程,也是梳理自己班级管理的过程,愈发感觉到自己工作的粗糙。无论是班委的组建、班级岗位的竞聘,还是作业的管理、班级秩序的维护、班级评价体系的建立、班干部的培养……每一项工作都在做着,也在落实着,自我感觉效果还不错,但一对比陈宇老师的做法,就发现了自己的缺点。以岗位产生的过程为例,我更多地是从教师的管理角度设置岗位,没有从学生发展的需要进行考虑。确定岗位责任人时,虽然也经历了岗位竞聘与招标的过程,但很难达到书中描述的"人得其位,位得其人"这一标准。因为孩子对岗位竞聘的重要性理解不够,所以,很多孩子只是为了自己有个事干,能得到一份工资就好了,没有热爱,便导致后期工作的落实不扎实。

陈宇老师对每一项工作都会设计直观的检查表格,做到了有布置就会有落实,这样的表格对孩子来说,既是督促也是指导,更是为了激发每个孩子的主动性和积极性,就如许老师所说:"我们的目的就是让每个孩子把规矩内化为自己的行为。"的确,育人的最终目的是实现自我教育。当我们教室里所有的检查表格都能消失的时候,"当我们真正尊重每一个孩子,尊重每一个孩子的潜能,让每一个孩子在自己的基础上做最好的自己,让每个孩子就都能够在班级里过有尊严的生活",教育的目的便得到了真正的实现。

17. 周末作文需要布置吗？

周末要不要布置作文？

这个问题我问过自己无数次，也在纠结中度过了一个又一个的周末。回忆自己的娃上学时，他的确也打怵周末的作文作业。可不布置，似乎又觉得失去了一个练习和观察的机会。值得欣慰的是，总有几个孩子的作文让人眼前一亮，但水平差的孩子即使有家长的陪伴也依然只有寥寥数语，还需要你脑洞大开，帮他把句子整理通顺。

新学期开学后，我调查访问了几个家长、几个孩子，得知他们最怕的周末作业依然是作文。家长愁孩子写一句问八遍，孩子愁老师讲完写作方法，回家后又忘了，不知道怎么写。

于是，我做出了调整，每晚一篇小练笔，八十字左右，布置小练笔时，就紧紧围绕本单元的语文要素。我发现，这样的练笔极大丰富了学生写作的内容，而且小练笔的布置落实到每一篇课文后面，更有针对性。同时，有课文做例子，孩子写的时候，反而能模仿课文进行写作，既习得了方法，又丰富了语言，效果很好。

第一单元结束后，用一个小时的时间对本单元的习作进行了讲解，留出40分钟进行写作。最快的阚惠32分钟写了700多字，而且内容丰富，4个孩子的作文我给出了满分。但遗憾的是，50个孩子中有12个孩子未能按时完成。

批阅完成后，我又用了整整一节课的时间进行了讲评，接着让孩子进行了第二遍写作练习。这次水平明显高于第一次，但依然有8个孩子没有完成500字的限时任务。

从写作质量到写作时间，孩子们在学校呈现出的水平明显高于在家里的水平。既然可以在学校完成，还有必要非得带回家完成吗？

下午躺在床上，我打开DeepSeek，和它探讨一下，周末写作的必要性，它给出了我如下答案：

实施建议方案：

（1）建立"写作材料银行"：指导学生平日积累素材本，解决"无事可写"困境。

（2）推行"微写作"模式：将400字作文拆解为3个100字片段练习。

（3）创设发表机制：班级公众号、校园广播站等多渠道展示优秀习作。

教育实践表明,当周末作文量控制在0.5小时内、选题贴近儿童生活圈、给予适度方法指导时,约78%的学生能保持写作兴趣(据2023年长三角地区教育调研数据)。关键在于教师需摒弃"为写而写"的机械重复,转而设计能激发表达欲的创作任务,使写作成为记录成长的美好方式而非学业负担。

很喜欢DeepSeek的这个回答,激发孩子的创作欲和表达欲才是作文的关键,至于放到什么时间去练习,真的没有必要纠结。高效完成课堂教学,留出更多的时间在学校进行写作和阅读,大概是每一个孩子都喜欢的。

参考文献

[1] 张硕果.中学学校仪式设计16例[M].北京:中国轻工业出版社,2014.

[2] 张华.让学生创造着长大:2022年版义务教育课程方案和课程标准核心理念解析[M].北京:教育科学出版社,2022.

[3] 席长华.仪式课程的旨归、设计与实施[J].中国德育,2018,13(8):68-70.

[4] 徐洪.基于核心素养的学校"仪式课程"建设[J].教书育人,2017(32):48-50.

[5] 贾高见.关于班本课程开发的思考与实践[J].中小学班主任,2018(6):28-31.

[6] 缪学超.学校仪式的课程文化功能探讨[J].课程 教材 教法,2020,40(9):42-47.

[7] 刘翠,郭立锦,蒋涛涌,等.论仪式教育及其现代功能:以专业学位研究生培养中仪式教育实施为例[J].安徽大学学报(哲学社会科学版),2011,35(1):151-156.

[8] 赵耐芳.仪式课程,编织美好童年[J].未来教育家,2016(6):54-57.

[9] 章巍.大概念教学15讲[M].北京:中国人民大学出版社,2023.

[10] 约翰·I.古得莱得.一个称作学校的地方[M].苏智欣,胡玲,陈建华,译.上海:华东师范大学出版社,2007.

[11] 朱永新.阅读之美[M].王绍昌,绘.南京:江苏凤凰文艺出版社,2023.

[12] 中华人民共和国教育部.义务教育语文课程标准(2022年版)[M].北京:北京师范大学出版社,2022.

[13] 王道俊,郭文安.教育学[M].7版.北京:人民教育出版社,2016.

[14] 毛泽东.毛泽东选集—第三卷[M].2版.北京:人民出版社,1991.

[15] 童喜喜.让生命放声歌唱:新教育实验晨诵项目用书[M].合肥:安徽少年儿童出版社,2018.

[16] 王增霞.学习任务群视域下小学语文"一核两联三环"教学模式探究:以五年级上册第六单元《父爱之舟》为例[J].语文建设,2024(18):69-72.

[17] 王增霞.青青子衿,悠悠我心[J].读写月报,2012(11):12-16.

[18] 王增霞.彼此悦纳 共同成长[J].教育,2018(42):8-11.

[19] 王增霞.真心交流 唤醒彼此[J].教育,2017(33):116-118.

[20] 王增霞.因为有诗,所以更美[M]//诸城市教学研究室.课程故事 倾听生命成长的音符.海口:海南出版社,2016:212-216.

[21] 王增霞.趣味,让孩子爱上拼音[N].语文周报,2013(9).

[22] 王增霞.在快乐的天空下成长[N].现代教育导报,2009(5).

[23] 王增霞.我看还是像花瓣谷[N].现代教育导报,2008(11).

[24] 王增霞.幸福像花儿一样绽放[N].山东青年报,2014(103).

[25] 王增霞.一个议题,一份收获[N].山东青年报,2013(55).

后 记

那是工作的第17个年头,我突然被一种深深的职业倦怠感包围着,当数不清的任务带着数不尽的检查摆在面前的时候,整个人说不出的心烦,说不出的厌倦,带着一种逃离的心情,我踏上了新教育写作研修班的学习之路。我清楚地记得,那是2012年10月12日。

原以为是一次同以往一样轻松的学习,原以为带着耳朵和笔记本就会搞定一切的我,在成都杜甫草堂小学经历了一次心灵的洗礼、一次灵魂的涅槃。

白天,耳边聆听的是一线教师的争辩、明星教师的指引、专家的提升;夜晚,在一次次的反思中度过,叙写自己的教育故事,学习教育案例,撰写读后感。经历了那六个没日没夜的日子,我突然觉得自己变了,脑海中出现的每一个孩子的影子都那样生动,当我一遍遍念叨要给孩子们带回什么礼物的时候,我知道我战胜了自己。

在学习班的最后一个下午,我参加考试,并选择六篇文章发表在《读写月报》。说实话,当我把考卷《我的得意弟子》交上的时候,我从未想过我的文章会幸运地入选,也从未想过我的教育思想因此而发生变化。

感谢故去的熊辉老师!从考场上那篇800字的短文开始,在熊辉老师的引领下,我一步步走进孩子内心,一次次反思自己的教育行为,居然写出了近6 000字的教育叙事《青青子衿,悠悠我心》。

这样的经历,为我打开了生命中的一扇窗,我开始坚持着用笔书写我自己的思考和发现,感觉自己的心沉静了许多。站在教室里,我不再大呼小叫,也不再恐吓挖苦,我会悄悄观察孩子的表现,在心里偷偷猜想他们在想什么。每每给孩子们解决完一个矛盾的时候,我会问问自己,这样做行吗?我会悄悄地把我自己放在孩子的角度去思考这个问题,当这一切悄悄发生变化的时候,我突然发现我真的能理解孩子了。可真正地提笔把和孩子之间的故事变成文字的时候,在这个再思考的过程中,我却蓦然发现,原来有些话说出来很不合时宜,原来这里我处理得太过粗糙!静静地和孩子交流,慢慢地陪着孩子长大,我突然发现了教育别样的美!

写作的确是一个反思再反思的过程，它改变的不仅是我自己，它还深深地影响着孩子们。他们都愿意变成老师笔下那个善良正直的人。

在写的过程中，班级里那些所谓的问题孩子成为我首要观察的对象，正是他们的存在，才给了我反思自己教育行为的机会。这些孩子，带着各自家庭的烙印来到学校，在成长的结点上困顿、彷徨。此时，我们是简单地指给他们方向，还是教给他们辨别方向的方法；是电闪雷鸣般的批评指责，还是理解包容；是唤醒他们自身的生命力和创造力，还是拖着、拽着前进……因为写，这些突然就成了我眼中的问题，让我一次次地思考。

《圣经》中的一个故事，讲出一个道理："凡事都有定期，天下万物都有定时。"故事说，曾经有位猎人，有一天发现上帝的使徒约翰坐在地上，和一只养熟了的鹧鸪游戏。这位猎户好生奇怪，为什么一个生活这样严肃的人，会把时间如此浪费。使徒约翰抬起头来反问他说："你背上的弓为什么不把弦扣上？"猎户回答说："如果弓老是扣上弦，弓就失掉了弹力。"这位严肃又十分慈祥的使徒约翰微笑地说："我和鸟儿鹧鸪游戏，理由也是和你一样。"这个故事向我们讲明一个道理，我们一定要学会放下工作，坐下来静思。消去心灵上的皱纹，去到海滨或者山间度假，不是人人都办得到的，我们总有做不完的事，总是十分忙碌，必须学会忙里偷闲，做片刻的休息。

这些零星的文字碎片，是每一次静思凝结的星芒，在三十年的教育生涯中渐次升起，连成照亮初心的银河。

坚守自己的梦想，我将以感恩为舟，继续摆渡于教育长河。愿此书成为渡口灯塔，继续照亮我的逐梦航程。

王增霞

2025.3.10